Hendrik Willem van Loon

给孩子的
人类简史

写给孩子视野宏大、脉络清晰的人类简史

A

BRIEF

HISTORY

OF

CHILDREN

[美] 亨德里克·威廉·房龙 著

邓雪 译

江西美术出版社
JIANGXI FINE ARTS PUBLISHING HOUSE

图书在版编目（CIP）数据

给孩子的人类简史 ／（美）亨德里克·威廉·房龙
(Hendrik Willem van Loon)著；邓雪译. — 南昌：江
西美术出版社，2018.11

ISBN 978-7-5480-6391-9

Ⅰ. ①给… Ⅱ. ①亨… ②邓… Ⅲ. ①社会发展史－
青少年读物 Ⅳ. ①K02-49

中国版本图书馆CIP数据核字（2018）第242794号

出 品 人：周建森
责任编辑：陈　军
责任印制：谭　勋

给孩子的人类简史

（美）亨德里克·威廉·房龙(Hendrik Willem van Loon)　著
邓雪　译

出　　版：江西美术出版社
地　　址：江西省南昌市子安路 66 号
网　　址：www.jxfinearts.com
电子邮箱：jxms163@163.com
电　　话：0791-86566274
邮　　编：330025
经　　销：全国新华书店
印　　刷：三河市金元印装有限公司
版　　次：2018 年 11 月第 1 版
印　　次：2018 年 11 月第 1 次印刷
开　　本：710 毫米 ×1000 毫米　1/16
印　　张：20
书　　号：ISBN 978-7-5480-6391-9
定　　价：48.00 元

目 录
Contents

序言　致威廉与汉斯

THE PREFACE WILLIAM AND HANS

舅舅是我探索知识世界的引路人，十二三岁时，我在他的带领下踏上了受益终身的冒险之旅——登顶鹿特丹[1]的圣劳伦斯教堂。

那天，阳光晴好，司事用一把和圣彼得那把差不多大的钥匙打开了教堂华丽的大门，通向塔楼的神奇之旅就此展开。"想离开时，拉响铃铛即可。"嘱咐完，司事为我们关上了那扇因年代久远而门轴嘎嘎作响的大门。随着大门的关闭，外界的一切喧嚣都消失了。

眼下，我头一回体会到"有声的寂静"。走过第一段楼梯，马上又有了一种新的感悟——我知道了什么是"可见的黑暗"。微弱的火柴光为我们照亮前面的路，一连上了很多层楼梯，我都弄不清到底走了多久，但就在我感觉永无止境时，前方出现一片光亮。塔楼所在的位置和教堂屋顶一样高，是一间储藏室，里面落满了灰尘，地上尽是象征古老信仰的圣像。这些圣像曾被古人膜拜，视为不可亵渎之物，但这种信仰早已被善良的鹿特丹市

---

[1]　鹿特丹：荷兰第二大城市，位于荷兰的南荷兰省。

民抛弃，沦为废物，蛛网结在雕像双臂之间，老鼠也把这储藏室当成了家。

踏上更高一层后，才知道那耀眼的光束从何而来。粗壮的铁条镶嵌在窗户上，成百上千的鸽子来去自如，这里成了它们安全的栖息地。塔楼高处的狂风呼啸着，仿佛是一种神秘而迷人的音乐。这音乐来自我们脚下的城市，喧闹声穿过遥远的距离，到达塔楼时已被过滤成了澄净、空灵的乐曲。脚下，车水马龙，机器轰鸣，所有机械正忙碌劳作，帮助人类建设城市——这些声音完美融合，温柔婉转，与鸽子的咕咕声相映成趣，继而化作了一首和谐的奏鸣曲。

再往上走已经没有可供使用的楼梯了，只能用爬梯继续探险之旅（爬梯太滑，必须小心翼翼地稳步前进）。走完第一段，一片壮丽之景展现在眼前——城市的巨大钟楼。一瞬间，"时间的心脏"尽收眼底，那代表着时光流逝的缓重脉搏声传向耳畔。一下、两下、三下，到第六十下，随着一声巨响，齿轮在此刻的时间节点戛然而止——一分钟，在恒长的时光河流中抽离而出，流逝在无尽的岁月之中。接着时钟又开始计时，周而复始，昼夜不息。而后，伴随着沉重的低鸣声，一声轰鸣灌入耳中——午时来临！

再上一层有许许多多的钟铃，有些玲珑轻巧，有些体形巨大，房间正中的是最大的一只，当它发出山崩般的巨响时，意味着这座城市出现了火灾或洪灾。儿时的我总在夜里被它吓得浑身颤抖，不敢动弹。而此时，幽暗中，这口大钟似乎在回味着往昔6个世纪的时光里与鹿特丹人一同经历的喜怒哀乐。

一些小钟整齐有序地围绕着大钟，活像药店里摆得齐整的蓝色药瓶子。每个星期，人们到城里赶集时，可以有两次机会伴随着这些妙曲交流，谈论彼此的见闻。而同在这里的，还有一口庄严又静默地立在角落的黑钟——丧钟。

继续爬向高处，黑暗再一次将我们笼罩，前行的路越发艰险。这时，我们感受到了来自天地间的清新气息，原来我们来到了塔顶。头顶是碧蓝的苍穹、脚下是人流如潮的城市，此时的人们如蚁群般微小而忙碌，为了生活疲于奔命。他们在格子状的城市里逡巡着，而悠然的田野风光独立于城市外围。

此刻，我眼前是前所未有的广阔天地。

后来，我总会找机会登上塔顶，尽情感受这份自在和欢愉。当然，攀爬的过程十分疲累，可却能得到十足的精神回馈。

而且，我非常明白这份回报是什么。我可以极目远眺，纵情仰观天空，俯瞰大地，还能从塔楼看守这位好友口中听到许多前所未闻的新奇事儿。他专门负责看管那座代表时间的大钟，同时也管控大小钟铃，还要时刻警觉是否有火灾，并及时发布。除了这些工作，他有许多休闲时间，可以抽着烟斗静静地思索。

半个世纪前，他也是个学生，后来没再读书。不过，在塔楼里坐看尘世的那些悠悠岁月，一样给予了他丰富的人生阅历与智慧。

这座城市的历史于他而言信手拈来，仿佛就发生在他眼前一样。"我的孩子，看那儿！"他用手指着河湾说，"看见树了吗？就是那儿，奥兰治亲王把河堤挖开了，虽然河水漫过了良田，可为挽救莱顿城，不得不这样做。"

从他口中，我还知道了关于老默兹河[1]的一切，这条大河最开始是畅通而安全的港湾，后来发展成了发达又便捷的枢纽。也是在这处河湾，著名的德·鲁伊特与特隆普[2]的船队进行了最后一次航海，两人为获取航海权，

---

[1]　也称马斯河，发源于法国，流经比利时，最终在荷兰注入北海，全长925公里，是欧洲的主要河流。

[2]　德·鲁伊特与特隆普是荷兰历史上的著名将领。

让人们能自由航行于茫茫大海上，最终殒命于大海中。

从这儿远眺，能望见一座教堂，周围环绕着一些村庄。教堂里曾有许多圣徒，他们守卫着一方安宁。这是许多年前的事了。放眼望去，代尔夫特的斜塔默然伫立在一旁，它见证了"沉默者威廉"被暗杀的经过，也曾亲耳听见格劳秀斯学的第一句拉丁文。再往远处瞧，是豪达小镇的教堂，一位不凡的人物——伊拉斯谟曾驻足于此，他极具魅力，一人可抵千军万马。

再往远处看，只剩下一条长长的海岸线和无垠的海面了。塔楼底下是我的家，它挤在密密麻麻的房屋、烟囱之中，花园、学校、铁路轨道紧挨在一起。平时觉得十分熟悉的家，在高处望去却别有一番风味。原来觉得杂乱不堪的街市、工厂、作坊，此刻看起来充满了生活气息，代表着人类蓬勃的生命力和追求理想的动力。而代表着辉煌历史的建筑物围绕着我们，给予了我直面艰难生活的无穷力量。

历史是一座壮丽的经验之塔，它是由无尽的时光一点一滴建造而成。想要攀上这古老的建筑，将远处的景色尽收眼底却很不容易。这里没有电梯，想登顶只能靠年轻人矫健的腿脚。

此刻，我会给你塔楼大门的钥匙。当你领略过它的魅力，你就会明白我为什么对那儿如此痴迷了。

亨德里克·威廉·房龙

第一章

恒久一日，世间万载

相传，斯维思约德北部的高坡上立着一块高一百英里、宽一百英里的巨石。每过千年，一只鸟儿就会来此细细磨砺自己的喙尖。经年累月，巨石被磨完了，永恒的时针却才转了一圈。

第二章

舞台的根本

我们究竟是谁？从何处来？到何处去？这是始终困扰人类的疑问。

这个问题的边界太大了，人类尚未找到真正的答案，可也不曾放弃，始终秉持勇气和毅力钻研，并逐渐向答案的边缘靠近。

但至今，对此的探索和研究仍不尽如人意，我们了解得太少，可值得庆幸的是，很多事情仍能以此而获知。

在地球上，人类历史的大舞台是如何一步步搭建起来的？读完这一章你会明白。如果把地球生命存在的时间用直线的长度来衡量，那么人类或与人类生命类似的动物的存活时间线最短。

比起其他地球生命，人类出现得最晚，可却是最先依靠智慧成为大自然的征服者的。这也就是我们为什么不在猫、狗、马等动物身上花费时间和精力——即使它们的历史故事也很有趣——而单单只研究人的原因。

一开始，地球是个大火球，没有任何生命能在上面安家落户。在广袤无边的宇宙中，它仅是一缕毫不起眼的烟云。后来，大火烧尽了地球表面，一层薄薄的岩石包裹住了这个星球，这一过程历时几百万年。接着，暴雨降临在死气沉沉的地球上，坚实的花岗岩也被持续不断的雨水冲刷、侵蚀掉了。冲下来的泥土随着雨水开始慢慢堆积成了高耸的山峰，随之出现了深邃的峡谷。雨水汇成的洪流成了横跨东西半球的汪洋大海。而后，当雾消云散，阳光洒遍大地之时，地球的面貌已全然不同。

直到有一天发生了奇迹，一个细胞活了下来！它的出现让地球不再冷清。

它不知自己在哪儿，又该去往何处，在几百万年的时间里，它没有目标地随波逐流。为了在地球的恶劣环境中生存下去，这个生命也慢慢有了自己的习性。生命体中的一些细胞随着雨水来到了湖底或者池塘的淤泥中，生出了根，变成了植物——它们觉得这里安全舒适，即便环境黑暗。相反，另一些细胞喜欢自由，这种习性也促使一节一节的腿从它们的身体里长出来，它们像蝎子一样在海底植物和与水母相似的淡绿色物体间来回穿梭。还有一些细胞比较特别，身上满是鳞片，于是它们在海中觅食，坚硬的鳞片像盔甲一般保护着它们，后来它们成了游弋在海洋中的诸多鱼类。

在同一时期，植物也开始慢慢蔓延，覆盖着广袤的海底，海底可用空间的缩小使一些植物不得不寻找新家安身——沼泽地和山脚下的淤泥潭成了唯一的选择。

每天，潮汐都会将它们淹没，这是大海故乡给它们留下的最后念想。它们必须尽快使自己适应这种环境，争取在空气稀薄的陆地上生存下来，繁衍生息。

适应期过去后，它们竟可以像在水里生活那般自然了。它们慢慢长高，稍矮的变成了灌木，高大的成了树木，还慢慢地能开出美丽的花朵了，辛勤而忙碌的大黄蜂和鸟儿替它们播撒花种。就这样，一望无际的原野和森林遍布整个地球。

此时，鱼类也开始探索奇妙的陆地，它们好奇心十足，还学会了用鳃和肺呼吸。在水里，它们用鳃呼吸；在陆地上，则用肺呼吸。这样不管是在海洋中还是陆地上，它们都能生活得十分惬意，所以它们被称为两栖动物。青蛙就是两栖动物，它能够在水陆之间畅快游玩。

探索陆地的动物脱离了海洋，就需要尽快适应陆地生活，去探求更远的未知世界。一部分动物变成了像蜥蜴一样的爬行动物，在幽寂的森林里和昆虫们一起享受生活。而为了方便在泥土上敏捷行动，它们长出了粗壮的四肢，并渐渐长成了高达三四十英尺的巨型动物（这些庞然大物在生物学上被归在鱼龙、斑龙、雷龙之类的恐龙家族中）。如果它们和大象一起嬉戏，则宛若体态强悍的大狮子在逗弄自己的幼崽一般。

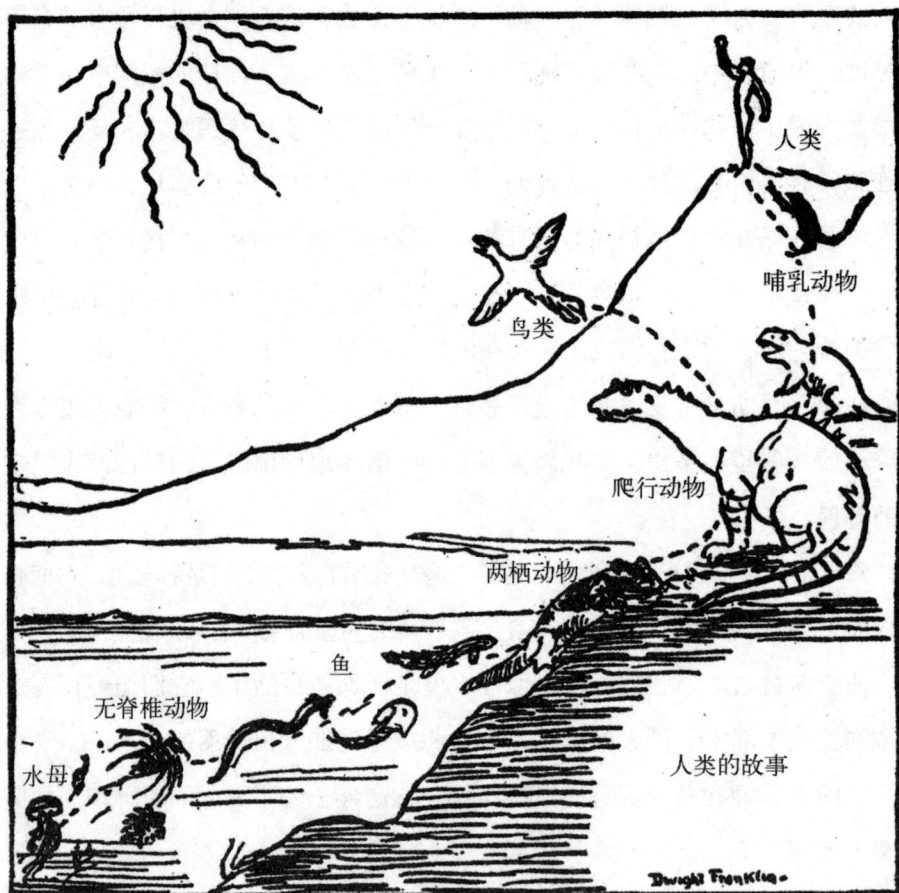

人类的诞生

　　之后，爬行动物中的一些成员计划搬迁到树顶，那里距地面达数十英尺。因此，它们的腿已不是用来走路的了，它们要学会跳跃，才能快速地从一根树枝跳到另一根树枝上。为了能够平安降落到地面上，它们的身体两侧和脚趾之间开始长出像降落伞一样又轻又薄的肉膜，两翼的肉膜上出现了羽毛，变成了翅膀，尾巴用以控制方向——它们进化成了真正的鸟类，能够在树林中任意飞行。

而此时，灭顶之灾降临在体形巨大的爬行动物身上，它们在短时间绝迹。我们无法获悉其中原委，只能猜测可能是气候的突变，也可能是身体太过巨大，以至于行动困难，连游泳、奔跑和爬行都不能，看到近在咫尺的蕨类植物和树叶都无能为力，只能饿死。不管怎样，它们曾统治地球数百万年，但属于它们的时代已经结束了。

　　随后，另一种动物开始统治地球。它们是"哺乳动物"——虽然是古爬行动物的后代，但和祖先不同，它们用乳汁哺育自己的孩子。它们的全身都被浓密的毛发覆盖着，没有了鱼类的鳞片，也不像鸟类长满羽毛。哺乳动物相较其他动物更显优秀。比如，它们的受精卵一直藏在体内，直至孵化出生，之后幼崽会由母亲一直陪伴保护。在幼年阶段，在孩子们还没有能力抵御天敌时，母亲会一直陪伴着它们成长，教会它们许多生存的技能，直到它们拥有独立的能力才会放手。母猫就是这样教小猫洗脸、捉老鼠的，它要让小猫学会如何自立。而其他的动物则把产出的卵暴露在野外，经受风吹日晒、严寒酷暑，还有可能被另一些野兽破坏、吞食。

　　关于哺乳动物，你不用听我说太多，自己去观察就行。街头巷尾，到处都有它们的身影，你早已相当熟悉了，甚至它还会成为你的伙伴、"家人"。有些不太熟悉的哺乳动物，你也能在动物园里看到。

　　眼下，地球生命临近了一个历史性的时刻。动物们一直默默无闻，听从大自然的安排，而这时出现了一种动物，能够凭借超凡的智慧掌控自己种族的命运。它头脑聪慧，学习能力也强，特别是在觅食和探寻栖息地方面大大超越了其他族类。没用多久，它就掌握了用前肢捕猎的技巧，而经过长期锻炼还进化出了"手"——也就是前爪。之后，又通过经年累月的锻炼，它可以站立行走了，而且能使身体保持平衡（直立行走其实并不简单，即便人类已经有了数百万年直立行走的历史，但每一个蹒跚学步的婴孩都必须像他们的祖先那样从头开始，直到学会行走）。

　　这种哺乳动物在外形上与猿、猴相似，却比它们更加优秀。他们能适应多变的地球气候环境，在捕猎方面也有自己独特的本领。他们头脑聪慧，懂得团队合作的重要性，经常成群结队地行动以保证安全。如果身边有危险，他们会用古怪的咕嘎声、吼叫声来警告自己的同伴和孩子。再后来，历经几十万年的进化，这种喉音变成了他们交流信息的语言。

这种聪慧的动物就是我们人类的祖先，你是不是觉得很不可思议？

第三章

人类的祖先

最早的"人类"并没有留下影像照片，因此我们对他们了解得并不多。幸好，古老的黏土层最深处还留有他们的骨骼碎片，他们和一些早已灭绝的动物的化石静静躺在一起。人类学家（人类在这些学识渊博的科学家眼中是动物群体的一员，值得耗尽毕生心血去研究）可以通过拼接骨骼碎片，重现人类始祖的样貌。

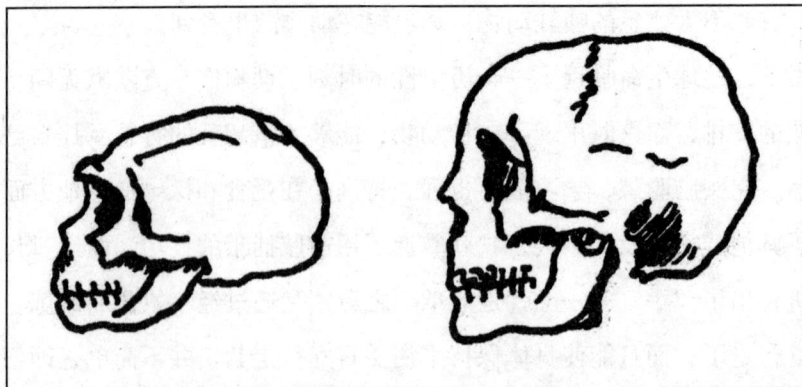

人类头骨的进化

人类的祖先是一种外表难看、毫无魅力的哺乳动物，在现代人面前，他们显得十分矮小。历经风吹日晒，他们的肌肤变成了深棕色，他们全身长满了浓密且粗糙的长毛，手指细而有力，像猴子的爪子。他们的额头扁平，下巴与以牙齿作为刀叉的兽类一般无二。此外他们赤身裸体。他们见过火山喷发时冒出的浓烟和喷涌的岩浆，却不知道什么是"火"。

幽暗潮湿的森林深处就是他们的藏身之所，今天，非洲的俾格米人还沿袭旧俗，住在那样的森林里。觉得饿了，他们就嚼食树叶和植物根茎，要么就是从愤怒的鸟儿那里偷鸟蛋来填饱孩子们的肚子。运气好的话，在耐心追捕之下，还能抓到一些松鼠、兔子、野狗之类的小动物。不过，他们只知道茹毛饮血，不晓得火烤之后熟肉的美妙滋味。

日间，我们的祖先为了食物四处奔波，当黑暗席卷整座森林，他们会把妻儿藏在隐蔽的树洞里或巨石后面，防止伺机出动的猛兽将他们的妻儿变为盘中餐。这些野兽习惯在夜间出没为配偶和幼崽觅食，弱小的人类是它们最喜欢的美食。在这个世界里，弱肉强食是自然法则，人类终日生活在恐惧之中，十分悲苦。

夏天，毒辣的太阳会灼伤他们，冬天，凛冽的寒风会冻伤他们幼小的儿女。更不幸的是，若不可避免地受了伤（捕捉猎物时极易扭伤或骨折），如没人照顾，便只能在惊恐和疼痛中孤独地死去。

动物园里的各类动物喜欢吱呀乱叫，人类初期也是一样。他们长时间不断地发出古怪的叫声，因为他们很享受这一刻，常常沉迷于自己的声音当中。慢慢地，他们发现喉咙里发出的声音带有警示性，告知同伴要躲避危险。当危险来临时，他们的尖叫声都有特定的含意，比如"老虎来了"或者"五只大象来了"。听到警报声，同伴就会吼叫几声作为应答，表示已经注意到了或者表示他们会躲起来。想来，语言就是这样慢慢形成的。

我前面说过，我们对人类的起源了解不多。早期的人类不会制造工具，不会修建房屋。不管是他们的生前还是死后，我们手上没有多少能研究他们的东西，只有几片锁骨和头盖骨，告诉我们数百万年前，这些与其他动物截然不同的哺乳类生命曾经在地球上存活。他们的祖先或许是一种和人猿很相像的动物，我们也并不知道这种动物是什么。后来，通过学习，他们能直立行走了，前爪进化成了能紧紧抓握的双手——或许，这种哺乳动物就是人类的祖先。

迄今为止，我们知道的就这么多了，剩下的谜团还有待解开。

第四章
史前的人类生活

史前人类有了制造工具的能力。

最初的人类不了解时间，所以不会记录生日、死亡忌日等，他们没有日、月、年的概念。

但他们大致懂得季节气候的变换，因为他们觉察到寒冷的冬天过去了，暖和的春天一定会来，接着是炎炎夏日。他们会得到水果和野生玉米，他们有了丰富的吃食。如果大风刮过，树叶开始凋落，百花凋谢，有些动物就开始为冬眠储存粮食了。

没过多久，一件令人恐惧的事情突然发生了，气候骤变，他们迟迟等不来暖和的夏天，本应一片翠绿的山顶被厚厚的白雪覆盖，更不用说收获丰富的瓜果了。

随后，一群不明来历的野人从山上冲下来，他们与山脚下的动物截然不同，骨瘦如柴，似乎长期忍饥挨饿，山脚下的居民不明白他们叽里呱啦在说些什么，但好像是在表达自己很想大吃一顿。但是，哪里有那么多的粮食能同时养活本地居民和这些外来客呢？因此，当赶不走这些野人时，一场激烈的纷争就开始了。他们打得天昏地暗，场面十分惨烈，许多野人都在撕咬中丧生，即使有侥幸活下来回到山顶上的，也难逃被冻死的命运。

森林中的人们守护住了自己的家园，但后来想起那场恶战还是心有余悸，更可怕的是，气候条件变得更加恶劣了。白昼逐渐变短，黑夜反而拉长，而且冬天冷得可怕。

最终，在两座高山的裂缝中出现了绿色的小冰块，它迅速地胀大成高大的冰川，携带着许多巨石从山顶俯冲而下。冰川、泥块、坚硬的花岗岩汇在一起，从高山上滚下来继而席卷了整座森林，大批史前人类在睡梦中丧命。许多百年老树被拦腰折断，森林的大火将其烧成了焦炭。最后，大雪纷飞，覆盖了灾难后的大森林。

纷纷扬扬的大雪一点儿都没有停下来的势头，植物无法在冰天雪地里存活，动物们也纷纷迁至南方，它们极度渴求和煦的阳光。而史前人类也拖家带口，准备迁徙。比起那些善于奔跑的动物，他们的速度实在太慢，所以，他们要么得赶快想办法解决难题，要么只能等死。最后的结果是，他们顺利度过了几乎灭绝了整个人类的冰河时代。看来人类选择了前者，运用智慧解决了难题。

寒冷的气候让一直赤身裸体的他们穿上了外衣，而为了给全家制作足以御寒的衣服，他们学会了诱捕熊、土狼这类有厚毛皮的动物，只要在挖好的洞上面盖满树叶树枝，它们就会自投罗网。接着用骨头做成的尖锐扎实的工具将它们杀死就可以了。

接下来是解决住处的难题，这其实不难，因为很多动物都有着在洞穴中居住的特性，所以人类只要"鸠占鹊巢"，把动物赶走，自己住进去就行了。

有了相对暖和的洞穴藏身，也有了厚厚的毛皮御寒，但严寒还是时时刻刻向人类发出挑战，许多老人和小孩抵抗不过寒冷被冻死了，这时，火成了人们的救星——那天，某个"天才"在捕猎时恰好遇到了森林大火，虽然被围困在内，但那意外的温暖让他惊喜不已。他发现被人类视为敌人的火是可以帮助人类的。后来他试着在洞里摆好枯树枝，将火引过来点燃枯树枝，一瞬间，火光温暖了整个洞穴，周围不再阴暗潮湿，变得暖和明亮起来。

某天晚上，有只鸡意外地掉进了火里，被拣出来时已经烤熟了，那香喷喷的味道让人类有了新的发现——原来熟食比生肉美味太多。于是，茹毛饮血的时代过去了，人们学会了烹饪。

几百万年的漫长考验，留下了真正聪慧的人类。他们为了生存不懈奋斗，为了战胜寒冷和饥饿，制造出许多凝聚了智慧的工具，他们学会了怎么把石头磨成各种形状，做成斧头和锤子，还学会了储藏粮食以熬过漫漫冬季。用软黏土捏出碗和罐的形状，在阳光下晒硬之后便用，这也是他们的伟大发明。

冰河时代虽然给人类带来了巨大的困难和考验，导致人类差点儿灭绝，但也恰好教会了人类如何运用智慧生存。

第五章

象形文字起源

书写术诞生在埃及，从此人类开始用文字记录历史。

早些时候，欧洲大陆上的原始居民已能熟练掌握各种生存技能了。要不是当时有外来者出现，这些欧洲居民肯定也会摒弃原始的生活习性，创造自己独特的文明。这个外来者来自南边非洲一个叫作埃及的国家。他是一个翻山越岭、横渡大洋的旅者，他发现了欧洲大陆上生活的这些野蛮懵懂的人。

制作叉子、车轮，修建房屋，这对那时的欧洲野蛮人来说简直是天方夜谭，但在几千年前，尼罗河谷就已经孕育出了高度文明。现在，我们要去地中海东南沿岸和那里的居民聊一聊，他们是人类文明的引路人。所以只能暂别还在欧洲大陆的洞穴里住着的祖先们了。

埃及人聪慧过人，善于放牧，还知道怎样灌溉良田，侍弄庄稼。另外，他们建造的神庙让希腊人为之赞叹，继而仿效，现代教堂的设计也多与神庙有关联。埃及人的日历时间精准，改良之后的日历一直用到现在。不过，埃及人最伟大的创造就是书写术，他们想把自己的经验和智慧传给后世子孙，所以用埃及文字详细地记录了历史。

读书写字对现代人来说是再寻常不过的事儿，所以不少人以为人类天生就具备这个能力，但书写这一伟大发明是相当晚才被创造出来的。正是因为有了这一绝妙发明，我们才能继承发扬祖先的珍贵经验和智慧，站在前辈们的肩膀上。不然，很多经验都会随着漫长的岁月流逝，我们会像猫狗一样，只能掌握为数不多的一点技巧。

罗马人来到埃及时，正值公元前1世纪，他们看到尼罗河谷里遍布一些稀奇古怪的图案，好像是关于埃及历史的，但自负的罗马人并不关注外国人的东西。这些被埃及人刻在神庙和宫殿的墙上，写在莎草纸上的图案，对于罗马人来说毫无意义，罗马人自然也不会花费精力去深入研究。可惜的是，在罗马人占领埃及的前几年，最后一位精通埃及文字的祭司就已不在人世了。这些记录着珍贵历史的遗迹无人能看懂，对子孙后代来说俨然就是一些废物，而当时身处于罗马人统治下的埃及人对此也无能为力。

埃及像一位神秘的女神，始终不肯向世人展示她的真容。直到一千七百年以后，一次偶然的机遇，让我们能幸运地揭开她的面纱。那是1789年，一位法国将军——波拿巴为了准备攻克英属印度殖民地，带领着军队意外地来到了非洲东部，虽然在尼罗河谷里屡遭挫折，但却神奇地将复杂神秘的古埃及文字破解了。

当时，有位法国的青年军官觉得自己日夜待在罗塞达河（尼罗河的一处支流）边的堡垒中实在太乏味了，他想出来走走，说不定能看到一些新奇的东西。果然，一块稀奇的石头吸引了他的目光。埃及有许多这样刻满图形的石头，唯独这块石头与众不同，它是黑色的玄武岩，上面有三种不同的文字，其中一种是古希腊文。这位军官恰好认识古希腊文字，他理所当然地想："我对照着古希腊文字来看，不就破解埃及文字的秘密了吗？"

说起来容易做起来难，这一想法足足消耗了他十余年光阴。1802年，法国教授商博良决定研究这神秘的罗塞达碑，用对比的方法来一窥埃及的奥秘。他耗尽了毕生心血，最后成功破解了埃及文字，弄懂了十四个图案的意义，但他也因过度劳累而死。好在人们知悉了埃及书写术的规则，因此今天的我们才能知晓尼罗河谷的历史，甚至比密西西比河的历史了解得还要多，尼罗河四千年的壮阔发展史就这样以图画文字的形式呈现在了我们眼前。

古埃及的象形文字（在埃及语言中，象形文字意为"神圣文字"，所以又名"圣书体"）对人类历史发展有着深远的影响，地位很重要（甚至现在的一些英文字母也是由埃及文字演变来的），所以我们要搞清楚这种神奇的文字体系是如何被人类发明出来的。

提到表意文字，大家都再熟悉不过。美洲平原的印第安人勤于狩猎，他们经常用图画大概地记下捕杀猎物的数量和参加狩猎的人数，所以要知道印第安人的文字含意还是挺容易的。

埃及文字和表意文字却相差太远了，他们的文字比简单的图画表示的含意更加深奥。其实，尼罗河孕育而出的智慧人类早就跨过了用图画表意的原始阶段了。现在，请听我细说。

设想，此时的你就是那位法国教授商博良，正思索着莎草纸文献上象形文字的含意。当你看到拿着锯子的壮汉，你自然会想："这肯定是指一个人去伐木。"再看，另外一张纸上也出现了这个图画，但是上面的故事是关于女王八十二岁去世的，这样看的话，纸上描述的与拿锯子伐木毫无关联，八十二岁的女王绝对不会去伐木，由此可见这幅图画的含意还有待深究。那么，图画表达的到底是什么意思呢？

商博良教授做出了巨大贡献，他发现：埃及文字不是表意的，而是表示读音的，他们的文字表示的是一个个单词的读音（也叫语音），每一个点、横、竖、钩都表示不同的读音——他们就是这样把口头语记录下来的。

我们再来看看这个拿锯子的人物图案究竟代表什么。

"锯子"，在英语中有两种意思，一个是木匠伐木的切割工具（saw），一个代表"看见"（to see）的过去式。

这个单词在埃及文字中的含意也是变化发展的，开始指伐木工具锯子，后来意义逐渐演变成动词过去式。几百年后，埃及人将这两种含意都舍弃了，只用字母S来表示它。

举个例子，一个现代英语的句子如果用象形文字表达，可能会这样：

 也许表示能看见世间万物的明亮双眼，或者表示"我"，就是这个正在发言的人。

 可以指四处辛勤采蜜的飞虫，或表示"是"（to be），它也可能后来变成"成为"（be-come）或"举止"（be-have）之类动词的前缀。

这个句子里，后面跟着的图案意思可能是"树叶"（leaf）、"离开"（leave）或"信"（lieve），这三个词的发音相同。

再后面的一个图案表示"眼睛"（eye），这个单词我们很熟悉了。

最后的图案上有只长脖子动物，一眼能看出是长颈鹿，看来这个古象形文字与表意文字有关联。

读懂了每个图案的意思，试着连起来解释一下吧！"我相信我看见了一只长颈鹿。"（I believe l saw a giraffe）没错，这就是它的意思。

书写术创造出来后，又历经数千年岁月的打磨，最终逐步完善，从而能够让使用它的人顺畅地表达所有想法。他们用这样的表音文字传递信息、记账、记录历史等，以让后代能够从中知晓得失，汲取经验。

第六章

尼罗河流域

尼罗河谷是文明的摇篮。

人类的历史无疑是饥肠辘辘的动物四处寻找食物饱餐的过程，哪里水草丰茂、粮食充足，人类就会去哪里建造家园。

尼罗河谷早就名声在外了，它是一块富足的土地，在那里，人民生活得幸福美满，不会受到饥饿的威胁，因此从非洲内陆到阿拉伯广袤的沙漠，甚至亚洲西部，那些贫瘠土地上的人们纷涌而来，并组建成了一个新的部族——他们叫自己"雷米人"。就像把美国称为"上帝的家园"那样。住在尼罗河谷的外来客应该感谢上苍的眷顾，是好运将他们带到了这如丝带一般狭长的河谷中。而每到夏季，清浅的河水会漫过河谷，当河水退去后，厚实且肥沃的土壤层会盖满农田和牧场。

尼罗河如慈母一般哺育着埃及人民，让她的孩子们免于辛劳，还让历史上最早的大城市在她的怀抱中成长。当然，河谷内只有一部分可耕农田，不过纵横的河流分支四通八达，加之杠杆制作的输水工具，便能够把河水调往海拔较高的平原，继而借助集散枢纽和条条沟渠滋润河谷外的农田。

那时，其他地方的人类每天都忙于生计，可埃及的农民——其实说是市民更恰当——已经有了一些空闲时间，比如可以做一些装饰品，即使这些东西并没有多大用处。

此外，他们发现自己还有闲情逸致去研究一些和衣食住行无关的深奥问题，并且对世界的奇妙现象产生了探究的欲望。比如，天上的星星从何而来？是谁发出了恐怖的雷声？尼罗河潮水起伏的规则由谁制定？人类生活在这世上，明明不堪一击，难逃死亡的结局，却仍从生活中感悟到幸福快乐，人类究竟是什么？

这一切令人百思不得其解，这时"智者"站出来解答了这些问题，后来人们称之为"祭司"。他们思想深刻，学识渊博，担负着用文字记录历史的使命，因此深受爱戴。他们告诉民众，人不要目光短浅，要看得远些，多想想以后的日子。他们引导人民去关注来世，人死之后将离开现实世界，去往无上神灵俄塞里斯那里，向这位掌管生死的神讲述自己生前做过的事，等其对自己做出善恶审判。他们不断地向民众灌输这样的思想，让埃及民众深信不疑，只把现实世界当作短暂停留的休息之所，来世才是值得期盼的真正归处，导致美丽肥沃的尼罗河谷变成了一块让死者安息的土地。

更奇特的是，埃及人认为灵魂与肉体紧密相连，没了这个躯壳，亡者的灵魂绝对不能到达俄塞里斯的地界。所以，他们会在亲人死后对尸体做防腐处置，要在氧化钠溶液里浸上几个星期，再灌上树脂，以确保尸体保存完好。在波斯语里，树脂的读音是Mumiai，这样做过防腐处置的尸体就被人们称呼为"木乃伊"了。木乃伊周身包裹着白布，密不透风，然后放在特制棺材中下葬。尸体沉睡的墓穴更像是一个有生活气息的家，周围会摆放齐全的家具，还有乐器（用来在等待时可以自娱自乐），还会放上一些小雕像，代表厨师、烘焙师和理发师（这是为了墓穴主人能享受到美味佳肴，能以良好的形象去见那位大神）。

刚开始，西部的山岩间成了墓群所在地，后来因埃及人向北迁徙，一座座坟墓就坐落在了沙漠里。只是沙漠里满是凶猛的野兽和歹毒的盗贼，墓穴常被野兽扒开毁坏，或者财宝被盗窃，让死者无法安息。为此，埃及人在墓穴表面堆砌石头，以保护墓穴不被侵犯。石头越堆越多，甚至成了死者财富的象征，他们互相攀比，看看谁的墓穴最高最大。最厉害的应该算是埃及法老胡夫（公元前2598—公元前2566），也就是希腊人口中的奇阿普斯。他的陵墓竟然有五百多英尺那么高，因此希腊人把他的陵墓叫作"pyramid"（因为"高"在埃及语中读作piremus，金字塔由此得名）。

胡夫金字塔的面积超过了十三英亩，圣彼得教堂是基督教最大的建筑，而胡夫金字塔足足是它的三倍。

金字塔的修建长达20年，10万多工人渡过尼罗河将建造金字塔的大石头搬运过来，然后穿越茫茫沙漠，把这些巨石安放在预定位置上（他们是怎样完成这高难度的工作的，至今都是未解之谜）。建造金字塔的设计师和工程师实在令人赞叹不已，金字塔的通道狭长，却能在几千万吨巨石的重压下保存完好，完全没有一丁点儿变形。

第七章

埃及旧事

埃及的兴盛和衰落。

尼罗河性格多变，有时温柔如好友，有时严厉如导师，她教会了两岸居民要"团结协作"。不管是修水渠还是修堤坝，靠一个人的力量是没法完成的。在团结协作的过程中，人们知道了怎样和睦相处，这种互助关系很容易产生一个秩序井然的城邦。

在这一过程中，有个人显露了他非凡的才能，从而被推举为首领。当身处西亚这片贫瘠土地上的人们入侵埃及时，这位首领带领人民抵御攻击，赢得了战争的胜利。之后，他顺利做了人民的王，统治下的疆土从地中海延绵至西部群山。

显然，面朝黄土背朝天的农民不会在意法老们（法老的意思是"住在宫殿里的贵人"）的丰功伟业，他们关注的是法老是否随意征收不合理的赋税，除此之外，一切都不重要。

但是，这些温顺的农民如果遇到了野蛮人的侵略，就会变成守卫财产、家园的战士。法老统治了两千多年，埃及安然无恙，直到有一次遭遇了凶残的阿拉伯牧民的侵略，他们是希克索斯人[1]，强占尼罗河谷五百多年，人民十分厌恶这些盗贼，想将他们赶出去。希伯来人也让人讨厌，本来他们是沙漠里的流浪者，如果不是歌珊[2]的好心收留，他们现在还在沙漠里艰难生活。但他们却忘恩负义成了强盗的鹰犬，负责处理税收等工作。

终于，底比斯人民在公元前1700年揭竿而起，经过艰苦卓绝的战斗，最后希克索斯人惨败，灰溜溜地离开了埃及，埃及重新变回自由的天地。

一千年后，西亚被亚述[3]征服，埃及也成为亚述的一部分。公元前7世纪，埃及再次独立，在尼罗河三角洲的塞斯城里，新的法老重新执政。公元前525年，波斯国王冈比西斯入侵埃及。到公元前四世纪时，波斯被亚历山大大帝征服，埃及又成了马其顿帝国的一部分。再往后，亚历山大麾下的一员猛将自立为王，确定新修建的亚历山大城为埃及首都，因此埃及又成了独立的国家。托勒密王朝拉开帷幕。

公元前89年，罗马兵临城下。埃及的最后一位统治者克娄巴特拉女王美艳动人，她借助自己的美貌，不惜一切代价，曾让两位罗马统帅拜倒在自己裙下，以守护自己的国家。在罗马人眼中，女王的魅力抵得过千军万马。然而，罗马统帅恺撒的侄儿奥古斯都继承了他的事业，在公元前30年一举打败

---

[1] 喜克索斯人是古代亚洲西部的一个混合民族，可能由塞姆族的部落以及部分胡里特人和其他印欧族的人混合而成。于前17世纪从叙利亚巴勒斯坦地区进入埃及东部并在那里建立了第十五和第十六王朝（约前1674年至前1548年）。

[2] 歌珊是《圣经》中希伯来人在出埃及之前所居住的地方。

[3] 古代西亚奴隶制国家。位于底格里斯河中游。公元前3000年中叶，属于闪米特族的亚述人在此建立亚述尔城后逐渐形成贵族专制的奴隶制城邦。

埃及军队。奥古斯都并没有像前两任统帅那样对女王如痴如醉，反而将女王俘虏，打算把她作为战利品在凯旋庆典上炫耀。女王知道后，宁死不屈，服毒身亡。埃及从此成了罗马帝国的一块疆土。

第八章

两河流域

如果你和我一起攀至雄伟的金字塔，在塔顶极目四望，用苍鹰一般锐利的眼去寻找，你会发现广袤无垠的沙漠之外，天地相接的地方，正闪烁着一片碧绿的光芒，那一片绿洲是两条大河之间的河谷地带，在《圣经·旧约》里，它被称为"仙境"。这块神秘富足的土地被希腊人取名叫美索不达米亚，也就是"两河流域"。

两条大河日夜奔流不息，一条名为幼发拉底河（巴比伦人称其为普拉图河），一条名为底格里斯河（又名迪克拉特河）。它们发源于亚美尼亚的雪山，也就是诺亚方舟曾经停留的地方。河流流经南部平原，在波斯湾汇入茫茫大海。这两条河流养育了沿岸居民，灌溉了本来贫瘠的土地，河流所到之处都是肥沃的土地。尼罗河谷吸引着众多的居民，是因为沿岸的土地能供给丰富的粮食，"两河流域"也是如此。这片神奇的土地能让人们丰衣足食，带来无穷的希望，因此北方山区的人和南方沙漠的牧民都想占领两河流域，为此年年征战不休。残酷的战争留下了真正的强者和志士，因而美索不达米亚人个个英勇强悍，他们的文明不亚于埃及文明。

第九章

苏美尔人与楔形文字

苏美尔人的楔形文字，让闪米特文化的熔炉——亚述和巴比伦的故事传颂至今。

15世纪是属于地理大发现的时代。哥伦布最初打算前往震旦之岛，但意外抵达了一片不知名的地域。一位奥地利主教领着探险队欲东行至莫斯科大公的故乡，却遗憾而归。莫斯科人等了好久，才见到从西方远道而来的客人。而此时，威尼斯人巴贝罗探寻西亚遗址古迹，带回了关于古怪文字的信息，这些文字被刻在许多烘干的泥板和设拉子神庙的墙壁上。

但是，热衷于航海的欧洲人没工夫管这些事，因此首批刻有楔形文字（字母形状是楔形）的泥板直到18世纪末期，才由一个丹麦探测员——尼布尔带回欧洲。后来，一位名叫格罗特芬的德国校长花了三十年时间破解出了其中的四个字母——D、A、R、SH，拼起来就是波斯王大流士（Darius）。

有关楔形文字的研究，直到二十年后才有了更大的进展，英国军官亨利·罗林森发现了贝希斯顿铭文，这才为我们打开了破译西亚楔形文字的大门。

与做楔形文字的破译工作相比，法国教授商博良的研究工作可简单多了。好歹埃及人用了图画，而美索不达米亚的原始居民——苏美尔人有了把文字刻在泥板上的想法后，便不再使用图画了，他们创造出一套V字形的文字体系。还是举例解释一下吧。

最初，苏美尔人利用钉子画出了这样一种图案 ，它代表一颗闪亮的星。可画起来太麻烦，后来他们要表示天空时，就用简化了的图案 来表示星星。但简化之后，是很难揣测原意的。同理，牛的图案起初是这样 ，后来变成了这样 。表示鱼的图案最先是这样 ，后来干脆演化成这样 了。

以前，太阳可以用一个简单的圆圈 来表示，后来直接变成这样 了。循着苏美尔人简化文字的方法，这个字 最后会变成这样 。

看上去，这种记录思想的文字体系比较烦琐，很难想象三千年的漫长时光中，住在美丽的美索不达米亚的苏美尔人、巴比伦人、亚述人、波斯人以及流浪至此的所有种族都以这种文字来交流。

美索不达米亚的历史，充斥着"征服"与"战斗"。苏美尔人原本是居住在山地的白人，向来有在山顶拜祭天神的习俗。他们在平原落户后，也延续了这一传统，建造了一些人工山丘，依旧把神台供奉在高处。但他们没有掌握修建楼梯的技术，只能从坡度较缓的山路盘旋而上，高塔被环绕在其中。现代设计师受到苏美尔人的智慧启迪，所以现在的大型火车站也用这一设计来串联各个楼层。

巴别塔

　　苏美尔人的智慧对现代人还有很多启迪，只是我们还没有察觉罢了。苏美尔人被后来入居河谷的种族融合了，但他们建造的高塔依旧在美索不达米亚的遗址中昂首挺立，静默地看着风云变幻。流浪途中暂住巴比伦的犹太人把这高塔叫作巴比利，也叫巴别塔。

　　公元4世纪，苏美尔人进驻美索不达米亚平原，可转眼就被从阿拉伯沙漠来的一个部落——阿卡得人排挤了，他们说着相同的语言。阿卡得人深信自己是诺亚长子闪的直系后代，所以被称为"闪米特人"。

　　一千年以后，闪米特的一支沙漠部族亚摩利人征服了阿卡得人，亚摩利人当时的领袖就是伟人汉谟拉比，他为自己建造了一座华美的宫殿，这宫殿就坐落在圣城巴比伦，他还颁布了一部《汉谟拉比法典》。巴比伦由此成为统治极其完善的古国。

　　赫梯人是随之而来的新主人，他们占领了这块河谷，无情地掠夺财富，更毁了带不走的一切,《圣经·旧约》提到过他们。后来,敬奉沙漠之神阿舒尔的亚述人征服了赫梯人,还创建了一个囊括整个西亚和埃及的令人恐惧的大帝国,尼尼微城是它的首都,当时在它统领下的所有种族部落都要遭到横征暴敛。

公元前7世纪,巴比伦在闪米特部落的另一支迦勒底人手下重建。当时的迦勒底国王尼布甲尼撒鼓励人们从事科学探索,而他们发现的科学原理为今天的数学和天文学研究奠定了坚实的基础。

公元前538年,这片古老的大地被蛮横的波斯牧民侵占,迦勒底这个可怕的大帝国因此瓦解。两个世纪后,亚历山大大帝征服了波斯人,河谷这个闪米特人的聚居地成了希腊的一个行省。随后又来了罗马人,罗马人之后是土耳其人。美丽富饶的美索不达米亚——这一人类文明的第二中心,最后变成了凄凉的荒野,唯有放眼望去的土丘,在吟唱着往昔的荣耀与光辉。

圣城巴比伦

第十章

先知摩西

犹太首领摩西的传奇。

大约公元前20世纪，在幼发拉底河的河口一个叫乌拉的小地方，住着一个良善弱小的游牧民族——闪米特。他们离开了故土，打算在巴比伦找一块水草丰茂的地方生活，但国王军队将他们驱逐，他们不得已向西寻觅，并在一处无人区安家。

这些牧民来自希伯来部落，即犹太人。他们颠沛流离了很长时间，历经艰险，最终在埃及落脚，一住就是五百年。在埃及被希克索斯人侵占（在《埃及旧事》中我曾提到过）后，为了守住自己暂住的地方，他们只能委曲求全，为入侵者做事。希克索斯人被愤怒的埃及人赶出尼罗河谷后，犹太人过上了悲惨的生活。埃及人压迫他们，让他们变成做苦力的奴隶，他们只能听埃及人使唤去修路、建造金字塔。他们也想逃到其他地方，可边境有重兵把守。

历经苦难的犹太人默默忍受了许多年，直到一位杰出的青年带领族人开辟了新的道路，结束了苦难的生活，这个人名叫摩西。在沙漠流浪的经验让他彻底醒悟了，先辈们的经验告诉他，要远离族群的争斗，不要被懒惰奢靡的外乡人影响，玷污了纯洁的灵魂。

摩西决心带领族人遵照祖先的指示，重返沙漠。顺利从埃及逃脱后，他们来到了西奈山下的平原地带。他们在环境恶劣的沙漠地带艰难跋涉，沙漠生活让他们发自内心地崇敬创造和掌管自然万物的神，这位天神为他们指明了方向，指导他们在艰难的环境中求生。这位天神就是耶和华，他在西亚诸神之列。

因为摩西，耶和华成了希伯来人唯一敬奉的真神。

一天，摩西默默离开了犹太人的居所，相传他离去时还带走了两块石板。下午时分，恐怖的黑色风暴笼盖四野，伴随着雷电轰鸣。当摩西回来时，他手中的石板竟然刻满了耶和华的神谕，上面都是耶和华对犹太人的谆谆教导，他要求人民遵守十条训诫，保持灵魂圣洁。自此，耶和华成了犹太人心中的真神。

民众仍在摩西的领导下浪迹沙漠，他带来的神谕教导大家在炎热的天气下安全饮食，以保证身体安康。历经长久的跋涉，犹太人终于寻觅到了一片肥沃富足的土地——巴勒斯坦，意为"皮利斯塔人的家园"或"菲利斯塔人的家园"。此地本是克里特人的家乡，但他们却被入侵者驱逐到了沿海地带。而另一个闪米特部落也在此时聚集于此，即迦南人。

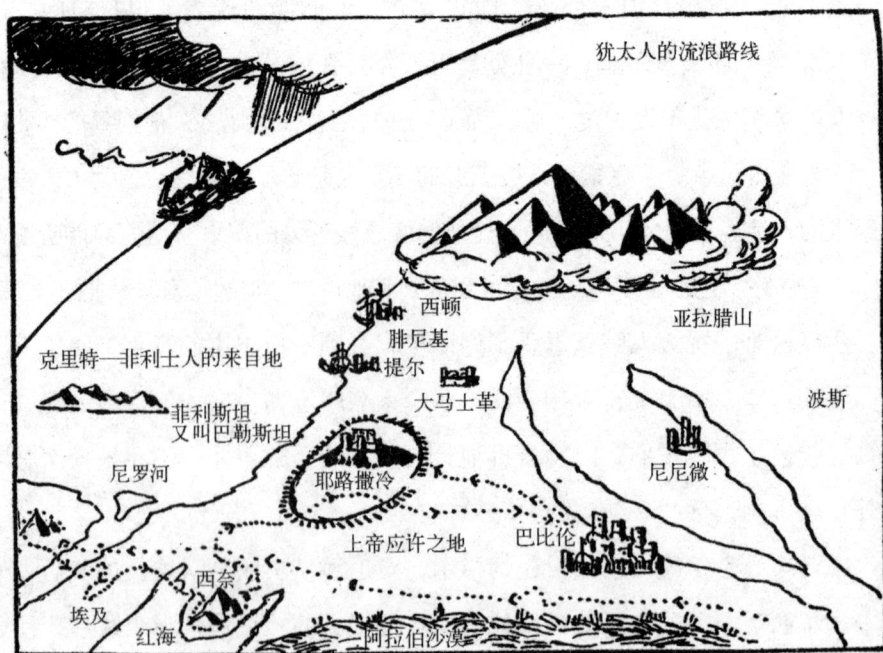

犹太人的流浪

摩西眺望圣地

　　犹太人见到如此美丽富饶的地方，心醉不已，迅速占领山谷，建造城市，其中一座城市还有着气势恢宏的神庙，后被命名为"耶路撒冷"，意为"和平家园"。而摩西，已无力肩负犹太民族的重担了，他深情地望着巴勒斯坦的山群，安心地合上了疲惫的双眼。他一生敬奉天神耶和华，为犹太人劳心劳力，不但让自己的民族由被压迫的奴隶变成了独立自主国家的居民，更让犹太人成为历史上首个只信仰一神的民族。

第十一章

腓尼基人的兴衰

腓尼基人（希腊人对迦南人的称呼）创造了字母。

犹太人的邻居腓尼基人也是闪米特部族的一员，他们一早就在地中海沿岸安居乐业了，并建造了提尔和西顿（现为苏尔和赛达）这两座安全而牢固的城市。西部海洋上的贸易几乎被他们垄断，在希腊、意大利和西班牙随处可见来来往往的商船，他们还跑到直布罗陀海峡以外的锡兰群岛，只为采购锡金属。腓尼基人所到之处，都会有他们建立起来的小型商贸中心，他们称之为"殖民地"。后来，这些商贸中心慢慢发展成了现代城市，比如加的斯和马赛。

腓尼基人很重利，只要这个买卖能大赚一笔，即使有违道德也情愿去做。总之，在与腓尼基人比邻而居的人眼中，他们是最不讲诚信道德的。腓尼基人恶名在外，没有人愿意和他们做朋友。不过，他们却有一项造福子孙后代的发明——字母。

苏美尔人发明的书写术是用钉子刻字，腓尼基人很早就学会了，不过书写术十分刻板，耗时费力，在看重效益的腓尼基人眼中，这种花费几个小时才刻几个字的方法并不实用。他们想自己创造更快捷的方法，在创造的过程中，他们借鉴了埃及人的图形，精简了苏美尔人的楔形文字，各种各样的图形被他们有选择性地改造并加以取舍，最后只有二十二个字母。这些字母虽然不如以前的字体优美，但是贵在书写便捷。这些字母后来漂洋过海，爱琴海彼岸的希腊人又补充了几个字母，完善版字母传到意大利之后，罗马人再度加以改良，最后我们的祖先——生活在西欧的野蛮民族学会了这一套书写字体。现在，我们没有使用复杂的古埃及象形文字和苏美尔文，而是用简单的字母来读书写字，都得益于腓尼基人的智慧。

第十二章

古印欧人

波斯人属于印欧人种，他们曾让闪米特人和埃及人俯首称臣。

尼罗河谷养育了世世代代的人种，历经三千年，它见证了埃及、巴比伦、亚述和腓尼基的朝代更替，更清楚地知道现在居住在河谷的民族已近衰落。如果此时有更加强大勇猛、生机勃勃的民族来此，这些古老民族一定会全军覆没。而印欧人就是这样的一个民族，他们不仅统领了欧洲，还占据了今天英属印度的国土。

印欧人和闪米特人都是白种人，但语言却截然不同。印欧语言是几乎所有欧洲语种的起源，但不包括匈牙利语、芬兰语还有西班牙北部的巴斯克方言。

印欧人在进入大众视野之前，他们已在里海周边生活了几个世纪之久。后来，印欧人想去别处开辟新家园，当中有些人搬到了中亚山地，在伊朗平原四周的山区生活了数百年，他们便是"雅利安人"。剩下的印欧人则循着太阳落下的方向不断前行，便到了欧洲大陆这块宝地。这些人的后续故事，见于本书古希腊和罗马的章节。

现在，让我们继续跟随着雅利安人。在伟大导师琐罗亚斯德的统率下，雅利安人顺着湍急的印度河离开故土的群山，一直去往海边。

有些固守西亚山地的居民，建立了半独立性质的米堤亚人和波斯人共同体，希腊史书记载了这些内容。后来，米堤亚人在公元前7世纪建立了自己的国家米堤亚，但居鲁士击溃了这个国家。原本他只是一个名叫安香的部落的首领，后随着部落发展壮大，一举拿下所有波斯部落，继而到处征战，他和子孙后世成了整个西亚乃至埃及名副其实的统治者。

印欧种族中的波斯人四处讨伐征战，所向披靡，却在扩大西部版图时遇到了沉重的打击。那些数个世纪前就在欧洲大陆定居并占据了希腊半岛和爱琴诸岛的印欧移民，与之狭路相逢，继而短兵相接。

波斯人和希腊族人的对决成了后来三场著名战役的导火索，波斯大流士王和薛西斯王曾先后前往希腊北部，妄图攻占希腊。他们侵入希腊国土，侵占土地，抢夺财宝，誓要在欧洲大陆夺得一席之地。

不过，雅典人的海军让这些波斯人吃了闭门羹，雅典人还切断了波斯海军的供给，让他们弹尽粮绝，这些亚洲的统治者只得偃旗息鼓，回到了亚洲大陆。

这是古老的亚洲大陆和新开发的欧洲大陆的首次交战，一如年长的老师和意气风发的学生。在后文，我还会讲述许多东方和西方交手的故事，它们之间的较量延续至今，从未停止。

第十三章

爱琴海

爱琴海人是文明的传播者，他们让欧洲大陆上的野蛮人接受了历史悠久的亚洲文明。

从孩提时代起，海因里希·谢里曼就从父亲口中听来了特洛伊的传说，不由得被深深吸引，并决定长大后一定要去希腊探寻特洛伊的踪迹。他生活在一个叫梅克伦堡的小村庄里，父亲只是一个清贫的牧师，虽然实现理想的希望十分渺茫，但他还是不打算放弃。首先，探险需要雄厚的财力做后盾，幸运的是他在短期内迅速赚来了一大笔资金，而后马上行动，组织了一支探险队，深入小亚细亚的西北地区，他坚信在那儿可以找到特洛伊。

一座不起眼的山丘坐落在小亚细亚的西北角，坡地上麦苗遍布，郁郁葱葱。传说，特洛伊国王普里阿摩斯就是在这里修建了自己的华美宫殿。谢里曼到达之后，兴奋不已，头脑发热的他并没有理智地运用知识做推断，甚至没有进行初步勘探就开始挖地三尺了。因此，他直接深入到古迹的最底层，错过了自己的本来目标——特洛伊城，却意外地发现了另一座城市，这城市至少比《荷马史诗》中特洛伊城的年代还要早一千多年。

特洛伊木马

如果挖出来一些石器工具或者残破的陶器，其实不足为奇，因为人们都会认为这是史前人类在这里生活过的痕迹。但令人惊异的是，谢里曼挖掘出来的是做工精巧的小雕像、珍贵的珠宝饰品，还有连见多识广的希腊人都没见过的花瓶。

根据这些器物，谢里曼大胆推测：距特洛伊战争一千年前，就有一个拥有高度文明的种族在此安居，最终，他们因野蛮种族的入侵而消亡。他们的文明成果被希腊人同化，因而我们甚至不知道这一种族文明的存在。

事实证实了谢里曼的推测，在20世纪70年代，他发掘的迈锡尼遗址比罗马的年代还久远。之后他又意外地在围成圈状的石板下发现了令人惊奇不已的大宝库。这些奇珍异宝都属于那个神秘的种族，他们曾经无比辉煌，不仅在爱琴海边建立了发达的城市，还修筑了壮丽的城墙，城墙石块之巨大、宏伟让希腊人感叹这简直就是"巨人泰坦的作品"。泰坦是希腊神话中的巨人，他会把山峰当作球门。希腊人认为只有这样的巨人才有可能完成这样的鬼斧神工之作。

阿尔戈利斯的迈锡尼

谢里曼的推测让我们对这一神秘种族充满幻想，但后经学者研究，这些古迹中的艺术品设计师和修建城墙的工匠们其实并没有我们想象中的那么神乎其神，他们只是住在克里特岛和爱琴海诸多岛屿上的水手和商人。他们辛勤劳作，让爱琴海周边变得繁荣兴旺，过往商船络绎不绝，给蛮荒之地欧洲带来了发达的东方文明。

这个繁荣的海岛王国存在了一千多年，拥有高度的文明，是一个兴旺的贸易之国。其主要城市克诺索斯，地处克里特以北的海岸边，城市的卫生条件和舒适程度堪比现代——宫殿里有精良的排水系统，家家户户有炉灶。他们还是第一个学会享受浴缸的民族。王族的宫殿以盘旋的楼梯和宽敞的宴会厅为特色，蜚声海外。宫殿下方是储藏葡萄酒、米粮和橄榄油的大地窖，同样气势不凡，且设计繁复，不熟悉的人在里面会晕头转向。希腊人说这地窖就是一座迷宫，只要一关门，就别想找到出口。

这个昌盛的爱琴海王国为何突然陨落，我们也不得而知。

克里特人一样善于书写，只是他们的文字至今成谜，我们也就无从知晓他们的历史了，只能通过留下的古物遗迹去推测他们往昔的辉煌传奇。这些古迹表明，一个来自欧洲北部的野蛮民族击溃了爱琴海王国。要是我们推测正确，这个攻陷爱琴海、毁灭王国文明的野蛮民族，就是不久前占领亚得里亚海和爱琴海之间的山地半岛的游牧部族，也就是我们说的希腊人。

第十四章

古希腊先民及其部族

印欧人中的赫愣部族攻占了希腊。

宏伟挺立的金字塔已存有千年之久，眼下有些衰败，巴比伦的伟大国王汉谟拉比已在地下安息了几个世纪。此时，一群牧民离开了美丽的多瑙河，去往南方探寻新牧场。

据传说，愚钝的人类毫无敬畏心，因藐视居住在奥林匹斯山上的宙斯而遭到这位众神之王的报复，洪水淹没了整个世界，人类灭绝，只剩下迪夫卡利安和皮拉，两人生下了赫愣。这群牧民自称是赫愣的子孙，故被叫作赫愣人。

对于最早的赫愣人，我们全然不知。研究雅典文明衰落的历史学家修昔底德认为，这些先辈"不足道哉"，其实也是有一定道理的。这些祖先举止粗俗，如同牲畜。他们不在乎人命，凶残低俗，滥杀希腊土著（皮拉斯基人），占有他们的牧场和牲畜，奴役他们的妻女，甚至会把敌人的尸体丢去喂牧羊犬。还不知羞耻地高歌赞扬亚该亚人，因为是亚该亚人充当先锋，将他们带到色萨利和伯罗奔尼撒山区的。

他们在山峰高处窥探，只见到处是爱琴海人的城堡，而对全副武装、手拿金属武器的士兵，他们不敢贸然下手，因为拿自己手中的石斧进攻无疑是送命。

赫愣人自知不敌，只能在一座座高山间逡巡游荡，倏然就过了几百年。待山间土地全被占领，他们才结束了这种居无定所的生活。

希腊文明的传奇由此开启。这些刚刚转型的希腊农民经常用羡慕惊奇的眼光远望爱琴海人的土地，终于耐不住性子，踏上了他们眼中高高在上的邻居的土地。随后发现，聚在迈锡尼和梯林斯石墙内的人可以传授给他们好多技术和知识。

希腊人学习能力极强，迅速学会了如何冶炼金属，打造武器——这是巴比伦人和底比斯人教给爱琴海人的技术。不仅如此，他们还掌握了航海技术，且已经开始打造小船，决定扬帆出海了。

希腊人一旦学到了爱琴海人的技术，就过河拆桥，把自己的老师驱逐到小岛上去生活，并开始占领扩张海上领地，渐渐攻陷了整个爱琴海。在他们踏上爱琴海地区一千年后，也就是公元前15世纪，赫愣人成为希腊、爱琴海地区和小亚细亚沿海的霸主。公元前11世纪，古老文明的最后一个贸易中心特洛伊被毁，由此开启了欧洲历史。

第十五章

古希腊城邦

希腊，说是城市，其实应当是国家（城市国家）。

现在的人什么都想要大的，我们为身处世界第一大国之中而骄傲，想组建"最大"的海军舰队，种植出"最大"的柑橘和马铃薯，还希望能在"超级"城市里生活，连入土为安都要找"最大"的墓地。

假如古希腊人知道我们有这种观念，一定会觉得很不可思议。因为，他们奉行"适度原则"，凡事合适的就是好的，一味求数量上的大是没有意义的。关于这种生活观念，希腊人并不只放在嘴上说说，而是切实地将其渗透到生活的方方面面。文学作品也传扬这种观念，就连神庙也遵循了这一原则，是小巧精致的。男人和女人在服装和饰品的选择上也以适度为准。而去剧院看戏的人，如果看到了违反这种理念的戏剧作品，也是嘘声一片。

古希腊人不仅自己这样做，还要求政客和最受欢迎的运动员遵循原则。有一次，斯巴达迎来了一个跑步高手，他扬扬得意，说自己用一条腿站立的时间极长，任何人都别想胜过他。市民们最后将他赶出城门，因为他自以为厉害的本领，随便哪只鹅都做得到。说到这儿，你或许有疑问："注重适度和追求完美都是美德，为什么单单希腊人推崇这些原则？"要明白为什么，我们先要了解希腊人的生活。

在埃及和美索不达米亚，人们仅仅是神秘统治者的"臣民"，普通人哪有机会窥见他的真容？但希腊不同，那里的居民是生活在数百个小"城邦"的"自由市民"，就算是最大的一个城邦，其人数也比现代的一个小村落要少。要是一个家住乌尔的农民说自己是巴比伦人，意为他是每年要向管辖西亚的国王交税的数百万臣民中的一个。而当一个希腊人说自己是雅典人或者底比斯人时，他是在骄傲地向人们提到自己的家乡，即他的国家。在希腊，人民做主，人民意志最为崇高。

祖国，对于希腊人而言，就是自己出生的地方。孩提时代，他们就和伙伴一起在雅典城的禁石间玩耍；长大了，身边所有的同龄伙伴都十分熟识，叫得出名字，就像现在的同学。他踏过的土地是他父母以后的沉睡之地。城墙之内有一个幸福温馨的小房子，里面有他心爱的妻儿。这大概四五英亩的地方，就是他生活的全部意义，城市虽小，但设施齐全，小巧精致。你应该能明白这种生活环境对于希腊人生活理念的影响。

巴比伦人、亚述人、埃及人，生活在人数众多的大帝国之中，就像大海中的一滴水，毫不起眼。但每个希腊人都会对身边的人产生影响，他们相互之间十分熟悉，一举一动都被人看在眼里。不管是作诗作曲还是雕刻大理石艺术品，他们都会考虑到同伴，极力做到完美。在某种程度上说，这些"自由市民"可谓艺术类的专家，对于什么是完美也心知肚明——其与适度是和谐统一的。

如此追求完美，使得希腊人在各个方面都极有成就，不仅创立了新的政府结构，还开创了新的文学形式，确立了独树一帜的艺术标准，简直让后世无法企及。虽然面积很小，却有无数奇迹诞生在这方寸之间。

后来希腊又有哪些辉煌的成就呢？公元前4世纪，亚历山大大帝征服了大片土地，构筑起一个幅员辽阔的大帝国，他决定把希腊那种智慧与精神发扬到帝国的每一处角落，让城邦式的生活模式惠及每一位居民，希望大帝国能保持希腊的兴旺发达。但是，一旦离开亲切的故土，街坊市集熟悉的声响和味道不再，希腊人本有的欢乐与灵感也瞬间消失，成了廉价的工匠，满足于二流的低劣品。当赫愣人不做"自由市民"，被动变为大帝国中的一员时，古希腊的精神便不复存在了。

第十六章

古希腊的独立

古希腊是首个自治的国家。

早期，古希腊没有富人和穷人的差别，每人都有一定数量的牲畜。就算居所简陋，也能自得其乐，而且身心自由，享受民主的权利。遇到关于城镇居民的重要问题，居民会聚在市集商量。大家会选举一位长辈做会议主席，保证众人各抒己见。如果有战争，人们会选一位最有才能的人担任大将军，指挥作战，战争平息之后，这个人便不再有军事指挥权。

但是，乡村变成城市后，有的人辛勤工作，有的人偷懒贪玩。有些人因为没有财运所以仍是保持原状，当然也有少数人是通过欺诈的方式来获取不义之财而致富的。

就这样，希腊城邦开始有了贫富的差别，富人少，穷人多。

而此时，在非常时期起带头作用的不再是"头领"或者"国王"这些由众人推选出来的人，而是我们称为贵族的那些富人，他们有着雄厚的财力和广袤的土地资产。

同平民百姓相比，他们拥有更多特权。富人有大量的金钱去买地中海东部的先进武器，也有时间来进行格斗训练。他们会雇用战士守卫领地，这样就能安心地在牢固的城堡里享乐。为争夺这座城市的领导权，他们常常进行械斗。胜者为王，拥有统治权，他可以一直统领这片区域，直到被另外一个拥有野心的贵族打败。

希腊的城邦

我们称这些拥兵自重获得领导权的君王为"僭主"（tyrant）。这些僭主，在公元前7世纪到前6世纪统领了所有希腊城邦。虽然其中不乏极有才干者，可为百姓造福，但时间一长，国家还是走向衰亡。人们只能摸着石头过河般地屡屡尝试改革，由此产生了人类历史上首个民主政府。

在公元前7世纪初，雅典人终于决定废除旧制，全面革新，让人民重新拥有话语权，可以自由表达想法。为此，还请了一位律师制定了一套保护穷人免遭富人侵害的法律，而这位律师就是德拉古。只是，他对百姓的生活实际状况未做到了如指掌，制定的法律并不实用，甚至没办法遵照执行。因为在他眼中，法律必须严苛，故而他制定的法律中的各项法则都不近人情。照他的处决方式，所有犯罪的人都应施以绞刑，这样一来，整个雅典的绳子也不够处罚罪犯的。就连偷个苹果，也是死罪。

雅典人只好再找个既懂法律又懂人情的人来改革，最终找到一个最佳人选——梭伦。他来自贵族，曾周游列国，对各类政府体制有深入的研究，这些经历促使他能编出一套符合希腊适度原则的法典。法典在保障贵族利益的前提下，还能提高平民的生活水平。因为，贵族对国家的重要性和护城的士兵是一样的。而为了不让法官滥用私权，出现冤枉穷人的情况（法官出自贵族，且不拿薪水），法典里有一项特别制定的条款：不满审判结果的民众可以向三十位雅典人组成的陪审团上诉，这是他的权利。

梭伦为希腊做出了巨大贡献，其中最突出的是通过法律规定平民百姓都要参与到国家政事中去，因为国事与百姓休戚相关，市政的会议必须到会，积极建言献策，绝不能推托找借口。但是，这种"民众政府"对于管理国家其实收效甚微，每次开会，与会者多泛泛而谈，还有一些不同派别的人为了利益争执不休。值得肯定的是，希腊民众由此变成了独立自主的"自由市民"。

第十七章

希腊式生活

古希腊式生活到底是什么样的？

读到这儿，你可能有疑问："古希腊法律要求每个人都参与到国事之中，若是沉浸其中，哪还能顾及家庭、工作呢？"

接着往下看你就明白了。

其实，在希腊的民主制度中，民主只针对人民中的"自由市民"，而"自由市民"只占城邦人口的很少一部分，其他的是奴隶和少数外国人。

政府只会在个别情况下（发生战争需要充足兵力的时期）给予被他们称作"野蛮人"的外国人公民权，是否属希腊公民是由出身决定的，若你的父母或祖辈都是雅典人，你便拥有雅典公民权。换言之，无论你是商界大亨，还是战功赫赫的将军，只要祖辈不是雅典人，终生都只是个"外国人"。

希腊城邦的管理重任不是落到国王和僭主身上，就是由"自由市民"共同担当。但如果没有数以万计的奴隶的默默付出，这个国家根本不可能正常运转。通常，奴隶数量是公民的五六倍，他们每天为主人做的事和现代人每天养家糊口的劳务并无二致，他们为雅典的"自由市民"制作膳食、蜡烛，还要做衣服、造桌椅，同时充当银匠、教书匠、会计师，负责各类事务。当作为主人的店主或者工厂主参政议事，或去看埃斯库罗斯新出的戏剧，或想听听大剧作家欧里庇得斯是怎样质疑众神之王宙斯的威严时，奴隶要做的就是管理店铺和工厂。

如果把古雅典比作一个大型俱乐部，"自由市民"就是享受优待的终身会员，奴隶只能世代为奴，听"自由市民"使唤。就算地位如此卑下，但只要能待在雅典城里，成为希腊的一分子，他们就已经满足了。

当然，提到雅典奴隶，你可千万别以为是《汤姆叔叔的小屋》里描写的那些受尽欺凌压迫的奴隶。诚然，在农场劳作的奴隶十分艰辛，可也有个别"自由市民"因家境困难为别人辛苦做工的。在城市里，有些奴隶比一些落魄的市民更富有。坚守适度原则的希腊人不同于凶残的罗马人，他们不会任意压榨、随意处置奴隶，把活生生的人看作是没有生命的机器，甚至丢给饥饿的猛兽。

奴隶在希腊人眼中是城市必不可少的一部分，没有奴隶，城市不可能发展起来，更不可能孕育文明。

现在的生意人和专业技术人员做的活儿，在古雅典都是奴隶在做。而崇尚悠闲生活的希腊人希望把所有的事情都简化，居住在方便的生活环境中，尽量免于做过多的家务琐事，所以几乎没有让妈妈觉得烦心、让下班后的爸爸觉得麻烦的过重的家务事。

希腊人的住房很简朴，富庶的贵族家庭也住在像仓库一样的房子里，完全不像现代的富人。他们的房子就是四面墙、一扇门、一个屋顶，连透气的窗户也没有。庭院里可能会有小喷泉或者雕像、植物作为装饰，周围一圈分别是厨房、客厅、卧室。天气要是不冷或者不下雨，庭院就是他们活动的地方。庭院的一个角落是厨师（这是奴隶的工作）准备饮食的地方，另一边用于教师（也是奴隶）教孩子学文法和算术。剩余的角落是女主人的地方（夫人不可以经常出门闲逛，否则会有损清誉），她经常在此和侍女（依旧是奴隶）一起做针线活儿。门边有办公区，是家主查阅农场监工（当然是奴隶）上报账目单的地方。

一家人聚在一起吃饭时花费的时间并不多，因为菜品实在太简单。希腊人不会把吃饭当作享受，反而认为是很浪费时间的事儿，他们认为吃饭能填饱肚子就行了。他们吃面包，喝葡萄酒，偶尔尝点儿蔬菜和肉类。他们只有在家里没酒的时候才会喝水。在他们的观念里，水不利于身体健康。

在吃饭的时间，希腊人喜欢找朋友一起聚餐，一边喝酒一边交流谈心，但肯定不会像现代人聚餐那样毫无节制——这是他们十分鄙夷的。他们知道克制，极其讨厌酗酒者。

希腊人的这种精简态度，同样表现在日常穿着上。他们注重衣饰的大方干净，头发胡须都要好好整理。他们还热爱体育运动，特别是游泳，而且有独特的审美，不会追赶潮流，去穿花里胡哨的时装。身穿白袍的希腊人也是风度翩翩的，与现在身穿蓝色风衣的意大利军官同样帅气。

他们爱看自己的夫人用饰品打扮自己，但厌恶炫耀的行为，所以女性外出都会打扮得十分朴素。

总的来说，希腊人崇尚的生活是简朴节制不过分的。他们把桌子、板凳、房子、车马还有书籍这些东西都当作身外之物，不值得为这些花费心思，不应该被所谓的财富和享受役使，从而限制了自由。希腊人崇尚的自由是肉体和灵魂的自由，是比物质更重要的东西，只有把物质需求降低了，才能得到身心的双重自由。

第十八章

古希腊戏剧

现代剧场的源头和历史上首次大众娱乐。

古希腊时，民众已有搜罗诗歌的习惯，早期的诗歌内容都是赞扬祖先的显赫事迹的，包括驱逐皮拉斯基人、摧毁特洛伊城等。每当有人朗诵诗歌时，民众常齐聚一堂，静听享受。不过，现代娱乐必不可少的戏剧节目并非源于诗歌诵读。我专门用一章来说戏剧的传奇，毕竟它的产生很神奇。古希腊人热衷于集会游行，会举行一年一度的盛大仪式来敬奉酒神狄俄尼索斯。古希腊人都爱美酒（水在他们眼中用于航行和游泳），因此更加推崇酒神，就像现在的孩子喜欢"汽水之神"一样。

希腊神话中的酒神在葡萄园里安家，他的身边总是围绕着一群欢乐的萨梯（半羊人）。所以，酒神庆典的与会者皆假扮半羊人，身披羊皮，咩咩乱叫。古希腊语中，山羊读作"tragos"，歌手则是"oidos"，像山羊一样咩咩叫的歌手就被人们叫作"tragos oidos"，意为"羊歌手"。这种怪异的称呼后来变成了现在的"tragedy"（悲剧），指那些结局悲伤的戏剧，而"comedy"（喜剧，本义是节奏轻快的歌手）就是指结局美好的喜剧。

也许你会疑惑，像山羊一样边叫边跳的表演，缘何会变成两千年后高贵脱俗的悲剧艺术呢？

从羊歌手到哈姆雷特，这个发展过程其实极其简单。

刚开始，这种和声表演往往令人捧腹，大受观众的欢迎。但是，这种嘈杂的场面很快就遭到了大家的厌烦。古希腊人不能忍受丑陋和疾病，更加不能忍受重复无趣的事。他们需要更好玩的娱乐项目来满足需求，这时一位来自阿提卡的伊卡里亚村的青年诗人提出了自己的创意：一名山羊合唱团的成员出列，站在队伍前列，和吹排箫的首席乐手进行对话。只有这个歌手可以边说话边做动作（他负责"表演"，其他人配合他或者伴唱）。他会不断发问，首席乐手则会按照诗人在莎草纸上写的答案来回答。

这种提前确定好的对白——就是台词——多与狄俄尼索斯或其他天神的故事有关，这种表演形式传播出去之后，大获好评。后来，但凡酒神庆典都会演出这样的剧目，接着，"表演"剧目占的比重越来越大，游行和山羊合唱团倒是相形见绌了。

提起最伟大的悲剧作家，埃斯库罗斯当之无愧。他一生醉心于创作，留下了八十多部戏剧，也首创两个"演员"同台演出的先例。后经过时间的积淀，到索福克勒斯时期，演员人数加至三名。到公元前5世纪中期，欧里庇得斯创作悲剧时，演员人数可以不受限制。当阿里斯托芬写喜剧用以挖苦取笑包括奥林匹斯山上的天神在内的一切时，山羊合唱团的作用已经微乎其微了，他们只是主演的背景和陪衬，当男主角罔顾神意，犯下罪行时，他们就合唱一句"这真是可怕的世界"。

这种娱乐节目的表演要求更好的舞台效果，希腊城为满足观众要求，迅速建起了剧场，剧场往往倚靠大山，观众席呈半圆形环绕着舞台中心，人们坐在长条木凳上观看表演（就像我们花钱去听管弦乐一样）。演员同合唱团一起站在台上，观众可通过脸谱知道演员扮演的角色是喜是悲。后台是一顶帐篷，希腊语叫"skene"，它是英语单词"scenery"（舞台布景）的词源。

当悲剧彻底融入希腊人的生活，观剧就不再是一个让人放松的娱乐节目，而是一件发人深省的庄重的事，民众通过看剧开始了深入思考。新剧诞生的重要性堪比政治选举，杰出的剧作家会被人民致以崇高敬意，比打了胜仗的将军还要风光。

第十九章

希波战争

为了守护欧洲，免遭亚洲的侵害，希腊人把波斯人驱逐出了爱琴海。

爱琴海人曾跟着腓尼基人学习了很多，学成以后又教给了希腊人许多生意经。于是，希腊人依循腓尼基人的制度建立殖民地，还经常在进出口贸易中使用货币。直至公元前6世纪，古希腊人在小亚细亚沿岸有了立足之地，还抢了腓尼基人不少生意，腓尼基人当然反感，可苦于力量不够强大，只能忍气吞声，但他们也不甘心就此作罢。

前面的章节中我讲到有一个毫不起眼的波斯游牧部落突然来袭，征服了大半个西亚的事情。好在这些波斯人不野蛮，没有屠杀俘虏，但被征服者必须每年进贡。大军到达小亚细亚沿岸后，一样要求希腊殖民地的吕底亚人向波斯交税，并且臣服于波斯，吕底亚人断然拒绝。但随着波斯人的态度越来越强硬，吕底亚人请求主权国希腊施以援手，由此拉开了波斯与希腊的战争序幕。

波斯国王特别害怕他的属国会纷纷效仿希腊，推行城邦制度。

希腊有爱琴海作护城屏障，易守难攻，但其对手腓尼基人却为波斯人做了军师。腓尼基人表明态度，波斯人出兵源，腓尼基人出进攻的船只。公元前492年，波斯人准备就绪，打算入侵欧洲。

波斯王派使臣去招降希腊，提出以"土和水"作信物，否则将大举进攻。希腊人一听，怒不可遏，将使臣投入水井——里面尽是土和水。显然和谈无望了。

然而，奥林匹斯山的诸神庇佑着他的子民，波斯人乘着腓尼基人的船只刚抵达阿托斯山的海域，暴风之神便掀起了飓风，覆灭了波斯军队。

两年后，波斯人再次进攻希腊，驶过爱琴海，落脚于马拉松村。雅典人获悉后，马上出动万人大军死守马拉松平原周边的山坡，另遣一名长跑健将火速赶往斯巴达求助。遗憾的是，斯巴达人素来嫉妒雅典，不打算援助，其他城邦也是这样的态度，最终力量尚弱的普拉提亚总算派出一千兵力前往援助。

公元前490年9月12日，雅典将领米尔泰底率兵顽强抵抗，奋勇迎战，许是他们的一腔孤勇感动了诸神，竟然抵挡住了波斯人的大举进攻，凭借长矛击垮了战斗经验不足、组织混乱的亚洲军。

那晚，雅典人远望着船只烧毁的黑烟，急切地等候战争结局。不知过了多久，一个身影出现在北方的地平线上，那是长跑健将菲迪普蒂斯，他已支持不住，踉跄地跑到众人近前。前些天，他刚去斯巴达求援，接着加入米尔泰底的部队奔赴战场，早上还奋勇杀敌，打了胜仗后又赶紧返回家乡传达捷报。民众看着耗尽力气的菲迪普蒂斯，赶紧扶住他。这位英雄用微弱的声音说了最后一句话："我们赢了。"自此，菲迪普蒂斯成为希腊男人的偶像，大家都希望有一天也像他一样报效国家。

战败的波斯人没有放弃，企图再寻港口登陆，却发现沿岸早已有驻兵把守，只得打消这个念头。古希腊的国土重归宁静。

在接下来的八年中，波斯人仍不死心，雅典人也提高警惕，随时准备迎战。雅典人在备战问题上起了争执，一些人说应该扩充陆军，另一些人则觉得强大的海军更能保卫国家。陆军的领袖阿里斯蒂斯与海军领袖地米斯托克利争执不休，僵持不下，最后这场争论的结局是——阿里斯蒂斯被流放。地米斯托克利终于实现了扩充军舰、训练海军的愿望，比雷埃夫斯也摇身一变，成了强大的海军基地。

波斯舰队在阿托斯山附近被推摧毁

公元前481年，波斯军队卷土重来，进攻希腊北部的色萨利。在紧要关头，军力强大的斯巴达成了周边城邦的靠山，但他们只顾自己的安危，丝毫不在意希腊北部的国土，希腊北部兵力空虚，波斯入侵路线上并无重兵把守。

由色萨利去往希腊南部的窄道上，只有列奥尼达率领一帮斯巴达战士镇守，在此他们遭到了猛烈袭击，虽然双方兵力悬殊，但列奥尼达以超凡的勇气守护着。可他们当中出了一个叛徒——艾菲阿尔迪斯，这个无耻小人带着一队波斯人从后方偷袭列奥尼达。在温泉关周边的德摩比利山，双方展开了激烈的交战，十分惨烈。

夜幕低垂，列奥尼达和最后一名斯巴达战士战死。

失了通道，希腊土地尽皆沦丧。波斯人入侵雅典后，残忍地将守护卫城的希腊战士逐一抛下万丈深渊，接着焚烧了整座城市。雅典人多逃往萨拉米岛避难，似乎败局已定。不过，在公元前480年9月20日，波斯大军溃败。原来，波斯大军在萨拉米岛和欧洲大陆之间的狭窄海峡遭遇地米斯托克利的阻击，在几小时内折损了四分之三的兵力。

由此，温泉关的胜利果实化为泡影，薛西斯王只得暂时回撤，他料定明年是同希腊决一死战的时刻。波斯部队驻扎在色萨利，静等春天。

这一次，斯巴达人终于看清了形势，明白事态严重，波斯人不容小觑。他们越过了科林斯城墙，在波萨尼厄斯的率领下主动迎战玛多尼奥斯所率的波斯军队。希腊所有城邦的兵力（大约十万人）悉数出动，与敌军在普拉提亚周边激战，要知道敌军数量至少是他们的三倍。幸运的是，英勇的希腊步兵再次获胜，击溃了敌人的箭阵。

一如马拉松之战，波斯人再遭挫败，而这次输得很彻底。在希腊步兵赢得普拉提亚之战的同时，在小亚细亚的米卡尔海角，雅典海军大获全胜，击溃了波斯舰队。

亚洲和欧洲的首次交锋就此落下帷幕。雅典获得了荣誉，斯巴达也因英勇善战而声名赫赫。事实上，这两大城邦若能不相互嫉妒，通力合作，也许古希腊就成为一个大一统国家了。令人唏嘘的是，双方都不懂得珍惜这难得的机会，此后也不再有这样的机会了。

第二十章
残酷的雅典-斯巴达大战

为了获得古希腊的统治权，雅典人和斯巴达人展开了漫长而悲剧的战争，导致了一系列灾难性的后果。

雅典和斯巴达有共同点，比如都是古希腊的城邦，说一样的语言。但除了这些，两座城市截然不同。雅典城市高耸，临海而建，海风宜人，城市本身极具活力。斯巴达却刚好相反，城市位于深邃的峡谷中，群山可作军事屏障，不过外界的敌人连同其他城邦的文化都被隔绝在外。雅典是一个开放而繁盛的商业之邦，斯巴达则是封闭而严肃的军事之城，斯巴达人以习武为业。雅典人生性浪漫，爱在阳光下诵读研究诗词戏剧，讨论哲理真谛。斯巴达人却热衷战斗，有着非凡的战斗力，为了战争可以舍弃一切人类情感。当然，一个热衷于战争的城邦自然不会创作什么文学作品了。

由此，不难理解严肃的斯巴达人缘何十分鄙夷浪漫开放的雅典人。打了胜仗后，雅典人将保家卫国的精力转移到了家园重建上，修复了卫城，使其成为敬奉雅典娜的神殿。全国擅长绘画和雕塑的能工巧匠在雅典民主制度领袖伯里克利的号召下，使出浑身解数，共同为城市建设贡献自己的力量。有学问的学者和科学家也来到雅典，传授给青年们丰富的文化知识。同时，雅典人关注着斯巴达的一举一动，在沿岸修筑城墙，使得整个雅典牢不可破。没过多久，一件微不足道的事情引发了双方的战争，战争历时四十年，最终雅典惨败。

战争的第三年，一场瘟疫入侵雅典城，包括伯里克利在内的半数人都因此丧命。更为不幸的是，天灾刚过，雅典又被一个昏聩的首领所统治。这时，一个名叫阿尔西比亚德的青年在危急时刻站出来，表明应该袭击位于西西里岛的斯巴达殖民地锡拉库萨。糟糕的是，在装备齐全，即将出发之时，他却因一场街头纷争而远走他方。当时，一个无能之辈代替他远征，先是毁军舰后是损兵将，出征的雅典人即使活下来也被斯巴达人拉到锡拉库萨采石场日夜劳作，在饥渴困顿中死去。

远征西西里的军队全军覆没，几乎所有雅典青年都在战争中阵亡。被困已久、看不到希望的雅典，最终在公元前404年4月投降，城墙倒坍，军舰被占，在鼎盛时期曾风光无限的雅典就此衰落。幸运的是，斯巴达击毁的只是雅典的城墙和军事装备，雅典的灵魂和精神——雅典人对知识文化的探寻欲望没有随之消失，反而越发蓬勃生辉。

雅典人无力统领古希腊全境，不能决定古希腊的命运，可作为世界第一所大学的诞生地，其思想已无国界限制，对许多地方的文明产生了巨大影响。

第二十一章

亚历山大三世

马其顿人亚历山大成就了一个希腊式帝国，深远地影响着后世子孙。

多瑙河畔的牧民亚该亚人在探索新家园的途中，落脚于马其顿山区。从此，古希腊人与这一北方游牧民族保持着一定的关联，而这些牧民也对希腊半岛的事态格外关注。

雅典人和斯巴达人为夺统治权而激战时，马其顿人却在明智的君主菲利普的统领下惬意地生活着。菲利普钦佩希腊人在文学艺术上的建树，却对他们在政治上的无序和随性大为不满。他不想看到如此优秀的民族在无休无止的战争中耗尽精力，便自立为古希腊领袖，出征波斯，为一百五十年前薛西斯王入侵希腊报一箭之仇。

可惜，出征前，菲利普就被暗杀了，回击波斯的任务自然而然由王子亚历山大承担，平日教导这位王子的正是希腊的大智者亚里士多德。

公元前334年，亚历山大远征波斯。七年后，他的军队远达印度。在这些年里，他先是消灭了希腊的宿敌腓尼基人，又征服了埃及，让尼罗河谷的人顶礼膜拜，认为他是法老的接班人。他还打败了波斯的末代国王，灭掉了整个波斯帝国，下令重建巴比伦，连喜马拉雅山的最深处都留有希腊军的足迹，此时的马其顿帝国天下无敌。做完这些，他暂停脚步，开始实施另一个宏伟计划。

他计划将希腊文化推行至全世界，各地人民要学习希腊语，并住在希腊式的城市中。他手下的士兵弃武从文，当起了文化老师，军营成了希腊文明的中心。就在希腊的文明习俗如汹涌的海浪席卷世界时，亚历山大却在巴比伦的汉谟拉比皇宫病逝。

亚历山大去世后，希腊文化的潮流渐退，可这片土地却成了高度文明的家园。他虽然有着孩子气般的天真和野心，而且极其自负，却为保存人类文明做出了巨大贡献。他的帝国土崩瓦解了，国土被几个野心家瓜分，幸而这些首领仍守护着他传扬的希腊式梦想。

马其顿帝国四分五裂，各自独立，后来是罗马人统一了西亚和埃及。罗马征服者接手了这种奇特的混杂文明——其中有希腊、波斯、埃及和巴比伦文明。之后的几百年，这种文明依然镌刻在罗马帝国身上，至今，我们仍可感知到它。

第二十二章

总结

现在，我们来总结前二十一章的内容。

之前，我们始终站在一个很高的位置俯视遥远的东方。当埃及和美索不达米亚的光辉逐渐消散后，我们不妨转头看看西方的故事。

但在那之前，先做个总结。

我们最先接触的是史前人类——那些有着原始习俗、举止粗鄙的动物。同其他动物相比，人类是原始时代最弱小、缺乏自我保护能力的种族，得益于超凡的头脑才世代延续。

冰河世纪的到来，使地球进入了漫长的冬季，生存十分不易，人类在这种条件下被逼着开发大脑，如此才能免遭被环境淘汰。长久以来，"求生欲"激励着一切生命努力繁衍生息，并激发了生命的潜能，这一切促进了冰河世纪的人类的进步。顽强的原始人类度过了冰河纪，逃过了凶恶的野兽都难逃的厄运，待大地重变温暖之时，人类的智慧已领先其他种族，几乎不会灭绝（人类最初的50万年，不排除灭绝的可能性）了。

早期的人类进化得很慢，但某一天，尼罗河谷的人发生了巨变（原因不明），在此诞生了人类历史的首个文明。

接着，我们到了美索不达米亚的"两河流域"，这里是除尼罗河谷外的另一个文明诞生地。我还勾画出爱琴海群岛的全貌，这些岛屿——古希腊，系将古老的东方文化与科学引渡至年轻的欧洲的纽带。

后来，说到了印欧人种中的赫愣人——古希腊人，他们早已离开亚洲中部，在公元前11世纪抵达爱琴海边的希腊。接着，看似城市实为国家的城邦在此林立，而在古埃及和亚洲文明基础上产生的高雅文化也在此地诞生。

现在我们回过头来看，你会发现，人类文明已勾画出一个半圆形的轮廓。它始于埃及，再经美索不达米亚和爱琴海群岛向西延伸，最终抵达欧洲。前四千年，埃及人、巴比伦人、腓尼基人和各个闪米特部族（包括犹太人，其是该部族的一个分支）都曾高举文明的火炬，发出璀璨的光芒。

现在，印欧民族希腊人接过了火炬，照亮了古罗马人。而在此时，闪米特人仍沿着非洲北部沿岸一路向西，称霸地中海西部，而古希腊人则盘踞于东部。

不久，这两个种族产生了难以调和的矛盾，发生冲突，最终罗马胜出。自此，这个包含了埃及、美索不达米亚和古希腊的混杂文明，蔓延至整个欧洲大陆，并成为现代社会的文明的基石。

也许这一切听起来过于复杂，但你只要了解人类历史的基本知识，接下来的历史就格外简单明朗。要是词句不能准确传达意思，我将用图画来弥补。接下来，我们去看看著名的罗马与迦太基之战。

第二十三章

罗马与迦太基的纷争

非洲北部的闪米特部族迦太基人和意大利西岸的印欧部族罗马之间发生战争，为的是抢夺地中海以西的统治权，迦太基由此灭亡。

阿非利加海峡宽90英里，隔断了非洲和欧洲。腓尼基人在这里建立的小型的贸易中心卡特·哈斯哈特，就坐落在可鸟瞰大海的山丘上。由于靠近大海，船只进出方便，这个理想的贸易点迅速繁盛，变得极其富有。但公元前6世纪，迦太基人因巴比伦国王尼布甲尼撒二世攻打提尔城，不再与其他部族往来，并宣布独立，成了首个开发西部的闪米特部族。

只是，这座城市承袭了腓尼基人的习性，以商业发展为主，配有强大的海军装备，却在精神文化方面没什么需求。城市中心及周边一带所有的一切都被富人把持着。在希腊语中，"ploutos"是富裕之意，而富人把控的政府就称为"Plutocracy"。迦太基实行富人政府体制，由几个船长、矿主和富商掌管国家大权。他们都是精明干练的人才，不过这些人在一块儿管理国家，其实只是把国家当作赚取私利的工具。

时间越久，迦太基人的影响力就越大。慢慢地，非洲沿海大部分地区、现在的西班牙和法国的一部分都成了他们的属地，这位霸主会定期收纳贡品。

这样的"富人政府"必须依靠人民大众的支持。只要失业率低，工资高，大多数人不在乎谁来管理这个国家。但是，一旦船只无法出港，没有矿石供持续冶炼，码头工人和矿场工人失去工作，民众则怨声载道，要求恢复旧制。

为避免"富人政府"被推翻，他们必须保证国家经济蓬勃繁盛，在大约五个世纪的时间里，贸易一直做得不错。可有一天，突然从意大利西岸传来一个让人坐立不安的消息：台伯河岸发展起来的一个叫"罗马"的小镇统领了全部的拉丁部落，并准备在西西里和法国南部沿海进行海上贸易。

迦太基人自然不能对他人抢夺利益的行为坐视不理，为了护卫自己的特权，必须击败这不知天高地厚的竞争对手。他们派人去核查消息，得知了一些消息。

希腊人的优良港湾皆是东向，可以通过海上贸易致富。可意大利西岸长期与世隔绝，除了一片地中海域，吸引力不大。外国商人鲜少踏足这片区域，这里的居民也能怡然自得，享受安宁。

这里初次遇袭的是北方。某天，一个印欧部落意外发现了一条秘密通道，并由此穿过阿尔卑斯山，直入意大利西南部，在此扎根繁衍。我们不知道他们都做了什么，荷马也未在书中描写他们。后世编纂的史书（于八百年后成书，而罗马已由无名小镇变成了帝国首都）写到过他们，描述得十分奇特，不能当真。有关罗慕路斯和雷穆斯的"翻墙"故事（我总记错哪个先跳过对方的墙），当然很有趣味性，但是建造罗马的过程却实属不易。同众多美国城市一样，罗马最开始也是一个物品交换和马匹交易的场所，地处意大利中部平原，可经由台伯河抵达海边，通向南北的通道提供了全年便利的交通。岸边的7座山丘成了天然屏障，把山里及海上的敌人都抵挡在外。

住在山里的是萨宾人，是一个落后的种族，粗俗无礼，喜欢争夺，以石斧和木盾为武器，抵挡不住罗马人的金属武器。而大海另一边的埃特拉斯坎人更加令人忌惮。他们来历成谜（至今无人破解），无人知晓他们的秉性，以及为什么要搬离故土。意大利沿岸到处是他们留下的城市遗迹、水渠等。他们也留下了铭文，但无人能破解其意，这些文字资料让人十分头疼。

有人猜测他们原本住在小亚细亚，当时受制于战争或者瘟疫才背井离乡，寻找居所。

无论如何，在历史上还是有埃特拉斯坎人一席之地的，他们把古老的东方文明带到西方，教会了罗马人建筑学原理，让他们知晓如何整修街道，甚至传授了军事、艺术、烹饪、医学等多领域知识。

然而，罗马人极度讨厌埃特拉斯坎人，这像极了希腊人排斥他们的爱琴海老师。就在希腊商人来意大利经商时，罗马人终于等到了铲除老师的时机。希腊船只第一次到达海岸，原来要做生意的希腊人却开始做起了老师，传授给渴望学习实用技术的本地居民（被叫作"拉丁人"）先进的技术。罗马人很有悟性，看到了书写术的潜力，便学习了希腊字母。

而且，统一货币和度量体系对贸易发展的重要性，罗马人也清楚得很。反正，罗马人几乎照搬了所有希腊文化。

甚至奥林匹斯山上的诸神也成了罗马人的祭拜对象。只是，在罗马人口中，宙斯成了"朱庇特"，其他天神也换了名字。与希腊诸神不同，罗马的神灵不会指导国家的前进方向，干预民众的生活，他们像政务人员那样严肃刻板，凡事都以戒律为准，自己和子民都要遵从。罗马人不像希腊人那般亲近神灵，只是一味地敬奉而已。

罗马没有继承希腊的政府体系，但同为印欧人，他们刚开始也推行过与雅典一样的城邦体制，舍弃了部族首领制。但是，没有国王来制衡贵族的权力了，国家就会陷入混乱。罗马人差不多花了几百年，才让罗马民众学会了参与国事。

罗马人比希腊人言简意赅，不会在国家会议上东拉西扯，他们不像希腊人那样善于想象，他们很务实。他们看透了普通百姓，知道他们特别啰唆（这种"自由市民会议"被叫作"plebe"）并由此导致效率低下，因而不会在民众议会上浪费时间，而是将国家大权交给两名"执政官"，再由年高德劭的老人组成"元老院"来辅助他们。只是，元老们都出身贵族——这主要考虑到贵族利益及传统，好在他们没有不受限的权力。

雅典人曾寄希望于德拉古和梭伦的法典，妄图保障贫富之间的利益均衡。公元前5世纪，罗马人也遇到了这个问题，解决问题的过程中，"护民官"制度诞生，从此，法律保障"自由市民"的权益，使他们免遭权贵的欺压。护民官系地方行政官员，由市民选举产生，他们主要行使为公民伸张正义的权力。执政官有权下达死刑命令，但护民官如果有异议，觉得证据不足，可以进行干预。

目前我们说到的"罗马人"单单是指首都的几千名市民，事实上罗马更有实力，在偏远的属地，我们能看到罗马人管理殖民地的高招。这时的罗马是意大利中部仅有的守备森严的城市，同时也积极庇佑那些受到攻击的拉丁人。周边的邻居尽皆与罗马交好，希望得到罗马的帮助。

倘若这一切发生在埃及人、巴比伦人或腓尼基人，甚至希腊人身上，他们肯定趁机把这些"落后部族"的地盘变成属地。然而罗马人却没有，相反友好地邀请这些"外国人"联合成"罗马共和国"或"罗马共同体"，并向他们承诺："想与我们联合，我们绝对欢迎，还会把你们看作罗马公民，你们能享受无差别的待遇，只要在遭遇外敌时能一起守护我们共同的家园就行了。"

这些"外国人"感动不已，自然忠诚地对待罗马。当初，希腊遇袭，城里的"外国人"唯恐避之不及，对于这样一个付费的临时旅馆，谁愿为之付出宝贵的生命呢？可当罗马遭遇战事之时，拉丁部族紧急支援，就像守卫自己的母亲一样。就算他们的故土距罗马万里之远，援兵从未来过罗马，可他们也把罗马看作"祖国"。

这种亲密得令人感动的关系从不曾因战事而动摇。公元前4世纪初期，凶恶的高卢人强占意大利，于阿里亚河流域击溃罗马军，一路逼近罗马城，他们本以为附近的居民会迅速臣服求和，等了好久却等来了前来围攻的部族军队——忠心的"外国人"，断了高卢人的粮草，终于在七个月后逼退了饥肠辘辘的高卢人。罗马人对"外国人"的真心获得了回报，罗马此时是最强大的。

通过罗马的早期历史，我们知悉以罗马和迦太基为代表的古国在理想的政府体制上的不同观念——罗马人用"人人平等"的观念迎来了人心所向，反观迦太基人，则仿效埃及和西亚，强制性地让"属国"臣服，当然会遭到抵抗，这时政府的雇佣军就会进行血腥镇压。相信你现在知道迦太基人缘何这么害怕罗马人了吧？迦太基的富人政府想找机会点燃战火，以便除掉这个难对付的敌人。

迦太基人颇为精明，知道贸然行事往往事与愿违。此时，时机还不成熟，他们向罗马人提议，划分各自的势力范围，并承诺互不侵犯对方的利益。这个协议签订得快，但毁得更快，双方都垂涎美丽肥沃的西西里，想派兵干预。双方这一战即"第一次布匿战争"，在公海海域一战就是二十四年。

刚开始，老到的迦太基海军似乎占了上风，觉得可以很快击溃年轻的罗马舰队，可迦太基人的战术实在太老，总是用撞击和侧翼偷袭的方法，折断敌方船桨后再以弓箭和火球打击敌人。聪明的罗马工程师却用新技术给船只配备了吊桥，让罗马战士能登上敌船去战斗。在迈利战役中，迦太基舰队遭受了沉重打击，属于迦太基的时代已经过去，他们只得求和。从此，西西里成了罗马帝国的一部分。

二十三年后，两军再次对垒。这次，罗马人为了铜矿占领撒丁岛，迦太基为了银矿强占西班牙南部，欲望让他们成了邻居。罗马人极不情愿，派兵越过比利牛斯山去窥视迦太基人的一举一动。

第二次布匿战争与第一次一样，导火索是希腊的某一属地。迦太基首先围攻了西班牙东部的萨贡托，罗马接到萨贡托人的求救信号以后，迅速前往支援。元老院本来打算派遣拉丁人军队，可整点装备需要时间，他们还没到，萨贡托就陷落了。罗马的权威受到侮辱，元老院气急败坏，向迦太基宣战，他们打算派出军队穿过阿非利加海峡登陆迦太基，另一支军队拖住尚在西班牙的迦太基军队，不给他们回国支援的机会。这个计划很完美，罗马人胜利在望，然而命运之神的旨意让人捉摸不透。

公元前218年秋，去西班牙拖住迦太基军队的罗马士兵奔赴战场，人民只等他们凯旋，谁知从波河平原传来一个令人害怕的传言。山里惶恐不已的野蛮人说，数以万计的棕色皮肤的人带着房屋般大小的怪兽从盖满积雪的格雷安隘口涌出，恰巧这条通道就是神话中的大力士赫拉克勒斯驱逐吉里昂怪兽的地方。后来，浑身破烂的士兵补充了这个传言。

原来，哈米尔卡尔的儿子汉尼拔带着5万步兵、9万骑兵和37头战象越过比利牛斯山。老西庇阿所将军带领的罗马军队被其在罗纳河畔击溃，转而其又指挥军队成功地穿过10月冰雪覆盖的阿尔卑斯山。之后，他与高卢人会师，击败了正要渡过特拉比河的第二支罗马军队。最后，他们将阿尔卑斯山区通往罗马的必经之地——北部的普拉森西亚重重包围。

元老院震惊不已，转而迅速冷静下来，禁止传出战败的消息，又派两支军队去阻击迦太基人。但汉尼拔消息灵通，早埋伏在特拉西美诺河边的小路上突袭罗马军，罗马军几乎全军覆没。罗马人惊恐不安，元老院依旧颇有斗志，旋即第三支队伍被派出，将领费边被赐予无上权力，可以"为捍卫国土不惜任何代价"。

费边清楚不能轻举妄动，否则将会输得很惨。他的士兵经验不足，当然敌不过汉尼拔手下剽悍的战士。他不再正面应敌，而是躲在暗处伺机偷袭，一路跟踪汉尼拔的军队，沿途破坏食物粮草和道路，以此扰乱迦太基军队，削弱他们的斗志。

然而，这种避战方式没能得到罗马公民的认可，他们希望费边主动迎战迦太基人。在这非常时刻，一个"偶像"般的人物——瓦罗出现了，他四处跟人说自己的才能，认为自己比费边优秀，还讥讽费边是"拖延者"，导致人民相信了他的话，把指挥权交给了他。而公元前216年，他指挥的坎尼战役却让罗马蒙羞，这一战牺牲了7万多名罗马士兵，让汉尼拔成了统领意大利的王者。

汉尼拔得意扬扬，在意大利游行了一圈，宣告自己是"罗马人民的解放者"，更号召所有属地一起来进攻罗马。而此时，罗马人的统治策略再次令人刮目相看：只有卡普拉和锡拉库萨"倒戈"，其余省份都还是一颗忠心——守卫罗马，抵制汉尼拔，而汉尼拔装出来的友好导致他不得人心。这时的他远离家乡，渐渐觉察到形势不容乐观，他派人回国求援，但迦太基已无法满足他的要求了。

由于罗马人依托于吊桥技术控制了海运通道，汉尼拔只好改弦易辙。事实上，他还是所向无敌的，可士兵的数量却越来越少。更雪上加霜的是，当地的意大利农民压根儿不理睬这个自称"解放者"的人。

多年来，汉尼拔所向披靡，可他又觉察到自己已被困在了自己所占的土地上。他一度走运，打算翻盘——他的兄弟哈斯德鲁巴在西班牙获胜后，准备越过阿尔卑斯山前来支援。他派出的人原本要去南方报信，还派出了接应部队。可是，罗马人捉住了报信人，最终汉尼拔没等来支援，等来的是被丢入军营的装有他兄弟头颅的篮子，他这才意识到迦太基最后一批援兵已然覆灭。

年轻有为的大西庇阿斯杀掉哈斯德鲁巴后，轻而易举收复了西班牙。四年的时间，足以让罗马人做好一切准备，与迦太基决战。汉尼拔接到命令，穿越阿非利加海峡回国，意欲重新部署防范。然而，公元前202年，扎马战役让迦太基人再无翻身的可能。汉尼拔逃至提尔，接着又到了小亚细亚，企图说服叙利亚人和马其顿人对抗罗马。可惜，他失败了，还让罗马有了进攻亚洲的说辞，最后罗马人掌握了爱琴海的大片地区。

汉尼拔风光不再，成了一个没有归处的难民，在城市之间流浪，最终不得不承认自己的梦想已然幻灭。迦太基在战争中被损毁，不得已签订丧权辱国的条约，海军也在海上覆灭，而且以后罗马人若不允许，迦太基就没有参战资格，同时每年必须向贪婪的罗马人进贡。汉尼拔心灰意冷，最后服毒自尽，那一年正是公元前190年。

又过了四十年，罗马人与迦太基人开战。在重新复活一般的罗马共和国面前，古老的腓尼基城坚持了3年，最终饥饿战胜了意志。他们投降了，剩下来的不管男女都被卖作奴隶，城市毁于大火，仓库、宫殿、军火库足足烧了两个星期。罗马人在一片焦土上还恶毒地唾骂着，接着回到意大利开始庆功。

此后的一千年光阴，地中海地区都由欧洲人主宰。当罗马帝国陨落后，亚洲人才再一次试着踏足这片海域，详细的过程请期待后面有关穆罕默德的章节。

第二十四章

罗马的兴起

罗马是如何被建造起来的？

其实，罗马帝国的诞生很不经意，没人想着用心打造她的未来，她就那样突然地出现了。而且，历史上也没有哪个伟人、将领、政客或者篡位者来号令天下："朋友们！罗马市民们！全体公民们！我们应该创造一个大一统的帝国，去征服从赫丘利峡谷到托罗斯山脉之间的广阔天地！"

在罗马，诞生了许多杰出的将军、精明的政客和篡位者，罗马军队的足迹也曾遍布世界各地，可这些都不是促成罗马帝国诞生的直接元素，她的产生得益于自然发展。普通百姓有着务实精神，不喜欢说空话。要是谁说了大话，嚷着"罗马帝国应该向东扩张"，民众马上就会一哄而散。其实，罗马的扩张绝不是由罗马人的侵略野心和贪得无厌决定的，而是形势使然。

罗马人天生热爱农牧生活，喜欢居家过日子。倘若遇到侵略袭击，就不得不自我保护，即使对方的国土再遥远，耐力十足的罗马人也会千里迢迢去消灭敌人。一旦消灭了他们，又不能撒手不管，只能留下来驻守这片区域，以免敌人卷土重来。听起来好像挺复杂，其实道理很简单。

公元前203年，大西庇阿斯穿越阿非利加海峡，进军非洲。汉尼拔被迦太基紧急召回。由于雇佣兵的无能，扎马战役中，汉尼拔大败。罗马人招降汉尼拔，汉尼拔却向马其顿和叙利亚求援，妄图进行最后的挣扎。这些我之前都讲过。

这两个国家（亚历山大帝国的一部分）的国王正商讨出兵埃及，计划瓜分肥沃的尼罗河谷。埃及听到风声，立刻求助于罗马。这之后，是一连串的阴谋与反阴谋，谁知罗马人没等好戏落幕就粗暴地结束了这场戏。马其顿人依旧在使用老旧的希腊式密集重型阵法，结果罗马军团一来就轻而易举地将其击垮了——这就是公元前197年的库诺斯克法莱（俗称"狗头山"）战役。

罗马人一路朝南解放了阿提卡，他们告诉希腊人自己是来"解除马其顿的奴役，还赫愣人自由"的。遗憾的是，希腊人并没有珍惜来之不易的自由，看来漫长的奴隶生涯给他们的教训还不够，转而和以前鼎盛时期一样，小城邦间又闹起矛盾。罗马人没心思管他们，内心充满鄙夷，却还是选择了容忍。终于，罗马人无法再听之任之了，他们的耐心用光了，便出兵希腊，一举烧毁了科林斯（想以此警示其他希腊人），还派了一位总督去管理混乱的雅典。就这样，马其顿和希腊沦为保卫罗马东部边疆的缓冲区。

叙利亚广袤的国土就在海勒斯蓬特海峡对面。汉尼拔为联合叙利亚进攻罗马，用谎言欺骗叙利亚愚钝的国王安条克三世，让他相信：进攻意大利，侵占罗马是一件轻而易举的事。安条克不禁有些心动。

小西庇阿斯是大西庇阿斯的弟弟，他在之前扎马战役中战胜了汉尼拔。他接到命令，向小亚细亚出兵，并在公元前190年成功在马格内西亚将叙利亚军队歼灭。这之后，安条克的臣民动用私刑处死了他。罗马则成了小亚细亚的保护者，小小的罗马共和国竟然就这样统领了地中海沿岸的大部分区域。

第二十五章

罗马帝国

罗马在数百年中风雨飘摇，历经磨难，终成帝国。

罗马军队凯旋后，人民夹道欢迎，军人获得了殊荣。但是，如果你认为罗马人民会因国家获得的胜利荣耀而过上好日子，那就错了。接踵而至的数次战争使田地荒芜，战功赫赫的将军和亲信们手握大权，借战争的名义敛财，而钱财都来自农民。

古罗马曾经推崇勤俭，但新的共和国却不甘于这种简朴、克己的生活。渐渐地，富人掌控了罗马，政府成为服务于富人的工具。这恰恰促成了罗马日后的衰落。

地中海区域最终落入罗马之手，只花费了罗马人不到一百五十年的时间。罗马人对待战争十分认真，对待战败的敌人也毫不留情。迦太基被灭，这个国家的妇女小孩都被当作奴隶贩卖。罗马人暴力地统治着希腊、马其顿、西班牙和叙利亚，这些国家的人民若敢公然违抗罗马，也会和迦太基人一样，遭受严厉的处罚。

奴隶在两千多年的光阴中一直被当作没有生命的工具使唤。就像现在的商人投资建厂，当时的罗马富人（多是元老会的人、将军及战争获益者）也会投资买下土地和奴隶。偶尔，可以将新被征服的国家的土地占为己有，不需要花钱。许多市场上都有廉价的奴隶，而且公元前二三百年，奴隶数量多，应有尽有。因此，主人们不在乎奴隶的生死，他们可以随意花点钱买来新的科林斯或迦太基的战俘。

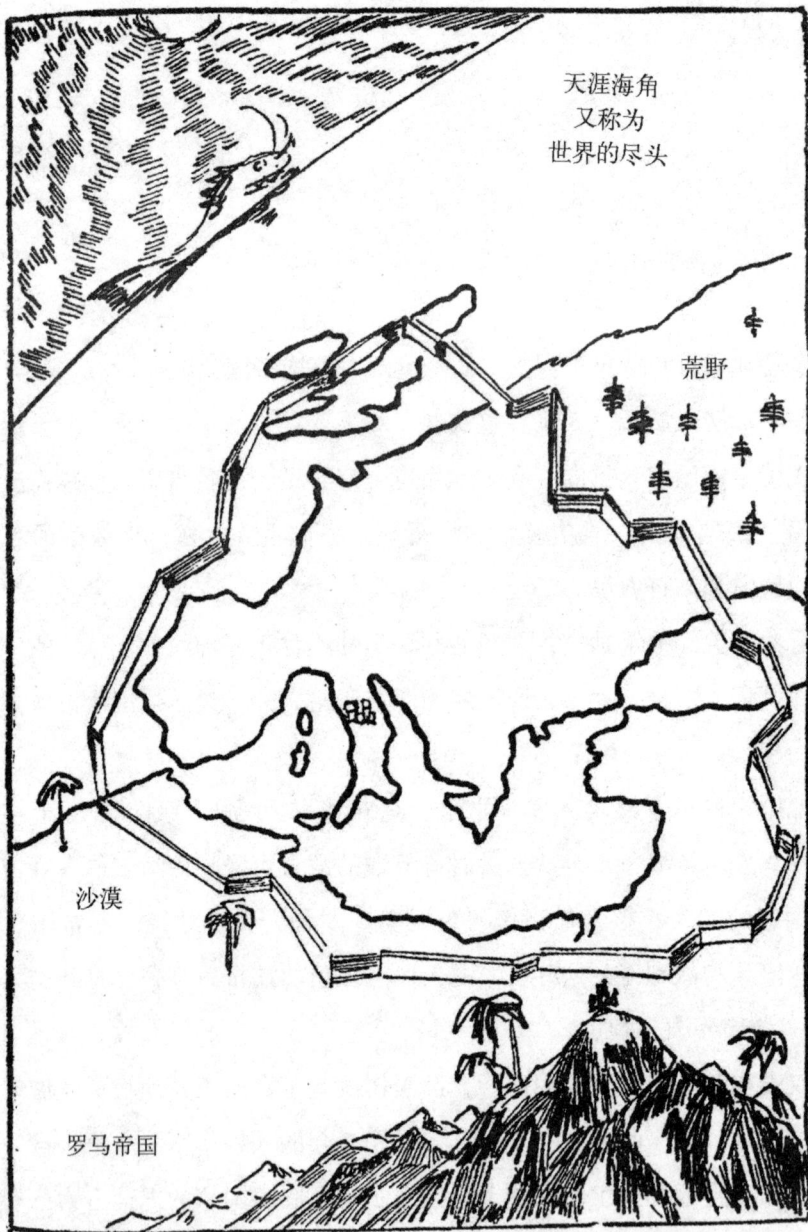

天涯海角
又称为
世界的尽头

荒野

沙漠

罗马帝国

大罗马帝国

下面，我们把目光投向那些生来自由的农民。

农民在罗马早期的历史中有着重要的地位，他们曾为国家奋勇杀敌，但从军十几年之后，从战场归来的他们却发现良田荒芜了，家人也几乎没有了。面对这种情形，勤劳善良的农民决定重新开始建设自己的家园，想用辛勤的劳作来换回丰厚的回报。然而，他们却发现去集市出售农产品时，市面上谷子和牲畜的售价总是被那些拥有众多奴隶的大地主压到最低，在价格上没有竞争力。这种困顿的现实致使农民顶多能维持一两年生计，最终只能放弃，搬离城区，但即使在城市的边缘，饥饿和贫困也始终如影随形。那里聚集着众多的贫苦百姓，他们挤在脏兮兮的棚舍里，只能遥望城市的昌盛，疾病还时不时侵扰他们，更可怕的是传染病的蔓延，让他们痛苦地挣扎着。

他们为国效力，最终却得到这样的结局，怎能不心生怨愤？凄惨的穷人开始从算命的骗子那里得到心灵的安慰，他们四周环绕着这些凶恶的"预言家"。在骗子的蛊惑下，原本的良民很快成了城市的毒瘤。

即使这样，富人们也毫不在意，还拍着胸脯说："军队和警察会做好一切的，对付暴民自然可以用暴力。"别墅的高墙会保护好这些富人，他们每天十分自在悠闲，要么欣赏一下奴隶们翻译的拉丁语版《荷马史诗》，要么打理一下庭院的花花草草。

倒是有几个贵族依然心系百姓，延续了服务民众的传统。还记得将军大西庇阿斯吗？他被人民称为"非洲勇士"，他的女儿内莉亚和其丈夫——罗马人格拉古育有两个儿子，分别是提比略和盖约。这兄弟俩都从政，希望能有所作为，推进迫在眉睫的改革。当时，有两千多个贵族家族占有着意大利的大部分领土。提比略作为护民官，恢复了两条旧法，规定了每个人可以拥有的土地数量，想以此帮助那些拥护国家的出身自由的农民。

因为侵害了富人的利益，提比略虽在穷人中备受拥戴，却被富人们诋毁为强盗和国家公敌，他们时常雇用恶棍袭击提比略。提比略最终在一次走进议会大厅时遭到致命袭击，为这个国家献出了生命。十年后，他的兄弟盖约继承了他的遗愿，想凭一己之力改变这个富人拥有特权的不公平的社会。他支持《济贫法》，本想帮助那些贫困的农民，却好心做了坏事，大部分穷人因此成了专职行乞者。

他为贫困居民建起住房，可真正急需救助的人却没能住进去。不幸的是，他的结局也与哥哥一样，被暗杀了。此后继承他遗愿的人要么被流放，要么被谋杀，不得善终。这两兄弟出身名门，而他们之后的另两人则出身行伍，他们是马略和苏拉，有不少人拥戴他们。

苏拉是地主的头领，马略因为曾在阿尔卑斯那场大战中打败条顿人和辛布里人，成了市民眼里的英雄人物。

公元前88年，一个令人恐惧的谣言从亚洲传到了罗马的元老们耳中，黑海边有位国王——米特拉达特斯，他野心勃勃，正在着手重建亚历山大帝国，因此杀掉了小亚细亚的所有罗马公民，无论男女老少。元老院认为这种行为是在挑战罗马帝国的权威，便商议出兵讨伐这个罪孽深重的人。可是人们在将领的人选上产生了分歧，有些人推举苏拉，"因为他也是执政官"，有些人则倾向于马略，"因为他曾被五次选为执政官，可以代表人民的权益"。

最后，因苏拉恰好统领军队，而且富人在政事上总是比百姓更有话语权，所以他成为首领。苏拉一路向西，打败了米特拉达特斯，让他知道挑战罗马的后果。而此时，马略却在非洲蓄势待发。苏拉一去亚洲，他就立刻回意大利号召一些不满社会现实的暴民去屠杀元老院里的政敌，这场残忍的暴乱持续了整整五天五夜。两周过后，一身血腥的马略被选为执政官。讽刺的是，连神灵也要惩罚他的罪行，当上执政官的他在极度兴奋中死去。

随后的四年，罗马成了一个混乱的城市。苏拉在亚洲取得胜利之后，打算回罗马同马略的支持者算总账。他回去以后立刻采取行动，派兵清除那些支持民主的罗马同胞，这一行动持续了好几个星期。

有一天，他们把一个曾与马略混在一起的年轻人押上了绞刑架。"他太年轻了！"有人心生怜悯，于是这个孩子活了下来，他就是恺撒，很快你就会知道后来在他身上发生的故事了。

成功上位的苏拉成了手握罗马大权的独裁者。四年后，他在睡梦中悄然离世。在他生命的最后一年，他和许多手染同胞鲜血的罗马人一样，主要做培育白菜的工作。

罗马并没有因他的死亡而重获新生，反而愈渐衰落。苏拉的好友庞培将军将贼心不死的米特拉达特斯驱逐进山区。米特拉达特斯知道被残暴的罗马人俘虏将会死无全尸，失去希望的君主只能服毒自尽了。后来，罗马在庞培的领导下重新确立了在叙利亚的统治地位，军队攻陷耶路撒冷，连同整个西亚一起踏平了。庞培战功赫赫，意图超越当年的亚历山大。

公元前62年，庞培带领着船队满载而归，船上都是战败国的王族和将领，他们被迫在凯旋庆典上游行以满足庞培的虚荣心。庞培依托劫掠的价值四千万美元的财富，一跃成为罗马人民心中的"圣人"。

此时的罗马需要一位强悍的执政官。原因是，几个月前，一个毫无才能的纨绔子弟——卡特林差点儿就变成了罗马的统治者。此人好赌博，因此家徒四壁，就想用劫掠的方式敛财，谁知被一个忠心爱国的法官——西塞罗举报到了元老院，卡特林阴谋败露，只能仓皇出逃。而以权谋私的贵族子弟可不止他一个，罗马陷入危险的境地。

庞培创立了"执政官三人团"，通过这一机构来处理政事，他是机构的领导。盖乌斯·尤利乌斯·恺撒担任第二位执政官，他在做西班牙总督时政绩突出。第三个是个没有什么名声的人，只是因为在战争中售卖军备而发财，所以让他来担任要职，提供资金支撑。后其在与安息人的战斗中殒命。

三人之中，恺撒能力最强，为了早日成为人民心中的英雄，成为统领罗马的伟人，他积极出兵征战，以建立赫赫战功。他越过阿尔卑斯山，将现属法国的土地收入囊中，还架桥渡河（莱茵河），征服了对岸的条顿人，接着带着庞大的舰队进军英格兰。若非急着回国夺权，他可能会去更远的地方。

恺撒西征

当时，庞培已被推举为终身执政官，恺撒只能做"退休官员"，野心勃勃的恺撒怎能甘心呢？他急匆匆地赶回意大利，要报复元老院和庞培，夺回本应属于自己的权力，这一点，像极了马略。他越过鲁比康河——这条河在南亚平宁高卢和意大利的中间——在返回途中，人民都把他当作"百姓的好友"，给予热情招待。

听到风声，庞培马上逃到希腊，恺撒一路追击，在法尔萨拉附近击败了庞培及其部下。庞培越过地中海又到了埃及，刚从船上下来就被埃及的托勒密法老杀了。恺撒紧随其后，遭到了埃及人和庞培部下的伏击。他很快明白，自己中计了。

好在幸运之神站在恺撒这边——埃及舰队着火了，火苗一路蔓延到岸边的亚历山大图书馆，让这雄伟精美的建筑消失殆尽。恺撒抓住时机，突袭埃及军队，一路逼至尼罗河，托勒密法老溺死在这条埃及的母亲河里，转而，恺撒支持托勒密的妹妹克娄巴特拉为女王，重组政权。与此同时，恺撒得知米特拉达特斯的儿子法纳西斯继承了王位，开始进攻罗马。他赶紧挥师北伐，在五天内击垮法纳西斯，写下了那句经典名言——"我来过，我看过，我征服。"（拉丁原文为："Veni，vidi，vici."）以此向罗马报捷。

回到埃及后，恺撒和女王克娄巴特拉坠入爱河，这位女王在公元前46年跟着他回罗马管理政府。恺撒为纪念他的四次胜利，特意举行了四次游行庆典，每次他都高高地昂起头，骄傲地走在队伍前列。

恺撒把战果汇报给元老院，元老院知道他为罗马做出了巨大贡献，任命他为"独裁官"，为期十年，可这殊荣却成了恺撒惨死的引线。

新官上任，恺撒想对罗马政府进行改革。改革后，元老院不再是贵族一家独大，"自由市民"也能加入其中，此举重现了罗马古老的传统，偏远地区的居民也能被授予公民称号，"外国人"和公民一样有议政的权利。偏远地区的管理方法也一并在改革之中，贵族家庭再也不能将外省当作自己的私有财产随意处置了。恺撒为百姓造福，却被剥夺了利益的贵族记恨。五十几个贵族子弟设计了"拯救共和国"的阴谋，在古罗马历法（恺撒从埃及带来的新历法）的三月十五日，将走进元老院的恺撒谋杀了。罗马再次失去了强有力的领袖。

此时有两个想接着完成恺撒遗愿的人，一个是他的前秘书安东尼，一个是他的侄孙屋大维。屋大维在罗马，安东尼去了埃及，一心想追逐心爱的克娄巴特拉女王——要知道，当时任何一个罗马将军似乎都为女王的魅力所倾倒。后来，安东尼和屋大维起了冲突。安东尼在亚克兴角战役中失利，后来自尽，女王只能孤军奋战。虽然她企图让屋大维也拜倒在她的裙下，但屋大维头脑清醒，不予理睬。失去希望的女王最后自尽，从此埃及成了罗马的一个行省。

屋大维富有智慧和远见，他不像马略、恺撒那般急功近利，而且知道言行不当会惹麻烦，所以凯旋之后不奢求太多殊荣，不当"独裁官"，只做"大人"。几年之后，当元老院尊称他为"奥古斯都"（"辉煌"的意思）时，他欣然接受。后来，罗马市民开始称他为恺撒、皇帝，他手下的将领则叫他元首、国王。屋大维表面的"不争"，却让他获得了前辈们梦寐以求的无上权力，而罗马共和国此时已然是屋大维统领的罗马帝国了。

公元14年，屋大维的地位变得更高——同神灵一样被供奉。他和继承人正式称帝，罗马帝国称霸全世界！

混乱的无政府状态导致了频繁的战争和暴乱，百姓早就厌倦了，他们并不理会谁是国家的领导者，唯一关心的是能否过上平静的生活。屋大维向百姓承诺，罗马将维持四十年的和平，不再四方征讨。但是，公元9年，他曾出兵侵袭北方条顿人的领土，不过这个野蛮民族很凶猛，罗马将军瓦鲁斯及其部下惨死，此后罗马人再也没动过侵袭的心思。

罗马改朝换代，每个领导者都想进行体制改革，无奈积弊已深，难以落实。二百年的革命和战乱使这个国家英才凋敝，自由农民遭受重创、苦不堪言，深受拥有众多奴隶的大地主的压榨，沦为了乞丐和恶棍，威胁着城市安全。官僚机构十分混乱，低级官员的薪水极其可怜，只能昧着良心收取贿赂。最可怕的是人民的麻木，他们日日见到流血杀戮，城市暴乱如同家常便饭，早已没有慈悲心和互助友爱的想法，为了自己的利益，即使让别人遭受痛苦也在所不惜。

公元1世纪，这一时期的罗马帝国幅员辽阔，实力雄厚，可在光芒背后，千百万穷苦农民痛苦地过着毫无希望的生活，在国家强权下苟延残喘，微如蝼蚁。日夜劳作的成果最后只是为贵族作嫁衣，他们的吃食和牲畜一般，住所还不如贵族的马厩，他们就这般麻木地苟活着。

这时罗马已有七百五十三岁的高龄了。屋大维终日在巴拉丁山的宫殿上为政事繁忙，在遥远的国度叙利亚，木匠约瑟夫和马利亚的孩子在伯利恒的马厩中呱呱坠地。

命运是捉摸不透的，一切都已注定。

多年后，出身皇宫之人将与生于马厩之人决一胜负。

结果是，穷人胜出。

第二十六章

"耶稣"的故事

在这章，你会读到希腊人口中的耶稣，即拿撒勒人约书亚的故事。

罗马历815年（公元62年），罗马医生埃斯科拉庇俄斯·卡尔特拉斯给他在叙利亚参军的外甥写了一封信。

亲爱的外甥：

前些天，我受邀给一个人看病，病人叫保罗，似乎是犹太血统的罗马公民，他言行得体有礼，一看就受过良好教育。别人说他因摊上了官司才到这里，应该是被该撒利亚或其他地中海东部哪个类似的行省的法庭起诉。他在那儿的人口中极不友善，还总是在民众间宣传一些反社会和法律的言论。但我眼中的他，诚实、聪颖。

我有位友人在小亚细亚当过兵，他在以弗所时，别人讲过这人传扬有关新上帝的事。我问保罗是否唆使百姓去违背无上的罗马皇帝的旨意，他却说，他口中的天国不在世间。也许他仍没有退烧吧，不然哪里会胡言乱语呢？

我对他的品行印象深刻，一直记挂着他，得知他在奥斯蒂亚大道上被杀，不禁心头一震，因此给你写信。等你下次再去耶路撒冷时，顺便帮我打探一下关于他的消息，以及那位不为人知的犹太预言家——保罗的导师。

对这个弥赛亚的降临，罗马人兴奋不已，有些人公然讨论新的天国（我也不理解），因此被钉在十字架上。这些传言是否属实？

你的舅舅
埃斯科拉庇俄斯·卡尔特拉斯

六周后，这位军医收到了来自高卢第七步兵团上尉——他侄子格拉迪斯·伊萨的回信。

亲爱的舅舅：

收到您的来信后，我遵照您的指示调查了一番。

两周前，我们接到指示去了耶路撒冷。这座城市在上个世纪几场浩劫的摧残中面目全非，已看不出旧城的样子。我们在这儿停留了一个月，明天将要去往佩特拉，平息四处作乱的阿拉伯部族。趁出发前，给您回信，但请原谅我知道得并不多。

我问遍了城里的老人，没人能给我确切的答案。几天前，军中来了一个小商贩，他卖给我橄榄，我趁机向他打听关于被处死的弥赛亚的事。他说他对弥赛亚印象极深，因为弥赛亚被行刑时，他和父亲在各各他（城外一座山的名字）看了事件的经过。父亲之所以带他看如此血腥的场面，是为了教育他要遵守犹太人的法律，否则就会有这样的结局。弥赛亚有个朋友叫约瑟夫，这名商贩给了我约瑟夫的地址，告诉我想知道更多就去问这个人。

今早我终于见到了约瑟夫，他现在是个渔夫，虽然上了年纪，但脑袋仍十分清楚，还能详细地描述那些动乱的始末。

我们高贵的皇帝提庇留在位时，一个叫本丢·彼拉多的人担任犹太和撒玛利亚地区的总督。约瑟夫不太了解这位总督，但他说这人比较实诚，给百姓做了不少好事，口碑不错。

罗马历755年（约瑟夫有些模糊，说也可能是766年），彼拉多来到耶路撒冷平息了一场暴乱，当时有个青年（拿撒勒一个木匠的孩子）打算搞一场反罗马皇帝的革命。原本，罗马的情报官员消息都很灵通，这次却全然不知。查证之后，人们发现这个青年是良民，不能惩处。然而，犹太教的元老们却不肯放过他，因为他在希伯来穷人当中声名赫赫，很有影响力。彼拉多得知这个"拿撒勒人"公开宣扬：只要是人，不管是出生在希腊还是罗马，甚至非利士，做个正直善良的人，就不逊色于任何一辈子研读摩西法的犹太人。他觉得没有充足的理由将这青年处以极刑，但神庙里的众人还是大声附和要用私刑处死这个耶稣和信奉他的人。彼拉多为保住这个木匠儿子的性命，只能将他暂时收押。

彼拉多不知道他们为何起争执，询问犹太祭司时，他们都会愤怒地破口大骂，说耶稣是"异教徒"或"叛贼"。约瑟夫告诉我，彼拉多亲自审问过约书亚（拿撒勒青年的原名，不过当地的希腊人称他为耶稣），同他交流了几个小时，问他是否在加利利沿海宣扬"邪恶的教义"。耶稣的回应是：他从不提及政治，他关心人的灵魂而非肉体。他愿意看到的是人人都能如爱自己一样爱别人，并信奉唯一的真神，即人类共有的天父。

彼拉多在斯多葛学派教义和其他哲学方面有很高的造诣，听完耶稣的话却找不出任何邪恶的煽动性的话语。我还了解到，彼拉多曾多次试图救这个青年，不断延迟行刑日期，但犹太民众在祭司的唆使下失去了理智，在耶路撒冷发起多次暴动，驻守在这儿的为数不多的士兵根本无法招架。激动的犹太人甚至闯入该撒利亚的政府，说彼拉多"也被拿撒勒人的教义蛊惑了"。随之，有人召集全城百姓联名上书，要将彼拉多从总督的位置上撤下来，说他背叛了罗马皇帝。

舅舅，您该知道，总督应该避免和百姓起冲突。为保护行省免于内乱，彼拉多不得不处死约书亚。临刑前，约书亚从容不迫，说憎恨他的人都会得到他的宽恕，而后伴随着群众的嘲笑和叫喊声，他被钉死在了十字架上。

约瑟夫在向我讲述时悲恸不已，连连落泪。临走前，我给了他一枚金币，他却拒绝了，让我拿这钱去帮助更多的穷苦百姓。后来，我又向他了解您的朋友保罗。约瑟夫对此人知之甚少，只说他原本是个做帐篷的工匠，之后为了让上帝大爱无私的精神广布大地，开始四处布道。他口中的慈爱的上帝和犹太祭司尊崇的耶和华不一样。保罗为宣扬教义，走遍了小亚细亚和希腊，奴隶们从他口中得知，人人都是慈爱的天父之子，无关出身、贫富，只要品行善良正直，乐于助人，爱人如己，等待他们的便是天堂的幸福。

希望我得知的一切能解开您的疑惑。我认为，这些事情好像不至于关乎国家安危。但是，罗马人始终不太懂犹太教的思想教义。对于您的朋友保罗的死，我感到十分遗憾。期盼早日回家，与您相聚。

您忠实的外甥

格拉迪斯·伊萨

第二十七章

罗马帝国陨落

罗马已走向衰落。

讲述古代史的历史书，多把公元476年视为罗马消亡的年份，因为正是这一年，罗马末代皇帝被拉下了宝座。罗马不是一天建成的，自然也不会顷刻之间就消亡。它的"暮年"经历了漫长的时间，渐渐地衰落至消失不再，甚至许多罗马人都没意识到他们的大帝国的消失。他们还一如既往地发牢骚，说社会状况不稳定，物价太高，入不敷出，还咒骂那些垄断农产品、皮毛制品和钱币的大商贩。总督过分贪财受贿，他们也会游行起义抗议。总之，大部分罗马公民在公元后的前四个世纪里还是照常吃喝（当然要照顾一下干瘪的钱包），照常爱恨，照常去剧场看戏（看免费的角斗士搏击演出），穷人则依旧挣扎在简陋的棚子里。好像没人发现他们的帝国已走向末路。

也难怪，百姓是很难看出罗马帝国腐坏的内核的。表面上，罗马依旧繁荣恢宏，首都的街道秩序井然，帝国的警察们兢兢业业，边界守备森严，野蛮种族全被阻隔在北欧的荒原中。高贵的罗马皇帝收到来自世界各个属地的贡品，德才兼备的臣子昼夜不息地处理国家大事，希望再次看到罗马帝国焕发新生的一天。

但就像我之前说过的，只要存在摧毁国家的腐坏因子，就无法彻底改革。

长久以来，罗马都是个城邦，就像古希腊的雅典和科林斯，只是其疆域辽阔，将意大利半岛控在手中。罗马并无统治整个文明世界的力量。年年征战，让这个国家的年轻人少得可怜。兵役和赋税让农民的生活难以为继，只能沦落为职业乞丐或为生计去给富人干活，这些失去自由的"自由市民"即便不是奴隶，也必须和受人使唤的牲畜一样终生劳碌。

其实不管是帝国还是城邦，罗马的溃败是事实。自由市民的地位早已变得微不足道。奴隶们信奉保罗宣扬的教义，把拿撒勒人当作救世主来供奉，遵照教义去承受任何现实的苦难，所以他们不再反抗现实，乖顺得麻木。那看不到的天国可以缓解一切心灵的痛苦，所以他们对现世的一切都不感兴趣，只想死后能进入幸福的天国。为了去往天国，可以做任何灵魂上的征战，但让他们满足罗马皇帝的野心，去征服安息人、努米底亚人或者苏格兰人却是万万不可能的。

随着岁月的流逝，罗马帝国每况愈下。公元1世纪，罗马皇帝还能遵照古老的传统，给予行省首领足够的权力来自治。但是，到了公元二三世纪，皇帝都是出身行伍的军事将领，要靠"禁卫军"才能免遭祸事。这一阶段，皇帝的更迭异常频繁，他们都是凭武力才得以篡位的，而谋杀了现任皇帝的凶犯，宝座还未坐热，便被下一任篡位者杀掉。那时的罗马，谁有大笔的钱财贿赂禁卫军，谁就能当皇帝。

此时，北方野蛮部族正一次次突袭罗马边境。边界不再是严防死守的罗马士兵，而是见钱眼开的外国雇佣兵。碰到士兵和城外的敌军是老乡的情况，对阵之时难免下不了手。无奈之下，罗马便同意这些野蛮人移民到罗马来生活，但过不了多久，他们就会埋怨自己辛苦赚的钱全都到了贪婪的官吏的口袋里。罗马人不打算理会他们，他们便说要到罗马首都去抗议。

这让罗马皇帝如坐针毡，当时的君士坦丁大帝（公元306—337年在位）决定迁都。他选了拜占庭作新都，更名为君士坦丁堡，元老院也跟着东迁，搬到了这个连接亚欧的商业都市。君士坦丁大帝逝世后，他的两个儿子为了更高效地管理帝国，以此为界，将帝国一分为二。哥哥在罗马掌管西方帝国，弟弟则在君士坦丁堡统领东方帝国。

公元4世纪，匈奴人进军罗马，他们在前两个世纪活跃于北欧，热衷于用暴力征服扩张，直到公元454年才在马恩河畔沙隆周边被罗马人击溃。匈奴人抵达多瑙河后，哥特人惶恐不已，只能进攻罗马以求得一席安身之地。罗马的瓦伦斯皇帝本想阻止，可他自己在公元378年被杀，死于阿德里安堡。

二十二年过去了，哥特国王阿拉里克带领西哥特人再次进犯罗马。他们并没有烧杀抢掠，仅仅毁了几座罗马宫殿。后来的汪达尔人却不同，他们大肆破坏精致易碎的罗马古迹。后来，勃艮第人、东哥特人、阿勒曼尼人、法兰克人轮番登场，罗马一次次受到侵袭，沦为野蛮的强盗土匪的宝库。

罗马皇帝于公元402年逃至海港城市拉韦纳，这里守备森严，安全牢固。公元475年，日耳曼雇佣兵团的指挥官奥多亚克私下同部下商议共分意大利，他们采取了温和有效的手段，让西罗马的末代皇帝罗慕鲁斯·奥古斯都路斯自行下台。奥多亚克宣布自己为西罗马的新主人。东罗马帝国的皇帝本来就为了政事焦头烂额，便予以认可，于是奥多亚克统领了西罗马残留的省份，长达十年之久。

罗马

几年后，这个新建的贵族国遭到东哥特的国王西奥多里克的入侵，拉韦纳陷落，奥多亚克在餐桌上毙命，哥特王国就这样建立在了西罗马的残骸之上。可惜，这是一个短命王国。公元6世纪，一伙伦巴德人、撒克逊人、斯拉夫人、阿瓦人拼凑起来的乱军进军意大利，击垮了哥特王国，成立了一个新国家，建都帕维亚。

此刻，曾享有无上尊荣的罗马城已满目疮痍，沦为废城。古老的殿堂遭遇洗劫，学校被毁，老师活活饿死，富人被驱逐出别墅，被凶恶的野蛮人取而代之。街道早已塌陷，桥梁坍圮，商贸中断。世界文明——从埃及人到巴比伦人，从希腊人到罗马人，几千年努力的成果曾达到了难以想象的高度，而此时则将从西方大陆销声匿迹。

作为罗马帝国的中心，地处远东的君士坦丁堡仍存在了千年。只是，她已脱离了欧洲大陆，好像忘却了自己出自欧洲的事实，同时东方成了她的利益集中地。罗马字母不再被采用，希腊语成了通行语言，并用希腊语制定罗马法律，由希腊法官来解读。罗马皇帝像极了三千年前被尼罗河居民敬奉的底比斯国王，受人顶礼膜拜，他成了专制的君主。拜占庭教会欲将教义传扬到更远的地方，便决定向东拓展，由此俄国的广袤原野得到了拜占庭文明的洗礼。

而西罗马早就成了野蛮人刀俎上的鱼肉。在长达十二代人的时间里，暴乱、暗杀、战争、烧杀抢劫已是常态。若没有这群人——基督徒，即以前在罗马为了避免内乱而无辜牺牲，在叙利亚边境城市慷慨就义的拿撒勒人耶稣的忠诚信徒们——欧洲文明将不复存在，欧洲人也会回到野蛮人生吞活剥的时代。

第二十八章

教会兴起

罗马演变为一座以基督教为中心的城市。

对祖辈供奉的真神，大部分聪明的罗马人会保持理智的态度，他们会沿袭祖辈传统，定期去神庙朝拜，只是因为要尊重传统习俗，但对宗教节日的祭典或游行却并不参与。他们认为，对所谓的主神朱庇特、智慧女神密涅瓦或海神尼普顿顶礼膜拜是共和国初期祖辈传下来的陋习，是一种不理智、不成熟的表现。他们是在斯多葛学派和伊壁鸠鲁等雅典哲学思想影响下成长的文化人，早已不信祖辈那一套了。

不过，罗马人还是宽容地对待一切宗教神灵的，政府允许境内任何人，不管是罗马人、希腊人、巴比伦人、犹太人或侨居的外国人，有权信仰任何宗教，但有一点，他们必须对神庙里的皇帝雕像给予足够的尊重，起码在形式上如此。这是一种形式，无甚意义。所以，罗马城内遍布形形色色的小型神庙和教堂，供奉着亚洲人、埃及人和非洲人的各种神灵，他们各自参拜自己的神。

因此，耶稣的信徒刚来罗马布道时，大家对他们"爱人如己，世人皆是天父之子"的新教义十分赞同。有时，人们会在路过时饶有兴趣地驻足聆听。那时的罗马是个开放的国际都市，有很多外国传教士，他们传播着自己的"福音"。他们当中的大部分人都会迎合民众的心理需求，允诺只要相信他们的神就会拥有钱财和无尽的快乐。不久，人们发觉这些基督徒（耶稣基督的信奉者或被上帝用膏油涂抹赐福的人）宣扬的教义很不一般。他们不在乎现世的财富名利，只希望穷苦人保持乖顺善良的品质。可罗马人是用武力称霸世界的，与这些品质毫无关系。人民正生活在帝国的盛世，听说这种现世的成功并不能带来恒久的快乐，不禁对这种神秘的教义兴趣甚浓。

而且，基督徒们还向世人展现了那些不接受上帝赐福的人在末世的悲剧命运。罗马人可不愿落得那样的下场，他们信奉罗马神灵，但万一这些神灵的能力不足以庇佑他们，导致他们被新上帝惩罚怎么办？他们决定深入了解基督徒的教义。

随着与基督徒的进一步往来，他们发现这些传教士不同于罗马祭司，他们贫穷却善良，对奴隶和动物都怀有一颗慈悲之心，且不在乎钱财，只要自己有的都愿意拿出来帮助别人。这种高尚的品质让许多罗马人信服，他们放弃了传统的信仰，开始在家里和空地上举行小型的礼拜，传统的神庙变得门可罗雀了。

时光荏苒，基督徒队伍日益壮大。经由选举，产生了长老或神父（希腊语原意为"长者"），担起守护教堂的重任。而当地教会是由主教来管理的，每个行省都不例外。彼得追随保罗来到罗马，他是罗马教会首任主教，其后继者最后成了教皇（这些主教被尊称为神父或爸爸）。

在罗马，教会成了一个实力强大的机构。那些在现实世界中毫无希望的人最容易因基督教义而感动。不少有才干却无法在政府当差的人也入了教会，他们在拿撒勒人耶稣的信徒中施展本领。我在前文中提到，罗马帝国对各种信仰都持宽容态度，允许民众通过自己的信仰拯救自己的灵魂，但是各派教徒必须和睦相处，遵循"共生共存"的原则。可是，基督教的快速发展却让政府不得不格外关注基督徒的教会活动。

因为基督教义不像其他宗教那样兼容并包，他们坚信自己的上帝是世间万物的主宰，是仅有的真神，其他的神灵都是歪门邪道。不用说，其他教派的信徒肯定难以接受他们的说法，帝国警察也不支持这种过激的言论，但基督徒却铁了心，坚持自己的主张。

接着，产生了纷争。基督徒拒不参加敬拜皇帝的仪式，还不肯服兵役。罗马法院明确告诉他们必须遵照法律行事。而基督徒不受胁迫，认为现实世界只是一个暂留的居所，来世的天国才是最终归宿，他们情愿为自己的原则而死。这种态度令罗马人十分震惊。除偶尔处死几个基督徒外，大部分基督徒还是安全的。不过也会有私刑事件存在，通常是憎恶基督徒的人捏造罪名（如屠杀、食婴、传染疾病，或者在虫灾等危急时刻叛国等）陷害基督徒。但因为事态没有那么严重，基督徒也没有过激反抗。

这时，野蛮部族不停侵扰罗马。虽然罗马战败了，但基督教会派遣的传教士却在某种意义上胜利了。传教士们临危不惧，大声呵斥这些入侵的罪人，若不能回头改过，将万劫不复。野蛮凶残的条顿人被这些正义凛然的传教士镇住了，其实他们心中十分敬畏罗马古老的文明，这些罗马传教士所说的或许真有那么回事儿。很快，条顿和法兰克有了基督教会，看来一个军团都敌不过几个传教士。由此罗马皇帝见识到了基督教义的巨大影响力。在一些省份，基督徒和传统宗教信徒们平起平坐。但是，公元4世纪的最后五十年，事情发生了巨大的转变。

那时，君士坦丁国王——也被称为君士坦丁大帝（不晓得为何这样称呼他）在位。他是个彻头彻尾的暴君，但也许不是他的错，毕竟在那个动荡年代，慈悲之心可不能保命。在当政期间，君士坦丁命途多舛。一次，他马上就要失败了，临危之际，他想到了这位人人谈论的亚洲新上帝。他立下誓言，若能在下次战役中反败为胜，就做一个虔诚的基督徒。果然，他取得了胜利，于是遵守诺言信仰了上帝，并受了洗礼。从那时起，政府承认了基督教会，其地位愈发牢固起来。

但是，基督徒人口较少，占总人口的比例不到百分之六，为了赢，他们坚决不让步，要摧毁一切对罗马诸神的信仰。仅在崇敬希腊文明的朱利安皇帝时期，这些旧神才安生地度过一段短暂岁月。等朱利安在与波斯的对战中重伤而死，继承人约维安再度将基督教推至圣坛。一间间古老的神庙大门紧闭，至查士丁尼皇帝（他建了圣索菲亚大教堂）时期，柏拉图创办的雅典哲学院居然停办了。

就这样，古希腊不复存在，人民可以自由思考、交谈、追求梦想的时代已然逝去。当野蛮和物质席卷大地，冲毁了人类的旧秩序，而人类想要回归文明时代时，哲学家的自在随性已无法给人类以明确的指引了。如此，教会担起了给予人们更积极明确引导的角色。

在动乱时代，教会好像是一座雄伟的山峰，坚守着不可亵渎的真理和教义。基督徒的坚持和无畏让百姓称颂、景仰，也正得益于此，罗马教会才能在无数次政权交替的危急时刻安然无恙。

基督教的壮大其实也靠着点运气。公元5世纪，西奥多里克的罗马哥特王国灭亡，意大利暂获喘息之机。紧随哥特人到来的伦巴德人、撒克逊人及斯拉夫人，均实力羸弱，文明程度不高。如此，罗马的主教们才有能力让城市一如既往地独立。后来，分散在意大利半岛各地的居民一致推举罗马主教做他们在政治和精神上的领导者。

时势造英雄，历史的大舞台在等待一位勇者。这位勇者终于在公元590年出现在人们面前，他就是格里高利，是古罗马的统治高层，当选罗马市长的呼声最高。不过，他却进入教会并当了主教，后只能（其实他最初打算去英格兰传教）在圣彼得大教堂做了教皇。他在位十四年，直至去世。整个西欧的基督徒都把罗马教皇和主教奉为教会的领袖。

但东欧并没有教皇的势力，君士坦丁堡的皇帝们还延续着传统，把奥古斯都和提庇留的继任者推到了国家领袖和教会首领的位置。1453年，土耳其人击溃东罗马帝国，占领君士坦丁堡，在圣索菲亚大教堂的台阶上杀掉了罗马的末代君王君士坦丁·帕莱奥洛格。

几年前，帕莱奥洛格的兄弟托马斯之女左伊与俄国的伊凡三世结为夫妇。就这样，莫斯科大公便顺理成章地成了君士坦丁堡的后继者。俄国将拜占庭的双鹰（为纪念罗马一分为二）作为国徽。换句话说，统领俄国的沙皇当了罗马皇帝，享有无上尊荣。自此，罗马帝国的属国中，包括贵族在内的所有人都只是沙皇麾下微不足道的奴仆。

沙皇下令将皇宫改建成东方的风格，使用的材料均从亚洲和埃及运输过来，以此重现昔日亚历山大大帝的雄风（但这是他的一厢情愿）。垂死挣扎的拜占庭古老的传统加上新的文化——这个奇特的王朝在俄国的莽原上以蓬勃的生机存活了六个多世纪。沙皇尼古拉是最后一任皇帝，他前一天被杀，次日尸体就在井里了。他的孩子们也一一殒命，他享有的古老特权随之烟消云散，在俄国，教会的地位重新恢复到君士坦丁大帝之前的模样。

下一章，你会了解到阿拉伯这个骆驼背上的民族如何对待基督教，以及东欧教会的发展之路——其不同于西欧教会的发展路径。

第二十九章

伊斯兰先知

赶骆驼的艾哈迈德成了阿拉伯沙漠的预言家，追随他的民众几乎将整个世界踏在脚下，只为真主安拉的至尊荣光。

迦太基和汉尼拔的身影远去后，我们的目光就远离了闪米特人。不过，这个民族书写了一部古代世界史，巴比伦人、亚述人、腓尼基人、犹太人、阿拉米尔人、迦勒底人，这些轮番统治西亚长达三四千年的民族都是闪米特的一支。而后，东方的印欧人种的波斯人和西方的另一支印欧人种的希腊人将他们逐一战胜。

亚历山大大帝死去近一个世纪后，闪米特族的迦太基人和印欧种族的罗马人产生纷争，起因是争夺地中海的主宰权，迦太基战败后消逝在历史的尘埃中。之后的八百年，罗马人称霸世界。公元7世纪，另一支闪米特部族——阿拉伯人踏上历史舞台，向西方帝国开战。早期的阿拉伯人仅仅是沙漠里良善的游牧民族，并未看出他们有任何征服他国的野心。

信仰的力量是无穷的，穆罕默德让他们跨上了战马。不到一百年，他们已经逼近欧洲腹地，向惶恐不已的法兰西农民宣扬"唯一真主"安拉的无上荣光，告诉他们穆罕默德才是先知。

艾哈迈德，是阿卜杜拉和阿米娜之子，世人称他为"穆罕默德"，即"受赞美的人"。他的人生经历如同《一千零一夜》里的故事那般充满传奇色彩。他在麦加出生，是个赶骆驼的商人。早先得过癫痫病，发病时会不省人事。传说他在昏睡时做了好些稀奇古怪的梦，大天使迦伯列还与他说过话。后来梦中的事情被写进了《古兰经》。

因为是商队首领，穆罕默德走遍了阿拉伯，经常与信奉犹太教和基督徒的生意人来往。与他们接触得越频繁，他越发意识到崇拜一位神灵是益处极大的。当时的阿拉伯人与其几千年前的祖辈并无二致，供奉奇怪的石头和树干。在他们的圣城麦加屹立着一座方形神殿，名为"天房"，其中尽是各种神像和怪异物品。

穆罕默德决心成为阿拉伯人的摩西，就不能既赶骆驼又做先知。思来想去，他娶了雇主查狄亚——一个有钱的寡妇，先让自己不为生计发愁。接着，他向麦加的邻居们宣讲自己就是人们渴望的先知，是真主安拉的使者，到世间来普度众生，拯救世界。大家听了他的话，不禁大笑，觉得这是最好笑的笑话。但是，穆罕默德还是不断地宣讲，人们实在烦透了，便想杀掉他。

人们将他视为无可救药的跳梁小丑，不需同情。穆罕默德听到风声，和他最相信的阿布·伯克尔一起连夜出逃至麦地那。那是公元622年，后来这成为伊斯兰教历史上意义重大的日子，即"海吉拉"（Hegira）——穆罕默德逃亡之年。

穆罕默德出逃

在麦加，众所周知，穆罕默德只会赶骆驼。而麦地那的人并不了解他，他可以无所顾虑地传道。不久，他身边便会集起众多的追随者，而且越来越多，这些信徒就是穆斯林，意为"遵从神旨"的信徒。而"遵从神旨"，正是穆罕默德推崇的最高德行。

七年的时间里，穆罕默德积攒了足够的力量，直到他足以挑战那些曾讥讽他和他的神圣使命的人。他率领一支麦地那人组成的军队，气势汹汹地穿越沙漠，不费吹灰之力就拿下了麦加，并威吓当地居民。如此一来，就可以很容易让其他人相信穆罕默德确实是一位先知了。

此后，至穆罕默德逝世，他所要完成的事业都非常顺利。

现在来看，有两个原因促成了伊斯兰教的成功。第一，穆罕默德传授给追随者们的教义不复杂。信徒们必须热爱世间万事的主宰者——真主安拉，还必须尊敬父母，守孝道。邻里之间相处要诚信，友爱互助，怀有一颗慈悲之心对待穷人和病人。此外禁止喝烈酒，禁止浪费粮食。伊斯兰教不同于基督教，没有牧师，也不需民众花钱供奉。穆斯林的教堂——清真寺，仅仅是巨石堆砌的厅堂，没有桌椅也没有真神的挂像，信徒们可聚在此处品读和交流圣书——《古兰经》。但对一般的穆斯林而言，他们的信仰深入骨髓，不受时间、地点和形式的限制。他们只需每天五次面朝圣城麦加，诵念祷词即可。剩下的一切交由安拉去安排，他们要留存的只有耐力和顺从心，之后听命于上苍。

这种生活态度很平淡，当然不会激发信徒们发明电动机、修筑铁路或开辟新航线的灵感。不过，每个穆斯林都因此获得了一定程度的心灵满足。他们可以心平气和地看待自己以及存在的这个世界，这也是具有积极意义的。

穆斯林在与基督徒的博弈中能屡次获胜的第二个原因在于：穆斯林对于死亡的态度不同于基督徒。穆罕默德曾许诺，勇敢杀敌，死于战场的穆斯林必然会进入天堂。与在世上痛苦挣扎相比，死在战场上意义更大。有了这种信念，穆斯林与十字军对战时异常勇猛。很长一段时间，十字军都在惧怕死后恐怖的世界，因此极力抓住现世的美好，贪恋现世的一切。这就不难解释，缘何至今穆斯林士兵依然可以冲入欧洲人的枪炮之中，勇敢无畏地面对一切。

进一步完善宗教大业后，穆罕默德走上了享受之路，迷恋起统率阿拉伯部落的无上权力来。不过，从古至今，很少有出身平凡的伟人能在胜利后保持清醒头脑的。穆罕默德特意定下偏袒富人的法规，比如允许忠诚的信徒娶四个妻子，这都是为了让更多富人站在自己的阵营中。那时，穆斯林娶妻的习俗是男子直接从女方父母家购买妻子，娶一个妻子已经是一笔不小的花费了，那些有财力娶四个妻子的，只能是拥有众多峰驼和椰枣园的富人。

新月与十字架之争

　　伊斯兰教本是因生活在大漠的穷苦牧民而生，眼下却沦为给城市里的富豪造福的工具。这一有违初志的改变实在令人唏嘘，这对穆罕默德的雄图大业没有益处。而穆罕默德仍继续传扬安拉的真理，颁布新教规，为教中事业不停地忙碌。公元632年6月7日，穆罕默德因热病溘然长逝。

　　穆罕默德的继任者是他的岳父阿布·伯克尔，他早年与穆罕默德历经艰险。两年后，阿布·伯克尔辞世，继任者是欧玛尔·伊本·卡塔布。欧玛尔用时不到十年，将埃及、波斯、腓尼基、叙利亚、巴勒斯坦等地先后划入版图，确立了大马士革为新都——首个世界性的伊斯兰帝国拔地而起！

　　穆罕默德的女儿法蒂玛的丈夫阿里，继承了欧玛尔的职位。而在一场关于伊斯兰教义的争执中，阿里被谋杀。他死后，伊斯兰帝国改先前的继承制为世袭制，自此宗教领袖们摇身一变，把控了帝国。他们把新城市建立在幼发拉底河岸靠近古巴比伦遗址的地方，即巴格达。他们改阿拉伯骑兵为正式的骑兵兵团，开始远征，向异教世界传播穆罕默德的福音。

公元700年，穆斯林将军塔里克跨越赫丘利峡谷，直达欧洲海岸。塔里克将此地命名为直布尔·塔里克，也称塔里克山或直布罗陀。

十一年后，塔里克在弗朗特泽克勒斯战役中战胜了西哥特国王率领的军队。之后，他带穆斯林军队继续向北进军，循着汉尼拔当年的进军路线，顺利穿过比利牛斯山的山隘。阿奎塔尼亚大公企图在波尔多附近阻击穆斯林军队，但难敌强军，穆斯林直抵巴黎。然而，公元732年，即穆罕默德逝世一百年，在图尔和普瓦捷，穆斯林军队败北。这天，穆斯林丢了欧洲——法兰克人的统帅查理·马特（人称"铁锤查理"）打败穆斯林，基督教世界免遭洗劫。他将穆斯林军队驱逐出法兰西，可阿拉伯人依然占据着西班牙。随之，阿卜杜勒·艾尔·拉赫曼构筑起他日成为欧洲中世纪最伟大的科学和艺术中心的科尔多瓦哈里发国。

这个把控西班牙七个世纪之久的王国，就是摩尔王国，它的统治者是从摩洛哥的毛里塔尼亚地区而来，因此得名。1492年，哥伦布获得西班牙王室的资助，开始了探索之旅，同时，欧洲的最后一个堡垒格拉纳达失守。

不久，穆斯林又征服了亚洲和非洲的不少土地。如今，纵观全世界，穆罕默德的信徒数量与基督徒相差无几。

第三十章

神圣罗马帝国的奠基人

法兰克国王查理曼得到了王位，欲再现世界帝国的图景。

欧洲因普瓦捷战役而摆脱了穆斯林，内部依然危机重重——罗马警察消失后，欧洲陷入杂乱无章的局面。的确，北部欧洲那些新的信仰基督的人，对拥有无比威望的罗马主教怀有敬畏之心。不过，可怜的教皇远望北方连绵的群山时，却毫无安全感，不敢有一点懈怠。谁能预料某天是否会有哪个野蛮种族骤然强大，连夜越过阿尔卑斯山，跑到罗马城来呢？这位领袖觉得必须与颇有实力的伙伴结盟，这样伙伴可以在危难时刻施以援手。

就这样，神圣又务实的教皇们积极寻找盟友。这时，一支最有希望的日耳曼部落映入他们的眼帘。这支部落自罗马帝国覆灭后便占据着欧洲西北，他们就是法兰克人。

公元451年，该部落早先的国王墨罗维西，在加泰罗尼亚战役中助力罗马人击溃了穷凶极恶的匈奴人。他的后世子孙建立的墨洛温王朝一点一滴地蚕食罗马帝国的土地。到公元486年，在位的国王克洛维斯（古法语中的"路易"）觉得自己已颇具实力，便决定向罗马人宣战。遗憾的是，他的子孙胆小无能，让"宫廷管家"（今天的首相）去管理国事。

宫廷管家查理·马特的儿子矮子丕平继承父职后，遇到了无法选择的事。他的国王是一个对上帝十分忠诚的神学家，不关心政治。丕平救助教皇大人，极为务实的教皇说："真正拥有国家的人，才应掌握国家的权力。"丕平马上领悟了教皇话里的含意，于是一番劝说，让墨洛温王朝的最后一位国君蔡尔特里克出家作僧侣。随后又得到了其他日耳曼部落酋长的支持，自立为法兰克国王。但丕平并不满足，因为支持他的仅是国民，他还希望能得到比日耳曼部落酋长更高的声誉。他花费很大心思准备了一个加冕仪式，还请来了欧洲西北的最伟大的传教士博尼费斯为其加冕，由此他成为"上帝恩许的国王"。"上帝恩许"这个字眼就这样成了加冕仪式必不可少的辞令，用了一千五百年之久。

丕平十分感激教会的支持，特地两次征讨意大利，为教皇肃清敌人。他打败了伦巴德人，夺取了拉维纳等几座城市，送给教皇作谢礼。教皇将这些新征服而来的土地划入"教皇国"中，一直到20世纪初，这个"独立的国家"依然存在。

罗马教皇和不喜安稳的法兰克国王（他没有固定的首都，总是带着重要官员在埃克斯·拉·夏佩勒或尼姆韦根和英格尔海姆来回迁移）在丕平离世后，关系愈发亲密，乃至于两人采取了一个改变欧洲历史的重大行动。

公元768年，查理——一般称其为卡罗勒斯·马格纳斯或查理曼大帝成为法兰克国王。他将德国东部原属撒克逊人的领土收入囊中，还在欧洲北部大兴土木，修建城镇和教堂。他还进军西班牙，与摩尔人对垒，只为让欧洲人脱离阿布·艾尔·拉赫曼的魔掌。不幸的是，在比利牛斯山区，野蛮的巴斯克人袭击了他，无奈只能撤离。在此危急时刻，布列塔尼亚侯爵罗兰不畏艰险，显露出往日法兰克贵族誓死效忠君主的精神。他用自己和部下的生命掩护了王家军队的撤离。

公元8世纪的最后十年，查理曼集中精力解决欧洲南部的诸多纷争。罗马暴徒突袭教皇利奥三世，后者差点儿一命呜呼，枉死街头，好在碰到善良人的救治和帮助，得以逃至查理曼的军营。为维护教皇的尊荣，一支法兰克军队蓄势待发，并迅速将罗马城的动乱平定。利奥三世在法兰克士兵的保护下回到拉特兰宫，这宫殿从君士坦丁时代就是历任教皇的栖身之地。到公元800年12月，即教皇被袭的次年圣诞节，查理曼在罗马出席了圣彼得大教堂举行的大型仪式。查理曼祷告完刚站起来，教皇便把皇冠戴在他头上，正式宣告他为罗马皇帝，并把数百年都未曾使用的"奥古斯都"称号赐予了他。

如此，欧洲北部再次成为罗马帝国的一部分。稍显遗憾的是，皇帝是一个不识字、不会书写文字的日耳曼首领。而值得肯定的是，虽然他缺乏文化涵养，但骁勇善战，欧洲的井然秩序与宁静平和正得益于他。就连他的对手，君士坦丁堡的东罗马皇帝也写信表达了对他的认可与赞赏。

公元814年，颇具才干的查理曼谢世，他的儿孙为争夺帝国遗产而纷争不休，相互残杀。于是，卡洛林王朝的国土被两次瓜分，一次是根据《凡尔登条约》（公元843年），一次是根据《美尔森条约》（公元870年，在默兹河畔签订）——其将法兰克王国分成了两半。"勇敢者"查理接管了包括古罗马时代的高卢行省在内的西半部分。当地居民以罗马语为语言，后来的法兰克人也与当地人说一样的语言了。直至今日，法国人作为日耳曼民族的人，仍说拉丁语，原因即在于此。

东半部分由查理曼的另一个孙子掌管，这就是罗马人口中的"日耳曼尼亚"。这片蛮荒之地不适宜居住，而且从来就不属于罗马帝国的辖区。早期，奥古斯都大帝（屋大维）曾打算将这片"遥远的东方"归入自家版图，不过公元9年，他的军队覆灭于条顿森林，他就再也没有试过远征了，故而罗马文明未冲刷过该地区。当地居民说日耳曼方言。在条顿语里，"thiot"即是"People（人民）"，基督教传教士因此把这种日耳曼民族方言叫作"大众方言"或"条顿人的语言"（lingua teutisca），后来的"Deutsch"即是"teutisca"的变形，"德意志"（Deutschland）便源于此。

而帝国的王冠，自然也不能安稳地戴在卡罗林王朝继承者的头上，它滚落到意大利平原，任由一些小领主把玩。他们不在乎通过屠杀的方式抢得王冠，但往往戴上还没几天，便落到另一个实力更胜一筹的邻居手中。教皇又一次四面受敌，只能向北方发出求救信号，但这次他没向西法兰克王国的统治者求援，而是求助于撒克逊国王奥托，他是当时日耳曼各部落公认的最强领导者。

奥托很喜欢意大利半岛的湛蓝天空和俊美热情的人民，就像其他日耳曼族人那样，所以获知教皇有需要，便马上前来救助。教皇利奥八世为感谢奥托，特地赐他"皇帝"的封号。自此，查理曼王国的东半部分就成了"日耳曼民族的神圣罗马帝国"。这一"帝国"存在时间较长，达839年。1801年，即托马斯·杰斐逊就任美国总统那年，它才消逝在历史的长河中。将该日耳曼帝国击垮的是一个公证员的儿子，来自法国科西嘉岛，他在法兰西共和国服役期间立下了赫赫战功，他统率的近卫部队以骁勇善战著称，因此成为名副其实的欧洲霸主，不过他还有更大的野心。

他从罗马请来教皇，为他加冕。在仪式上，教皇站在一旁，看着这个身材矮小的家伙亲手将帝国皇冠戴在了头上，并宣称他才是查理曼大帝名副其实的继任者。这人是谁呢？他就是威震世界的拿破仑。

历史与人生相似，好像充满变数，实则本质不变。

第三十一章

北欧人

在公元10世纪，人民会向上帝祷告希望自己不要遭到北欧人的摧残，这是为什么呢？

公元三四世纪，罗马帝国的边境防线常被中欧的日耳曼部落击破，他们攻占首都罗马城并大肆劫掠。而公元8世纪，作为强盗的日耳曼人居然也经常被别人劫掠。日耳曼人哪里咽得下这口气？何况这抢劫的暴徒居然还是自己的近亲，即北欧人，他们住在丹麦、挪威、瑞典。

北欧人的家乡

我们不知道因何这些勤奋肯干的水手最后会转去做海盗的营生，但是当他们感受到做海盗的自在悠闲，享受抢劫带来的无穷甜头后，就一发不可收拾了。河口地区的法兰克人或弗里西亚人居住的村落经常被他们洗劫一空，男人被杀，女人被掳，国王派军队来围剿时，他们

北欧人眺望海峡对面

早就驾船远去了，逃得无影无踪，只留有烧焦的村庄，一片狼藉。

查理曼大帝死后，国家陷入混乱，北欧的海盗趁机四处抢劫，十分猖狂。欧洲的每一个沿海国家都有他们的足迹，人民深受其害。这些海盗甚至还在荷兰、法国、英格兰以及德国的海岸线上建起许多小国家，连意大利都有他们的踪迹。这些北欧人很有语言天赋，短时间内就能学会被征服民族的语言，而早期维京人（海盗）不修边幅、凶残成性的特性也被他们改掉了。

公元10世纪初，维京首领罗洛多次领兵侵扰法国沿岸。法国国王不堪其扰，也无力抵抗，只能把诺曼底地区当成礼物来贿赂他们，希望他们扎根于此，从此成为良民，只要他们保证不再觊觎法国其他地方。罗洛同意了，自此成了"诺曼底大公"。

不过，北欧人骨子里便有着扩张侵略的欲念。欧洲大陆对岸，不到几个小时的航程即可到达之处，便是有着积雪的山崖和碧绿田野的英格兰。在此之前，英格兰人就已历经劫难了，他们被罗马统治了两个世纪，后又被欧洲北部石勒苏益格的两个日耳曼部族——盎格鲁人和撒克逊人占领。之后大部分领土落入丹麦人之手，他们建起了克努特王国。11世纪早期，丹麦人被驱逐出英格兰，一个撒克逊人做了英格兰国王，他叫忏悔者爱德华，但是爱德华将死之时却没有后代来继承王位，这让野心家诺曼底大公有了可乘之机。

1066年，爱德华刚去世，诺曼底大公看准时机立即出海。在黑斯廷斯战役中，诺曼底大公击溃了刚刚夺取英格兰王位的威塞克斯亲王哈洛德，接着自立为王，掌控了英格兰。

上一章的故事中，一个日耳曼部落首领在公元800年成了罗马皇帝。而1066年，一个北欧海盗的后代居然登上了英格兰国王的宝座。真正的历史如此传奇，我们好像用不着再去读神话故事了。

第三十二章

封建制度起源

欧洲中部三面受敌，慢慢地变成了一座大兵营。如果没有职业军人和战士的守护，欧洲或许早已覆灭，后来，封建体制的一部分便由这些人构成。

接下来我要说一说公元1000年时的欧洲。那时不少欧洲人过着极其悲惨痛苦的生活，因此四处传播着关于世界末日即将到来的预言，让人们惊惶不已，一窝蜂地涌到修道院当僧侣，为的是在末日审判时证明自己是虔诚的信徒。

在某个历史节点，有些日耳曼部族离开了亚洲故乡，西迁至欧洲。靠着人多势众，他们强行闯入罗马帝国，毁灭了庞大的西罗马帝国，古罗马昔日的荣光只能由东罗马帝国勉强维系着。东罗马能够幸免于难，得益于他们的地理位置，他们不在日耳曼民族大迁徙的主干道上。

在后来的动乱年代里（公元六七世纪是欧洲历史上真正的黑暗年代），日耳曼人逐一加入基督教，向罗马教皇俯首，同意其为精神领袖。公元9世纪，极具才干的查理曼大帝复兴了罗马帝国，将西欧大部分地区统一起来。可到了10世纪，其再次土崩瓦解。西半部分成为一个名为法兰西的王国，东半部分则是"日耳曼民族的神圣罗马帝国"，该国实为联邦制，它的统治者口口声声称自己是恺撒和奥古斯都的继承人，以期获得正统地位。

遗憾的是，法兰西国王的王权只在都城内管用，在东边的神圣罗马帝国，有些极具势力的臣子会公然以下犯上，为了一己私利公然挑战国王的权威。

更糟糕的是，西欧三角带的人民三面受敌，处境艰难：南部有来自穆罕默德信徒的威胁，西边经常有残暴的北欧海盗，东部边境虽有喀尔巴阡山脉的一段来抵挡侵略，可匈奴人、匈牙利人、斯拉夫人和鞑靼人还是肆意践踏这片土地。

罗马帝国河清海晏的光景一去不返，人们只能在梦中回忆往昔的"太平盛世"。现在人民面临的残酷现实是，"要么战，要么死"，人民只能通过奋勇抗击求生存。环境使然，这时的欧洲演变成了一个大兵营。乱世造英雄，人民期盼出现强者。可国王和皇帝离得太远，无法及时救援。于是，边疆居民（公元1000年时的大部分欧洲土地都属于边疆）只能自救，他们情愿服从国王委派的行政长官，只要长官们有保护百姓免遭外敌折磨的能力。

不久，欧洲中部遍布大小不一的领地、属国，每个国家会视情况而确定掌权者，他们或者是公爵、伯爵、男爵，或者是主教大人。这些人都表示会对赏赐他们"封地"的国王[封地为"feudum"，这也是"封建制"（feudal）一词的词源]忠心耿耿，伴随左右，定期缴纳赋税。只是，在交通不方便、通信不畅通的年代，皇帝和国王鞭长莫及，因此这些统治者拥有绝对的独立性。在自己的属地内，他们如同国王一般。

不过，你却不能以此断言说11世纪的普通老百姓不赞同这种行政体制。相反，他们赞同封建制，毕竟这一体制在当时是必要且极有成效的。他们的统治者多住在牢固高大的石头城堡里面，有的城堡矗立于危险的岩壁之上，有的四周环绕着深险的护城河，同时城堡全部位于封地居民们视线之内。若发生危险，所有人都可以逃进坚固的城堡里躲避，这也是为何居民总是尽可能住得靠近城堡的原因，而今不少欧洲城市都起源于靠近封建城堡的地方。

欧洲中世纪初期的骑士领主既是职业战士，也是行政长官。他们承担着多项职责，同时还要做判决案件的法官、负责治安的警察局长，要抓捕拦路盗贼，还要保护四处游走的小贩（他们就是11世纪的商人）。他们还得照看好水坝，不然村庄会有遭遇洪水之患（如同四千年前尼罗河的贵族一样肩负使命）。他们热情对待行吟诗人，让他们向居民们吟唱大迁徙时代的英雄史诗。他们还要保护辖区内的教堂与修道院。骑士们不会读书写字（当时读书写字被认为是缺乏男子气概的表现），却可以雇用教士代劳，教士会逐一将发生在所属领地里的婚姻、死亡、出生等民政大事记录在册。

15世纪，王权再显威力，作为"上帝恩许"的君主，他们可以任意从领主手中收回权利。封建骑士们失去了领导权，沦为普通乡绅。很快，他们成了令人讨厌的人，被时代所遗弃。但是，如果没有"封建制度"，欧洲不可能从那个黑暗年代走到今天。当然，每个时代都有令人不齿之人，那个时代也同样有许多品行不端的骑士。不过，相对而言，12、13世纪的硬派领主们多是刻苦勤奋、爱民如子的行政管理者，他们在推动历史进步上功勋卓著。

在那个年代，曾照耀埃及人、希腊人、罗马人的文化与艺术的光芒已极其微弱，好在有骑士和传教士，不然欧洲文明将彻底消亡，人类也将重回茹毛饮血的穴居时代。

第三十三章
骑士制度起源

　　欧洲中世纪的职业战士们自然也想过聚集在一起，为维护自己和大家的共同利益而战斗。于是，为了更加密切地团结在一起，便诞生了骑士制度和骑士精神。

　　骑士精神是怎么来的，我们知道得不多，不过这种体制的发展演变为当时的社会提供了一套明确的行为规范，这是当时社会急缺的。骑士精神可以帮助野蛮人纠正粗俗落后的习俗，还能让处于中世纪黑暗时代的人民的日子多少好过一些。可是，想约束粗俗的边境居民的行为却不容易，他们总是与穆斯林、匈奴人或北欧海盗抗衡。而且，说过的话转身就忘，早上还向上帝承诺要有慈悲心肠，不滥杀无辜，可还没到傍晚就动手屠杀了所有俘虏。当然，社会的进步是一个缓慢且持续的过程。到了最后，就连狂妄自大的骑士都必须遵守"阶层"的规则，不然绝对没有好下场。

　　虽然欧洲各地对于骑士准则的定义有一些区别，但都强调"服务精神"和"克尽厥职"。在中世纪，"服务"是一种体现良好修养的高贵行为。就算是奴仆，若能细心认真地做好本职工作，不必觉得身份低下。忠诚是军人的首要品质，以职责为根的社会莫不如是。

　　所以，一个青年要做骑士，一定得做上帝忠诚的仆役，也要做国王忠心的臣民。而且，他还要向比自己更需要帮助的人施以援手，绝不吝啬。他的行为举止必须谦逊有礼，绝不能傲慢自负，要与穷苦的人民为友（不包括他们见到就会杀掉的穆斯林）。

我们如果去探寻骑士精神的由来，就会发现骑士精神的誓词即是把《摩西十诫》的内容以一种通俗易懂的方式变换了一种说法而已。在誓词的基础上，骑士们还逐渐形成了一套有关文明用语和礼仪礼节的烦琐系统。中世纪的骑士们都热衷于模仿亚瑟王的圆桌骑士和查理曼大帝的宫廷贵族，希望成为人所敬仰的英雄，让世人传颂。他们渴望以兰斯洛特般的勇气和罗兰伯爵般的忠心来武装自己，深信只要自己举止有礼，言语得体，就算衣着没有那么光鲜，口袋里没有那么多钱财，也是高贵的骑士。

　　由此，骑士精神成了礼仪培养的关键，而礼仪恰如润滑剂，能够保证社会的正常运作。骑士风尚代表着礼仪文明，普罗大众正是得益于封建城堡中骑士们的训导，才掌握了得体着装、优雅饮食、邀女伴共舞等诸多常规礼仪。而生活的情趣，恰来自这些文明细节。

　　可是，所有人类的制度都受制于社会发展，骑士精神一旦不符合时代要求，就难免灭亡，成为历史的一页。

　　接下来，我会谈到十字军东征是怎么复兴商贸的。新兴的城镇层出不穷。城里的暴富者逐一聘请学识丰富的老师，很快他们就和骑士们拥有了同等地位。火药的出现，让身着铠甲的"武士"失去了武力上的优势，而雇佣军更让战斗队列丧失如棋盘般整齐规则的美感，重在实战。骑士成了装饰品，加之追求荒诞落后的理想，所以注定被当作丑角。有人说，世界上最后一个骑士就是高尚的堂吉诃德。但他死后，曾陪着他走南闯北的盔甲和宝剑都被拍卖，以此抵其生前的债物。

　　之后，他的宝剑几经辗转，很多人都用过。听说华盛顿将军在福奇谷时，这柄宝剑曾陪伴他度过了那段昏暗的日子。而在喀土穆被围攻时，戈登宁愿献出生命也不愿辜负那些把性命交付于他的民众，这柄宝剑是他最后的武器，他视死如归。

　　而这柄宝剑在第一次世界大战中到底又有怎样的作用，我就无从得知了。

第三十四章

教皇与皇帝的纷争

因为中世纪人民不同寻常的双重忠诚的体制，教皇和神圣罗马皇帝之间屡屡明争暗斗。

想完全理解祖辈的思想有很大难度。以你的祖父为例，你们朝夕相处，可你仍会觉得他是一个生活在有异于你的世界的人，无论是思想、穿着还是行为都与你迥然不同。我现在要让你了解的是一群比你的祖父至少要早二十五代的先辈。而想要真正理解透彻，建议你反复读一读这一章的内容。

中世纪人民的生活平凡、简单。纵然是"自由市民"，有着完全的人身自由，去任何地方都可以，可他们的生活圈子还是局限于住所的周边。他们几乎没有什么印刷的书本报纸可读，只有极少的手抄本。每片区域都有勤勉的僧侣教人们读书、写字以及简单计算。而科学、历史和地理方面的知识却比较匮乏，因为它们被深埋在古希腊和古罗马的废墟中了。

人们是通过民间口耳相传的故事、传说来了解过去的。这些父传子、子传孙的历史故事，只在细节上稍有偏差，大体上是能让人了解历史原委的。两千多年后，现在印度的母亲们还会用"伊斯坎达尔"——亚历山大大帝——来吓唬小孩子，让他们别那么顽皮。关于亚历山大大帝的传奇故事，虽已年代久远，但在印度仍经久不衰。

中世纪初，民众从没读过有关于罗马历史的教科书，连现在小学生都知道的一些基本常识他们都不知道。可是，在现代人脑中罗马帝国只是个模糊的影子，没有特殊的含意，而在中世纪人民心中这个名称却十分清晰鲜活。

尽管罗马已经灭亡，可在人民心中它永远存在。他们之所以愿意让教皇来引领他们的精神世界，是因为他所居住的罗马城是罗马帝国理想的象征。当查理曼大帝和后来的奥托大帝再一次高高竖起"世界性帝国"旗帜时，人民为之沸腾雀跃，因为在他们眼中这是众望所归的事情。

但是，罗马传统的继承人有很多，这让忠诚的中世纪百姓十分难办。中世纪的社会制度分工明确，管理官员百姓的物质生活由世俗世界的领导者（皇帝）负责，信徒的灵魂则由精神世界的统治者（教皇）来守护。

可是这样的分工在具体实施时却出现了诸多问题，矛盾由此产生。皇帝总想干预教会的事，为了报复皇帝的专断独裁教皇也要去插手国家大事。几次明争暗斗后，双方都极不愉快，并且明确警告对方只需要做好自己的本职工作。等到积怨已深，双方只能战场上见真章了。

此情此景之下普通百姓应该如何抉择呢？一个合格的基督徒必定要忠于教皇也要对皇帝一片赤诚。可是他们起了争执，作为一个忠贞不贰的臣民和虔诚的教徒，他该何去何从呢？

对此普通百姓无所适从。假如在位的皇帝是一个强劲的霸主，而且有雄厚的财力支撑，他很可能指挥军队越过阿尔卑斯山进攻罗马，极端情况下，教皇很可能被困在宫殿中直到他臣服于皇权为止，如果不服从皇帝的无上权威，等待他的将是皇帝严酷的惩处。

但多数时间里教皇的优势更为显著，如果君主不遵从主的指引，那么他统治的整个国家都不会被教会所接受，包括君主自己。这代表国内所有教堂的神父都不会为这个国家的子民进行洗礼，更不会为将死之人向主忏悔。那样，中世纪政府的一半机构都无法运转。

不仅如此，教皇在赦免人民叛国的罪名的同时，还会支持他们起义反抗统治阶级。但是，那些遵照教皇的指令去反抗皇帝的人，如果落入皇帝手中，他们就会被押上绞刑架，走向死亡，毫无周旋的余地。

显然，处在矛盾中心的穷苦人生活得很艰难，其中数生活在11世纪后半叶的百姓最不幸。那时，德国皇帝亨利四世两轮激战教皇格里高利七世都没有分出胜负，实际问题没有得到解决，欧洲却因此出现了五十年之久的乱世。

教会内部在11世纪中期出现了剧烈的变革运动。在这之前如何产生教皇并没有既定的规则。任何神圣罗马帝国的皇帝都想让偏向自己的教士当上教皇，所以每逢选举教皇，罗马城内众王齐聚，试图在他们影响力的扶助下使自己心目中的人选登上教皇之位。

这种情况的转变发生在1059年。在教皇尼古拉二世的支持下，以罗马及周边地区的主教和执事为首组建了居于领导地位的红衣主教团。自此，这些地位高贵的教士取得了选举新一任教皇的权利。

1073年，红衣主教团将格里高利七世扶上教皇宝座。这位新教皇原名希尔布兰德，成长于意大利托斯卡纳地区的一个普通的家庭中，他精力旺盛，而且是教皇为尊思想的忠实拥趸。他坚信，教皇不应该只是基督教会的至高领袖，更应该手握大权，有权力裁决世俗世界的任何事情。教皇应该拥有皇帝的任免权，可以扶持任何一个普通的日耳曼王公当上皇帝，或者使他们跌入尘埃。不仅如此，教皇还能决定任何君主制定的法律是否可以施行。不管一个人有多高的身份地位，如果敢不服从教皇旨意，就必须接受相应的酷刑。

格里高利七世派出信使向欧洲所有君主传达了他最新颁布的法令，要求他们毫无折扣地去执行教皇的旨意。征服者威廉表示会服从指令。可是亨利四世，这个从六岁起就四处征战的皇帝绝不可能乖乖服从，他召集一批德国地区的主教，悉数指出格里高利犯下的所有罪行，最后在沃尔姆斯宗教会议上罢黜了格里高利。

而教皇显然还留有后手，他直接把亨利四世开除出教会，号召德意志的王公贵族将这个品行不良的皇帝拉下马。那些日耳曼的贵族顺势而动，请求教皇亲临德国，为奥格斯堡挑选一个新皇帝。

城堡

格里高利接受了邀请，动身赶去北方。亨利能屈能伸，发现自己的处境不妙之后迅速行动。而此时自救的最佳办法就是迅速表明自己的态度，放下尊严和教皇冰释前嫌。亨利不顾严冬的冷冽翻越阿尔卑斯山，趁着教皇还在卡诺萨城堡的临时居所来求和。那时是1077年1月，在25日到28日四天之中，亨利表面将自己伪装成一个虔诚的教徒模样，实际上却是在暖和的毛衣外套上了教徒的罩袍。他在城堡大门前规规矩矩地忏悔自己的罪孽。格里高利在三天后才赦免了他的罪行，并允许他进入城堡。

可惜亨利的忏悔只是缓兵之计，一回国，他就原形毕露。他又一次在德国主教团会议上罢黜了格里高利。而教皇也故技重施，将亨利开除出教会。不过此时形势却大不相同了，追随亨利二度翻越阿尔卑斯山的是庞大而强健的军队。在罗马城被围困的情况下，格里高利被逼退位，最终在流放地萨莱诺凄惨地死去。这一次教皇和皇帝的斗法仅仅是个开始，回到德国的亨利仍然需要面对新任教皇对他的敌意。

不久，德意志的帝位被霍亨斯陶芬家族夺去了，与前任皇朝相比他们更加独断。格里高利七世曾明确提出教皇地位至高论，他认为就算是世俗的君主，也需要服从教皇的命令。因为在末世审判来临时，教皇的责任是照看羊群里的每一只羊，而对于上帝而言，就算你贵为皇帝，也仅仅是一只羊。

霍亨斯陶芬家族里被人称为"红胡子"巴巴罗萨的弗里德里希，提出不同于教皇的说法。他宣称，神圣罗马帝国是经"上帝恩许"由之前的皇帝来治理的国家。他有义务发动一场战争，用正义的名义收复包括意大利和罗马，这些帝国疆域中"失去的行省"。不幸的是在第二次十字军东征时，在小亚细亚弗里德里希意外地溺水而亡。他的儿子弗里德里希二世继承了皇位。这位干练的年轻人深受西西里岛穆斯林文明的陶冶。他继承父亲遗志，继续作战。对于教皇指控他犯有异端邪说罪，弗里德里希二世心里很不以为然。他认为，北方基督教界作风粗糙，而且德国骑士不知变通，意大利教士市侩狡猾。不过他并没有表露出来，而是带领十字军作战，从异教徒手里夺回了耶路撒冷，并被封为圣城之王。但是弗里德里希二世卓越的功勋并没有取悦铁石心肠的教皇们。弗里德里希意大利属地被教会赠给了法国国王圣路易的兄弟，也就是安茹王朝的查理，还将他逐出了教会。此后围绕着属地皇权产生了许多次战争。康拉德四世之子康拉德五世作为霍亨斯陶芬家族最后的希望，曾组织军队争夺原本属于他们的意大利属地，但是不幸战败，在那不勒斯被斩首。不过世事难料，仅仅二十年之后，在"西西里晚祷事件"中，大批法国人被杀。

教皇与皇帝的争斗从没得到实质上的解决。但慢慢地，在不断地试探之中，两方都开始学会了各顾各的、不惹麻烦，不再干涉对方的领域。

1278年，德意志的皇冠被哈布斯堡的鲁道夫取得。他不屑于远赴罗马接受教皇的认可。教皇表面上对此无动于衷，不过熟悉教廷的人都能感觉到，教皇的心远离了德意志。经过了二百年不知所谓的争斗，浪费了大量宝贵的时间和精力的战争终于结束了。和平时代蹒跚着走来了。人们终于可以全心全意地进行国家建设了。

不过战争带给人类的不仅仅是死亡和衰败。意大利还有一些在教皇与国王之间左右逢源的小城市，趁着别人忙于战争的机会增加自身筹码，使得自己越发地独立。当十字军东征开始后，他们抓住成千上万奔赴耶路撒冷的十字军战士的商机，解决了这些人的交通和饮食问题，大发战争财。待十字军运动结束，这些大发其财的城市已能用财富堆起无与伦比的防御系统，教皇和皇帝已经不足为惧了。

教会和国家相互争斗，两败俱伤，反而让中世纪的城市趁机得到了发展，成了最后的赢家。

第三十五章

十字军东征

土耳其人没有敬畏之心，入侵圣城，亵渎神殿，并阻碍了东西方商贸的顺利进行。因此，讨伐土耳其的十字军开始东征，在战争面前欧洲内部的所有矛盾都被淡化了。

三百年来，西班牙和东罗马不仅是欧洲的门户，还是基督徒和穆斯林之间的界线，两种宗教相安无事，井水不犯河水。公元7世纪，叙利亚人成为穆斯林的信徒，基督教的圣地改弦更张。不过穆斯林并没有诋毁耶稣，认为他是一位仅次于穆罕默德的伟大的先知，同样值得尊敬。在那时基督徒是被允许来到君士坦丁大帝的母亲——圣海伦娜修建的教堂里朝圣的。但是11世纪中期，来自亚洲荒原的土耳其人，也就是鞑靼部落的塞尔柱人，统领了西亚的伊斯兰国家。这两个宗教的教徒开始了你来我往的博弈。原本属于东罗马人的整个小亚细亚被土耳其人占领，中西方的贸易往来也自此中断。

在这之前东罗马皇帝阿历克西斯并不热衷于与紧邻的西方基督教产生交集，此时求助于欧洲。他对欧洲诸国进行预警，当土耳其人攻陷了君士坦丁堡之后，必然会觊觎富饶的欧洲。

小亚细亚和巴勒斯坦沿海属于意大利城市的贸易殖民地首先慌乱了起来。一些商人为了自己的利益，四处奔走、呼吁，并夸大土耳其人的所作所为，使得欧洲人民认为当地基督教徒在土耳其人统治下遭受了极为残酷的迫害。整个欧洲的人们都开始义愤填膺起来。

彼时在位的是乌尔班二世，这位来自法国雷姆斯的教皇和格里高利七世一样，深受著名的克吕厄修道院的教义影响。他认为应该当机立断，行动起来。这位理想主义者完全忽视了当时欧洲的状况。自古罗马时代起一直延续的原始农耕方法使得欧洲的粮食供不应求。失业者众多，贫苦人吃不饱饭，因而游行和暴动时时发生。与之形成鲜明对比的是西亚高得多的粮食产量，那里土地肥沃，非常适合移民。

因此，1095年，教皇乌尔班二世在法国举行的克勒芒会议上正式提出倡议。首先，他指出了异教徒在圣地所犯下的累累罪行，然后生动地向民众描绘了一幅圣地的灿烂图景，为大家展示了一个从摩西时代起就充满了奶和蜜的乐园。最后他号召法国的骑士们和全欧洲的广大信徒都要为信念而战，暂别小家，拿起武器从土耳其人手中将饱受奴役的巴勒斯坦解放出来。

顿时，欧洲全境被宗教的狂热占据，人民早已失去了理智。男人们将农田和商铺抛在脑后，头也不回地踏上了前去征战的道路，他们的目标是击溃东方残暴的土耳其人。年轻人头脑发热，认为单单凭着自己昂扬的斗志和崇高的理想就可以让土耳其人望风披靡。不过细究起来，这些狂热的人们可能只有不到百分之十的人见到过圣地。而且因为囊中羞涩他们只能靠着乞讨或小偷小摸来填饱肚子。许多人在到达圣地之前已经被饱受骚扰的乡民当作强盗土匪消灭掉了。

忠诚的基督徒、身负重债的破产者、没落穷困的贵族以及为逃避裁决而出逃的罪犯组成了第一支十字军。"半个疯子"隐士彼得和"穷光蛋"沃尔特领导着这支混合军团开始远征东方讨伐土耳其，但他们的战果只是几个倒霉的犹太人，刚抵达匈牙利他们已经兵败如山倒了。

这次的失败让教会积累了一次宝贵的经验：圣地的解放不能只凭一腔热血。只有准备充分才更有可能成功。此后欧洲用足足一年的时间来训练军队，并给这二十万装备齐全的军人派来了富有战斗经验的将领。这支军队的指挥分别是布隆的戈德弗雷伯爵、诺曼底大公罗伯特、佛兰德斯伯爵罗伯特以及其他几位贵族。

十字军东征

　　1096年，第二支十字军开始了远征。骑士们在到达君士坦丁堡后，先向东罗马皇帝宣誓（前文说过，传统的消失不是一件容易的事情，尽管当时的东罗马皇帝已经非常衰败落魄，但他的至尊形象并没有在人们心中消失）。随后他们走海路来到亚洲，沿途杀掉了遇到的所有穆斯林，突袭耶路撒冷，将城里所有穆罕默德的追随者都杀光了。完成这些之后，这些骑士心怀感恩满眼泪水，齐聚圣所对伟大的上帝进行赞美。但是，随着土耳其人援军的到来，耶路撒冷再次易主。所有上帝的信徒被穆斯林报复性地杀害。后来的两百年里，一共发生了七次东征。十字军战士们逐渐学会了远征的技巧。陆路行程太艰苦无聊，沿路极其危险。而先越过阿尔卑斯山，到意大利的威尼斯或热那亚，之后走水路直达东方是个不错的选择。热那亚人和威尼斯人把十字军运过地中海，由此获利，大赚一笔。对于囊中羞涩的十字军战士来说，商人们索要的旅费是相当高昂的。每当有人付不起高额旅费的时候，意大利商人们便窃喜着要求他们用劳动来抵销船费。十字军战士从威尼斯到阿克的旅途中，往往为船主开疆拓土，四处征战。就这样威尼斯人取得了在亚得里亚海沿岸、希腊半岛、塞浦路斯、克里特岛及罗德岛的土地，包括雅典也成了他们的殖民地。

圣地问题并没有因为东征而得到解决。当宗教赋予这一行动的狂热渐渐冷却的时候，对于中产阶级家庭以上出身的欧洲青年来说参加十字军已经成为必备的教育课程。因此，报名去巴勒斯坦服役的士兵总是源源不断。不过，当初的热情早已不在。最初，十字军战士怀着对穆斯林的深刻仇恨，对东罗马帝国及亚美尼亚的基督徒群众的同情心，开始远征，如今这一初心已然发生巨变。拜占庭的希腊人、亚美尼亚人因为损公肥私，欺骗十字军战士，出卖主神圣的事业而被他们所厌弃。相反，他们开始越来越欣赏敌人穆斯林的德行，认为他们是宽容诚实的对手，值得被尊重。

尽管并没有人把这种看法宣之于口，不过对于回到故土的十字军战士来说，异教徒敌人反而比那些号称优雅正义的欧洲骑士们更让人觉得美好。东方人的气质和高雅是那些骑士们远不能企及的。甚至异国的食物也让十字军战士们为之着迷，比如桃子和菠菜，他们让这些植物的种子在自己的菜园里茁壮成长，丰富餐桌上的菜品。他们抛弃古旧的厚重铠甲，转而模仿伊斯兰教徒及土耳其人的打扮，穿起了丝绸或棉制的长袍，看起来比之前多了一份潇洒俊逸。事实上，十字军运动最初是作为惩罚异教徒而发起的战争，到后来却变成了对成百万欧洲青年进行文明启蒙的课程。

十字军东征在政治和军事方面是失败得很彻底的。耶路撒冷及其他诸多城市往往刚刚恢复自由又再度被攻占。虽然十字军曾在叙利亚、巴勒斯坦及小亚细亚建立起一系列小型的基督教王国，可它们在土耳其人的强势反攻之下很快消失了。1244年，耶路撒冷彻底被土耳其人控制了。那时的圣地和1095年的圣地相比，几乎是一模一样的。

不过，十字军的东征却给欧洲带来了剧烈的变化。远征在西方吹起了一股东方文明的璀璨之风。欧洲人不再拘泥于沉闷的城堡生活，对于生活他们有了多元化的需求，然而教会和国家对此却无能为力。

最后，城市的兴起满足了他们的需求。

第三十六章

中世纪的城市

为何中世纪的人会说，"城市里充满着自由的空气"？

对于中世纪初期的人们来说，生活的主旋律是拓荒和定居。罗马帝国东北部迎来了一群原本居住在森林、高山和沼泽之外的野蛮民族，他们将西欧地区的大部分肥沃平原据为己有。历史上所有的拓荒者有着一致的天性——热爱流浪，他们更加热爱"出发前进"所带来的快乐。他们砍伐森林，开荒种田，还热衷于相互厮杀。对于拘束而呆板的城市生活来说，他们更喜欢风一样的自在生活。跟随着羊群漫步清风吹拂的山坡，让山间树林的清新空气充盈自己的胸腔，没有什么比这样的生活更舒服了。他们从来不会在一个地方住得太久，当他们感觉时候到了，就会背起行囊，去追寻新的生活和牧场。

弱者在迁徙中慢慢失去了生存的空间，而那些骁勇善战的男人和他们具有同样的坚强品质的妻子活了下来。在生活的重压下，他们发展成一个坚忍、勇敢的种族。美和艺术对他们来说一文不值，更加不会花费时间在诵读文学、享受音乐上，辩论对他们来说只是无用的油腔滑调。这些毫无用处的事情只要交给一个人处理就好，而那个人就是教士。对于行事以果敢粗鲁而自豪的13世纪中期以前的人们来说，会写字能读书的男人不过是中看不中用的"娘娘腔"而已。同时，那些日耳曼酋长、法兰克男爵或诺曼底大公们（或者是有别的头衔和称号的贵族），他们瓜分了原属罗马帝国的土地，在那片辉煌一时的帝国土地的废墟上建立起了自己的新世界，并且想当然地认为这个世界已经完美无缺了。

对于打理自己城堡以及四周的各种事务，他们兢兢业业，一刻也不敢松懈。并且像所有软弱的"羔羊"一样，绝对遵守教会的纪律。尽管相距遥远，但是他们对于自己的国王或者皇帝表现出了足够的忠诚。对于他们来说，与对自己有威胁的君主保持良好的关系是非常必要的。在不伤害自己的利益的前提下，他们对人公平，对事公正。

对于大部分人来说，这个世界的运行方式并不尽如人意。在这里，很多人沦为农奴或"长期雇工"。他们的住所和牛羊圈差不多，而他们自身的地位也和人们圈养的牛羊并无二致。这样的生活就算不被认为是十分悲惨的但也绝对与幸福无缘。然而，这就是现实，他们除了认命还能怎么办呢？他们坚信，既然睿智的上帝如此安排，那么必然有他常人所无法理解的用意。上帝的智慧是愚昧平庸的人类所无法揣测的，既然上帝把这个世界的人类划分为骑士和农奴，那么作为上帝最为温顺的羔羊，只需要服从这种安排就可以了。抱定这样信念的农奴们并不会有什么抱怨。如果被折磨得太厉害，他们像饲养不当的牲畜一样快要被活活累死了，主人才会想办法来改善一下他们的生活状况。如果实现社会进步的任务都靠这些农奴和封建领主的话，那我们现在就有可能还和12世纪一样，牙疼了就念咒语来缓解疼痛。我们只会对试图用他的"科学"来帮助我们的牙医感到憎恶。因为这些恶毒而无用的所谓的技术，多半是来自穆罕默德信徒或其他异教徒。

随着对世界认识的加深，你会发现许多人固执地活在过去。他们拒绝相信世界正在进步，而是用同辈人的事例告诉你"世界一直都是这样的"。当读者您遇到这样的老人的时候，我希望您是理智而思想独立的。你看，我们的先祖几乎用了一百万年，才学会用下肢直立行走，又花费了无数年才让动物般的乱叫声发展成容易理解与沟通的语言，并通过书写来保存我们的思想。如果没有四千年之前才被发明的书写，人类很难取得现在的成就。可怕而强大的自然力量也可以为人类服务，仅仅是在近代才被人们所领悟到。因此我认为，人类其实是以一种空前的速度飞快发展着。也许，我们更为关注物质生活以及生活的舒适程度，但这种趋势在一定的时候必然会发生变化。到那时，我们对于那些与身体健康、工资多少、城市下水管道和机械无关的问题会更加关注。

不过，千万不要对什么"以前的美好岁月"太过感叹和怀念。现在有许多人，他们只是肤浅地看到了中世纪留下的壮丽教堂和伟大的艺术作品，往往拿以前灿烂文明的精华部分和我们这个时代充斥着噪声和汽车尾气的城市丑恶文明相比较，得出了现在不如从前的结论。我们必须清楚，在富丽堂皇的中世纪教堂边上，遍布脏乱的贫民窟。而连现代最简陋的公寓放在当时也能算作豪华宫殿了。的确，高贵的兰斯洛特和帕尔齐法尔，这些年轻的英雄出发去寻找圣杯时，不需要忍受汽油的刺鼻味道。可当时他们却要忍受环绕在身边的许许多多的其他臭味：宫殿外猪圈的味道，大街上的垃圾腐烂发酵的味道，还有那些穿戴祖父传下的衣服和帽子、一辈子没享受过肥皂洗浴的人身上发出的味道。更多脏臭的图景无须一一描述。不过当你阅读古代史，看到法国国王在华丽高贵的皇宫内临窗远望，却被巴黎街头抢食的猪群发出的臭气熏晕时，当你看到有些年头的手稿中记载的一些天花和鼠疫横行的惨状时，你才会真正明白"进步"一词的含义，绝对比现代广告使用的流行语更加一言难尽。

不过，正因为城市的存在，才让过去六百年来取得的进步变成现实。因此，我将用比其他各章稍长一点的篇幅来谈论这个内容，绝不能像对待单纯的政治事件那样，用简单的三四页文字轻描淡写地略过了，要不然城市的重要性就很难被体现出来了。

古埃及、巴比伦、亚述在文明世界中城市也较为繁多。古希腊则完全是在许多小城邦的基础上发展起来的国家。而腓尼基的历史几乎就是西顿和提尔这两个城市的历史。我们所说的伟大的罗马帝国，它完全就是一座城市和它辽阔的行省"后花园"创造的奇迹。书写、艺术、科学、天文学、建筑学、文学——诸多的成就数不胜数，它们全都属于城市发展的成果。

在整整四千年的漫长岁月里，像蜂房一样拥挤的小城镇一直就是世界的大作坊，促进着文明的不断发展。而日耳曼人大迁移时，他们灭亡了罗马帝国，城市在此时被毁灭殆尽，于是欧洲再度退化到农牧时代。这是一段黑暗愚昧的岁月，欧洲文明再一次陷入黑暗之中。

十字军东征成为适宜文明播种的全新土壤。快到收获的季节了，但自由城市的居民却抢先一步夺取了宝贵的丰收果实。

我曾经向你们讲过关于城堡与修道院的故事。在高大沉重的石墙后面，居住着负责保卫人们的肉体的骑士，以及负责守护人们的灵魂的僧侣。后来一些手工匠人、屠夫、面包师傅、制蜡烛工人，渐渐地都搬去靠近城堡的地方住下，一面可以更高效地达成领主的服务需求，一面也方便逃到城堡躲避危险。有时领主会允许这些人将自己的房子围上栅栏，不过，对于大多数人来说，只有领主大发善心他们才能平安度日。当领主外出时，这些平民就会跪在路旁，行吻手礼来表达自己的感恩之情。

之后发生了十字军东征，因此世界发生了较大的变化。以前的大迁移驱使人们从欧洲东北移居西部。而十字军运动却恰恰引导人们从蛮荒原始的欧洲西部搬到高度文明的地中海东南地区。他们发现，城堡之外的世界原来如此丰富多彩，他们开始向往衣着华丽、住所舒适、佳肴味道新奇以及其他许多神秘东方出产的物品。当他们回归故里后，还希望享用到这些商品。于是，中世纪唯一的商人就开始背负着种类繁多的货物，走村入户。商贩们的生意越来越红火，于是他们便购置起货车。为了确保行程的安全，还会随身安排几位前十字军战士作为保镖，以防随着战争而来的犯罪浪潮。不过说实话，做生意也十分不容易。按规矩进入每个领主的属地都需要缴纳过路费和商品税。好在商人们所获取的利润还是不错的，因此他们总会不知疲倦地东奔西走。

在不断远走他乡之后，某些商人意识到，其实很多货品完全没必要从远方去获取，在身边就可以生产。于是他们用家里的一块空地，将它设为生产作坊。这样，他们不再单纯贩卖，而是升级成了产品的制造商。他们出产的商品不仅卖给城堡里的领主和修道院院长，还供给附近的城镇居民使用。领主和院长大人们用自己农庄的粮食、鸡蛋、葡萄酒，还有蜂蜜来交换商品。可对遥远市镇的居民来说，他们就必须支付钱币了。从此以后，制造商和行商的地位被他们手中悄然累积起来的金块所改变了。

现在的人根本不知道在一个没有钱币的世界要如何生存。在一个现代城市里，荷包空空就代表着无法进行衣食住行的任何一项。每时每刻，我们的钱包里都得装满小金属圆片来满足生活需求。比如，这一块钱用于支付公共汽车车钱，这十元用来下馆子，三角钱可以买份报纸。不过在中世纪初期，在许多人的一生中，从来没有看见过哪怕一块铸造的钱币。希腊和罗马城市的废墟下面埋藏着当年用过的金银。继承罗马帝国的移民们还生活在自给自足的农业社会里。他们所需要的粮食和牛羊都是自己种植与饲养的。

中世纪的骑士很少有机会用到钱来购买物品，因为他们都拥有自己的田产。他们的庄园里能够出产一切物品来满足家人的吃穿用度。在最近的河边获取修建城堡所需的砖块，而房梁等搭建房屋所需的木材则是直接采伐于森林中。庄园出产的蜂蜜、鸡蛋、木柴等，可以用来兑换需要的少量来自国外的物品。然而十字军东征却把这一切的秩序都搅乱了。试想当一个叫希尔德斯海姆的公爵跋涉几千英里，试图赶往圣地时，那么他会如何支付沿途的住宿费呢？如果在庄园中，他完全可以拿农产品去偿付。可在路上，他那一百打鸡蛋和整车的火腿就很难作为旅费随身携带了。威尼斯船主或布伦纳山口旅店主们是只收现金的。因此公爵只能带上少量的金子上路。可金子从哪里来呢？他可以从职业放贷人老伦巴族人的后裔伦巴德人那里去借。他们往往会端坐在 "banco"（兑换柜台，它是银行 "bank" 一词的由来）后面，有公爵的庄园作抵押他们十分乐意借给公爵大人几百个金币。这样可以确保万一公爵大人在和土耳其人战斗时不幸身亡，他们的钱还装在自己的钱包里。

这笔交易对借钱的人来说却是很危险的。最终，基本上是骑士破产了，而伦巴德人占有了庄园，那些失去庄园的骑士们只好为某个更细心、权势更大的邻居卖命。

当然，公爵大人还可以去城镇找犹太人贷款。在那里，他能够以百分之五十到百分之六十的利息借到这笔应急的旅费。可它同样有一定风险。难道就没有其他的办法了吗？在城堡附近小镇里的一些居民很有钱，他们的父辈与老公爵交好。向这些人借钱，他们是不会提出非分要求的。于是，大人的秘书，那位既会读写又会记账的教士，把书信写给了当地最有名的商人，要求贷一笔数额较小的钱款。双方在教堂圣餐杯制作者——也是一个珠宝商家里进行了商议。这些商人不太好拒绝公爵大人的请求，另一方面觉得违背了宗教原则；而且对于他们来说，收取来当作为支付利息的不过是一些农产品而已，大家家里多的是。

"这样吧……"一直听着他们说话的裁缝突然开口提议，这人颇像个研究哲理的人，"我们为什么不请公爵大人恩允一件事情，作为我们借给他钱的报酬呢？既

钟楼

然大家平时都喜欢钓鱼，而平时大人的小河却是禁渔的。在我们借给他一百金币之后，他能否给我们签署一张允许我们在他的所有河流里自由钓鱼的承诺书呢？他得到了他急需的一百金币，而我们得到了钓鱼的权利，这样的交易不是一举两得吗？"

公爵大人接受这项交易的那天（看起来倒是轻松得到一百金币的好办法），他却无意中签署了自己权力的死亡判决书。他的秘书起草了承诺书，公爵大人盖上自己的印章（因为他不会写自己的名字）。一切办完后，公爵怀着一腔热血加入了十字军。两年后，早已囊中羞涩的他回到家里，却看到镇民们正在城堡的池塘里钓鱼，一排钓竿悠闲地架在水边上。此情此景让公爵恼怒不已，钓鱼的人们很快就被闻讯而来的管家驱散。但是当天晚上，城堡里的公爵迎来了一群商人。他们礼数周全，对于公爵大人平安归来的事情表达了祝贺之意。之后又因为大人恼怒人们钓鱼的事情，表达了遗憾。不过他们接下来的话让公爵更为恼怒：如果大人没有忘记的话，是您亲自恩允他们做这件事情的。接着，裁缝出示了那份有大人盖章的特许状。自从公爵签署了这份文件之后，首饰匠一直慎重地将它保存在自己的保险箱里。

面对这样的情形，公爵大人只剩下吹胡子瞪眼睛的份儿。更糟糕的是，他在意大利又欠了一笔钱。也就是说著名银行家瓦斯特洛·德·美第奇手里有几张盖了他印章的欠条。这些只有两个月就到期的文件可是要命的"银行期票"，总数高达三百四十枚金币。此时为了再借一笔钱应急，公爵大人不得不压制内心的火气，低着他高傲的头颅要求再借一笔钱。商人们说回去商量一下。

三天后回到城堡的商人们答应了公爵借钱的请求。并认为能在大人有困难之际献上绵薄之力是他们的荣幸。不过出借三百四十枚金币并不是无偿的，公爵需要再签署一张承诺书（也就是另一张特许状）给他们，准许他们建立一个由所有的商人和"自由市民"选举出来的议会，以后城镇的大小事务不需要听从城堡主人的指示，而是由议会来决定。

公爵大人一听，怒火冲天。但他却不能没有那笔钱。因为着急用钱，他只好咬牙答应，签署了特许状。一星期之后，公爵就后悔了。他领着自己的士兵，急匆匆地闯进首饰匠的家里，逼他交出那张特许状。对于他来说特许状就是市民们趁着他手头紧张，从他那里软硬兼施骗走的。公爵拿走文件的下一秒就一把火把它烧掉了。市民们站在一旁，一言不发。不过当公爵急需用钱为女儿办嫁妆的时候，却再也没有人将钱借给他。经过在首饰匠家里发生的那场争执之后，公爵大人被认定"信用欠佳"。为了能借到钱，公爵只能低头认错，答应补偿他们。这次公爵大人在拿到第一笔分期借款前的时候，市民们已经获得了以前签署的那张特许状，以及一张新的保证书。他们又被特许建造一座"市政厅"和一座坚固的防止失火或盗窃，用于保管文件和特许状的塔楼，当然商人们不过是害怕公爵大人再次反悔，而使用暴力毁掉特许状。

在十字军东征之后的几个世纪，这种情况在欧洲屡见不鲜。虽然进程不是很快，但城市已经渐渐取代了封建城堡的权利。当然，也发生过一些流血事件，但也只是有几个裁缝和珠宝商被杀，有为数不多的城堡被焚毁。幸运的是很少有人如此极端。在人们都没有察觉到的情况下，金钱从封建领主的手里流失到了城市。为维持自己的生活水平，封建主总是被迫拿手中的权利来交换他们急需的现金。城市在不断地扩张，一些逃难的农奴也加入到了这个新兴的势力当中。

火药

最让他们感到欣慰的是，只要在城市居住几年后，他们就可以成为"自由市民"，城市焕发出了前所未有的活力。拥有了自己的影响力的市民们对此十分骄傲，不断地参与教堂以及市政府的决策。他们把公共设施建在进行鸡蛋、绵羊、蜂蜜、盐等等商品交易的旧市场周围。为了给子女们一个更好的未来，僧侣们被高薪聘请来当学校教师。如果他们知道有某个巧匠能够在木材上画出美妙的图画，就出钱请他来在教堂和市政厅的四壁画上美妙绝伦的《圣经》图画。

而此时，公爵大人坐在自己简陋的城堡里，看着这一切欣欣向荣的景象，不由得万分懊恼。尽管他为自己轻易地把权利让给别人而后悔，但也不敢反抗。因为那些拥有特许状的市民如今已经无须在乎公爵了。经过持续斗争他们早已变成了自由人，为了捍卫自己已经得到的权利，必要时也会用更为激烈的方式去斗争。

第三十七章

中世纪的独立

市民是怎样在皇家议会中保全自己的话语权的？

当人类还处于游牧文明阶段时，人人平等，共同担负种族的创造幸福、守卫安全的职责。

不过当他们定居下来，便有了贫富差距，政府的权力往往落入富人的手中。因为富人不必为生计而奔波，能够为政治奉献自己的时间。

同样的事情还发生在古埃及、古美索不达米亚、古希腊、古罗马以及在西欧的日耳曼部落。当欧洲恢复正常的社会秩序后，德意志罗马帝国中的七八个最重要的国王就一起推选了一位皇帝上位。按照最初的设想，这位皇帝的权力应该是集中的，然而事实却正好相反，他们没有什么实权，这样傀儡皇帝制度历经了数代。西欧的真正统治者是大大小小的上千个封建诸侯们，他们各自负责着国家的日常管理。他们的属民要么是自由农民，要么是农奴。当时的城市并不多，自然也就没有中产阶级这一说。不过在13世纪，由商人组成的中产阶级缺席一千年后再度出现在历史的舞台。这个阶级的兴盛，如上一章所述，正好代表了封建城堡力量的衰退。

中产阶级产生前，国王还仅仅把目光投放在贵族和主教们的需求之上，不过伴随着十字军东征而成长壮大的贸易与商业活动，迫使他不得不承认中产阶级的影响，不然他们便要独自面对亏空的国库。其实，如果按照国王陛下的本意，他宁可和猪狗商讨财政问题，也不愿向城市的自由商人求助。不过形势所迫，他也只能低头。经过一番心理斗争之后，碍于它的表面包裹着的金箔糖纸，国王不得不吞下了这枚苦果。

在英格兰，当狮心王理查去圣地抗击异教徒，而后在奥地利的监狱里度过了他十字军旅程的大部分时间的时候，理查的兄弟约翰掌握了国家的管理权。约翰在军事才华上不如理查，但在将国家治理得乱七八糟的才能上，两人倒是不相上下。

摄政王约翰，先是失去了诺曼底和大部分的法国属地。紧接着他又和霍亨斯陶芬家族的宿敌教皇英诺森三世撕破了脸。这位教皇像两百年前格里高利七世对付德意志国王亨利四世一样，毫不留情地把约翰逐出了教会。到1213年，约翰不得不假意表示忏悔，求得与教皇和解。这种做法和亨利四世在1077年的所作所为完全一样。

尽管一再失败，约翰依然为所欲为地使用自己手中的权力，完全不曾谦虚谨慎。1215年6月15日，积怨已深的诸侯再也忍不下去，只好将这位君主幽禁在泰晤士河靠近伦尼米德村的一个小岛上，迫使他用心治理国家，并不再侵犯诸侯们自古拥有的特权。约翰签署的保证书就是著名的《大宪章》。它的内容并不新鲜，只是简明扼要地重申了自古以来国王的职责，并详细列举了诸侯们理应享有的各项权利。它对占当时人口大多数的农民也许并不存在的权利完全没有提及，只是对新兴的商人阶级提供了某些保障。《大宪章》用以前从未有过的精准话语限定了国王的权力，这就是这份文件的历史意义。不过《大宪章》是一份典型的中世纪文件，它与普通老百姓的利益毫无瓜葛，在当时老百姓的地位和牲畜一样，他们只是诸侯的财产而已。当然诸侯的私有财产是受到保护的，就算是皇帝和皇亲国戚也不能侵犯。

时间过去了没有几年，国王议会中又有了新的声音。

约翰天生就品行不纯，道德败坏的他刚刚才签署《大宪章》，却又迅速毁约。不过好在，约翰不久就去世了，由他的儿子亨利三世继位。在压力之下，亨利只能重新承认《大宪章》。不过因为他的伯伯理查，这位花掉了大量国家财政收入的忠诚的十字军战士，亨利不得不想办法贷一笔小小的钱款解决与犹太人之间的债务问题。作为辅政大臣的大地主和大主教们都无法为国王解决任何实际问题。束手无策的亨利只好征召一些城市的代表加入议会讨论。1265年，这些新兴阶级在本国的政治中亮相。不过，他们只被允许作为财政专家来讨论财政问题，国王并没有允许他们拥有参与讨论国家事务的权利。

菲利普二世退位

这些"平民"代表们很快就开始插手越来越多的事情。最终，这个由贵族、主教和城市代表组成的会议发展成定期的国会，在法语中国会的意思是"人民说话的地方"，从此所有重大的国家事务在决定之前都要在此商议定夺。

好多人都会有这样的误解，认为这个拥有某些执行权的顾问委员会制度是英国人发明的。事实并非如此，这种由"国王和议会"共同治理国家的政治制度，绝非不列颠群岛的专利，欧洲各国到处都是。比如法国，中世纪后王权的迅速膨胀，大大限制了"议会"的权力，让它成了一个摆设。1302年，城市的代表已经开始被法国议会接纳，不过这些"第三阶级"的中产阶级真正在国会打破国王的强权，发出自己的声音，已经是在五个世纪之后了。随后，在法国大革命期间，出于把失去的时间加倍补偿回来的心理，他们彻底取消了国王、神职人员及贵族的特权，让普通人民的代表成了法国真正的统治者。在西班牙，平民早在12世纪的上半叶就开始参与国王议会了。而在日耳曼帝国， 一些主要城市早已取得"帝国城市"的荣誉，帝国议会也会听取其代表的意见。

1359年，民众代表就参与了瑞典召开的第一届全国议会。1314年丹麦复兴了古老的全国大会，虽然贵族阶层经常牺牲国王和人民的利益，夺取了对国家事务的控制权，但城市代表的权利一直都存在着。

在斯堪的纳维亚半岛国家中，应用代议制政府制度的也有许多。比如冰岛，负责处理全岛事务的是由所有自由土地拥有者组成的国务议会。公元9世纪之后的一千年中它一直定期召开。

在瑞士，议会制度在不同省份的"自由市民"的坚持下得以保持，并成功击溃了那些心术不正的封建邻国的阴谋诡计。

低地国家也多数如此。早在13世纪的荷兰，第三等级的代表被允许出席许多公国和州郡的议会。16世纪，贵族权力被一些小省份联合剥夺了，他们召开"三级会议"，并宣告正式废除国王，将议会中的神职人员彻底清除。

尼德兰的七个省份一起组成了新的联合共和国，由它们来执行所有行政权力。在长达两百年的时间里，荷兰完全由城市议会的代表们掌管国家大权，没有国王，没有主教，没有贵族。城市的地位不容侵犯，而能干的"自由市民"成了国家的统治者。

第三十八章

中世纪人的视野

在中世纪的人们眼里，他们存在的这个世界到底是什么样的呢？

不得不说日历的发明十分实用。我们不能不注重日期，但是在谈到日期的时候我们也不能完全迷信它，因为日期带给我们的精确有时候是有欺骗性的。它会让历史过分精确，但历史往往无法精准地划分。举例说明，说到中世纪的开始，我并不是指公元476年12月31日这一天，而那一天的欧洲人民也不会这样认为："啊，现在罗马帝国灭亡了，中世纪来临了。这真是太有意思了！"

查理曼大帝的法兰克宫廷有这样一些人物，他们在生活习惯、言谈举止乃至对生活的看法上，完全延续罗马人的风格。不光那些人，到现在你会发现世界的某一处的原始部落还处在穴居的阶段。年代的发展阶段都是相互重叠的，一代人的思想紧接着前一代人，他们的思想中一定还留有前一代的影子。不过，要找到那些能代表中世纪思想的人物来还是有可能的，你们可以由此了解当时的人们对于生命及生活中许多难题的基本原则。

首先，你要清楚，中世纪的人们从未将自己视为生而自由的人，也不相信自己的命运能够凭借努力活着意外而改变。更让人无奈的是他们都把自己看作社会制度的一个分子，同属这个体制的还有皇帝和农奴、教皇与异教徒、英雄与流氓、穷人和富人、乞丐和盗贼。他们毫不怀疑地接受这种神圣的秩序，仿佛生来就该如此。从这里就能看出他们与现代人的区别。现代人勇于改变现状、突破束缚，总是为获取更好的生活条件、政治地位而努力着。

生活在13世纪的人对于死亡后的认知非常简单，不是升入期待的天堂就是坠入无边的地狱。他们绝不会认为这是一句骗人的空话或模糊的神学言辞，而是一个必将到来的事实。无论是中世纪的骑士，还是"自由市民"，他们的一生最大的追求和努力都是为了来世。我们现代人是在历经匆忙而充实的一生后，以古罗马人和古希腊人一样的平静态度，平和安详地等待死亡，并不会惧怕死亡。临死之际，我们回首自己几十年来付出的辛苦，就可以满足地悠然长眠了。

可对于中世纪的人，可怕凶恶的死神却时时在暗中窥视着他们。他用刺耳可怖的琴声让睡梦中的人们陷入噩梦之中；他会在你毫无察觉的情况下坐在你的餐桌前和你一同进餐；当人们带着女友外出漫步享受浪漫时，他躲在树林和灌木丛后面向他们露出诡异的微笑。如同安徒生和格林讲的动人故事陪伴着现代儿童长大一样，伴随中世纪儿童成长的是棺材坟墓、疾病酷刑这种令人毛骨悚然的故事，所以当时人们的生活时时笼罩着世界末日和最后审判的阴影。他们想象自己在一个充满妖魔恶灵的世界里生活，天使却并不常见。可怖的未来让他们谦卑而虔诚，却也让人的内心充满了残忍和毁灭一切的欲望。这种欲望支配着他们把所攻占的城市中的妇女儿童全部杀光，然后举着沾满无辜者鲜血的双手，虔诚地前往圣地，流泪痛哭，向上帝坦白自己深重的罪孽，祈求宽厚的上帝饶恕他们的罪行。但是抹去眼泪，他们又变成了那个残忍屠杀异教徒，冷酷无情，毫无怜悯之心的人。

当然，十字军是拥有使命的骑士，他们遵循的是与常人不同的行为准则。可在恐惧的心理上，骑士和常人并无二致。他们同样像一只敏感的小鹿，一个影子或一张纸片都能使他们轻易受惊。他们能够任劳任怨、忠心勤劳地供人驱使，可当他们在幻想中看见鬼怪时，他们会大叫惊吓地逃离，做出可怕的事情来伤害他人。

不过，在评论这些中世纪的百姓时，最好先设身处地地想一想他们生活的不良环境。当时的人们虽然表面上懂文明，但其实就是些没有什么文化的野蛮人。在名义上查理曼大帝和奥托皇帝虽然都是"罗马皇帝"，可他们和一位真正的罗马皇帝相比，比如奥古斯都或马塞斯·奥瑞留斯，完全不可同日而语，正如刚果皇帝旺巴·旺巴和受过高度教养的瑞典或丹麦统治者之间有着天差地别。其实，他们就是在罗马帝国辉煌古迹上生存的野蛮人，古老的文明已经被他们的先辈摧毁，使他们没机会继承文明的衣钵。他们没什么文化，对那些如今连12岁的小孩都懂的知识，他们却什么都不知道。他们只能从一本书上获取知识。这本书就是《圣经》。而《圣经》中能够对人类历史产生正面影响的是《新约》。《圣经》的后半部分教导我们要学会有爱心、懂得仁慈和宽恕。至于指导天文学、动物学、植物学、几何学和其他自然学科，《圣经》却不太可靠。在12世纪，中世纪终于出现了一丝文明的曙光，那就是生活在公元前4世纪的希腊哲学家亚里士多德编写的实用知识的一部大百科全书。这里有一个谜团，那就是基督教会把其他的希腊哲学家视为异端邪说，却独独愿意把这一崇高的荣誉授予亚历山大大帝的老师亚里士多德？在那时，亚里士多德的著作是除了《圣经》之外的唯一被认定值得信赖的书，可以放心地供基督徒阅读学习。

　　亚里士多德的著作是绕了大半个地球才传到欧洲的。它们先是从希腊传到埃及的亚历山大城。当公元7世纪，埃及被穆斯林攻占后，它们被穆罕默德的信徒从希腊文译成了阿拉伯文。之后，穆斯林军队带着它们来到西班牙。在科尔多瓦的摩尔人的大学里，就开始传授这位家乡在马其顿的斯塔吉拉地区的伟大哲学家的思想。越过比利牛斯山接受自由教育熏陶的基督教学生们，又把阿拉伯文版的著作译为拉丁文。从这时起这部跨越千山万水的哲学名著译本被欧洲北部的许多学校当成教材。具体细节到现在已经不可考究，不过这个故事也因此多了一些神秘的味道。

　　有了《圣经》和亚里士多德的大百科全书作为臂助，中世纪的佼佼者开始着手从上帝的角度诠释天地间的一切事物。这些所谓的学者也被叫作导师，尽管他们确实学富五车、谈吐不凡，可是，他们的知识并没有经过实践的检验，而是自书本中得来。当他们想在课堂上做一番有关鲟鱼或毛毛虫的讲解，他们就先看看《圣经》或者亚里士多德的著作，然后照本宣科，机械地把鲟鱼或毛毛虫的具体知识复述给学生们。对于他们来说，去附近小河捉一条鲟鱼这种念头是从不会存在的。对他们来说，走出图书馆，到后院捉几条毛毛虫来观察它们的生活习性，这种事是永远不会发生的。即便是当时较为著名的学者艾伯塔斯·玛格纳斯或托马斯·阿奎那，也从会不脱离书本思考，去考虑巴勒斯坦的鲟鱼和马其顿的毛毛虫与生活在欧洲的鲟鱼和毛毛虫是否存在不同之处。当时也有罗杰·培根这样拥有十足的好奇心且实事求是的人，他拿着古里古怪的放大镜和怪异的显微镜出现在古板的学者们面前，并真的捉了几条鲟鱼和毛毛虫到讲台上来研究。接着，他开始用自己的工具观察起生物，用事实向他们证明，眼前的鲟鱼和毛毛虫与《圣经》或亚里士多德谈到过的生物是有所不同的。可是，学者们不肯承认事实，反而谴责培根脱离了正统书籍，走上了歧途。而此时培根竟宣称，一小时的细致观察抵得上对亚里士多德的十年的刻苦研究，并且认为还不如不去翻译这个希腊名人的著作，因为这里面的错误太多了。学者们赶忙去找警察，控诉培根："这人危及国家安全！他竟然宣扬去学希腊文，以便更深刻地理解亚里士多德的原著。可是他为何要诋毁我们这些虔诚信徒们的拉丁语译本呢？几百年来一直都没有人提出任何意见呀。而且，他竟然痴迷于研究鱼和昆虫的内脏！他不会是个居心叵测的巫师，企图用他的巫术搅乱社会秩序吧？"他们说得天花乱坠，好像很有道理的样子，善良老实的警察被吓坏了，于是命令培根在十年内禁止写字。大受打击的培根未雨绸缪，解禁后不再用当时通用的文字写书，而是使用一种古怪的密码写，使得当时的人根本不懂他书里的内容。当时，教会害怕人们会质疑神圣的著作从而导致秩序或信仰的动摇，因此一直监视着他们，所以这种密码成了学者应对教会的一种书写方式。

中世纪人眼中的世界

不过，教会这种做法并非是出于愚民的邪恶用心。那个时代打击异端思想的人其实是心存善意的。他们深信，现世生活只是为我们去往另一个世界做准备。了解过多的知识只会让人烦恼深重，让心灵被邪恶的思想侵蚀，怀疑的火种不断滋长，最终的结果只能是毁灭。当一个中世纪的经院教师看到他的学生走入歧路，放弃《圣经》和亚里士多德的正统思想的指导，而是另辟蹊径去研究的时候，他会感到异常忧心，就像一位目睹幼子正在走近滚热的火炉的慈母。在她的观念里，如果幼子再这样继续下去，一定会因为触摸火炉而烫伤手指，为了让孩子回心转意，在危急情况下她甚至会使用暴力。这位母亲是如此爱护自己的孩子，如果孩子不会做出违背母亲心意的行为，那就是一片母慈子孝的场景。捍卫中世纪灵魂者的人们，就像这位慈母一样。当涉及与信仰有关的事物的时候，他们对信徒有着最为严苛的标准。与之相应的是他们勤勤恳恳地工作着，随时准备伸出援手为人们服务。在当时的社会，这些虔诚的教徒倾尽全力，努力缓解世人的痛苦。教会对当时的社会影响极其重大。

　　而农奴就是农奴，他们永无翻身之日。不过，中世纪慈悲的上帝虽然让农奴一生如牛马一样活着，却也把不朽的灵魂赋予了这些微不足道的生命。农奴的权利是受到保护的，保证他们会像善良的基督徒那样生老病死，从容地走完生命的旅程。在他们年老体衰无力承担繁重的劳役的时候，他们一生侍奉的封建领主便负有照顾他们安度晚年的责任。因此，中世纪的农奴虽然生活乏味且辛苦，可他们从来不用为自己的晚年担心。因为他们是"安全的"——不会突然之间流离失所，永远都有遮风避雨的居所（即使是简陋不堪的居所），更不会饥肠辘辘地过活。

　　中世纪各个阶层让每个人心中都存在着"稳定"和"安全"。商人行会和工匠行会的成立，使得每一个成员都收入稳定。行会不鼓励同行之间互相竞争打压。从某一方面来说，它保护了那些好逸恶劳的懒汉们。身处行会会让整个劳动阶层普遍存在一种满足感和安全感，这是我们这个以竞争为主的时代无法想象的。如果能买到的谷物、肥皂或腌鲱鱼被某一个富人全部控制了的话，人们交付他规定的价格从他的库房里得到商品，我们现代人把这种行为称为"囤积居奇"。中世纪的人们对这类行为给社会带来的危害一清二楚，因此为防止这类情况出现，政府对于批发和大宗贸易进行限制，并调节价格，商人只能照规定价格出售商品。

对于中世纪的人们来说竞争是无用的。既然末日审判是每个人都要面临的，到那时俗世的财富都化为虚幻，就算是地位显赫的骑士如果品行不良也会被打到地狱的最深处接受烈火的惩罚，而贫贱的农奴一生勤勤恳恳终会进入幸福快乐的天堂。在这种意识的驱使下，人们不会在意现实的财富，自然不会为了竞争去逼迫自己努力奋进，导致自己过度繁忙，或者因此引发矛盾。这都是没有必要的。

总之，中世纪的人们放弃了部分思想与行动的自由，以此来换取身体和灵魂上的稳定和安全感。

大多数人心满意足地接受这种安排。他们坚信，对于自己来说这个世界不过是一个短暂的过渡——他们来此处旅居，无非是为迎接另一个更幸福、更重要的来生做准备的。对于现实世界中种种的痛苦、邪恶与不公正他们选择了漠视。他们宁愿拉下百叶窗，遮挡住灿烂的阳光，好让自己能专注地阅读《启示录》中关于末世的章节，从中他们可以幻想到天堂之光带给他们的快乐和幸福。对于现世的欢乐幸福，他们不求不盼，为的是能够等待来世的欢愉。现世的一切对于他们来说只是一种必须忍受的折磨，而他们最为期待的时刻是由死亡开启的辉煌时刻。

除了奴隶以外的古希腊人和古罗马人却与这些人不同，他们从不为死亡忧心，而是努力生活、把握今朝，认为当下就是他们建立起的属于自己的天堂。他们把生活变成了一件极其愉悦享受的事情。到了中世纪，人们又走向了另一个极端。他们认为高不可及的云端上才有天堂，无论你高贵或卑贱、富有或贫困、聪明或愚钝，都要在俗世中挣扎。现在，我们将倒转历史的钟摆，为你们呈现出一片中世纪的景象。

第三十九章

中世纪的贸易历程

十字军东征再度让地中海地区繁华了起来，成了贸易中心，意大利半岛的城市成了欧亚、欧非贸易的集散地。

在中世纪下半叶，意大利半岛的诸多城市率先复兴起来，再次取得经济上重要的地位，其中有三方面原因。

首先，从古罗马时代开始，意大利半岛就已经发展得很好了，在欧洲国家中公路、城镇和学校的数量最多。野蛮人侵入欧洲时，意大利遭到了他们无情的破坏。不过好在罗马帝国的文明成果数量太多了，烧杀抢掠之下竟然并没有被完全毁灭，所以意大利幸存下来的文明古迹要多于欧洲其他地区。

其次，教皇陛下住在意大利。作为一个拥有大量土地、农奴、城堡、森林、河流的庞大政治机构首脑，他手握法律的大权，因此有大量的金钱朝他涌来。与威尼斯、热那亚的船主和商人一样，教皇只收纳金银货币。所以，在向罗马城付清债务之前，欧洲北部和西部的奶牛、鸡蛋、马匹和其他农产品必须先被换成真金白银。这使得在欧洲国家中意大利的金银储备最多。

最后，由于十字军东征，让意大利城市成了运十字军战士去东方的必经之地，其中所赚取的利润之高，让人瞠目结舌。当十字军从东方回来后，他们开始依赖东方出产的农作物和商品。所以，即使东征结束，这些意大利城市还是成了东方商品的集散与转运中心，因贸易而繁荣。

威尼斯是这些城市里面比较著名的。威尼斯共和国建立在滨岸河口上。

伟大的诺夫哥罗德

在公元4世纪，为躲避野蛮人入侵，土著居民从大陆逃到海滨，并在此定居。由于该地四面环海，地形十分有利，人们便开始以生产食盐为生。中世纪，食盐相当紧俏，价格一直很昂贵。由于人和羊一样，体内盐含量不足就会生病，所以对于人来说，盐是必不可少的。几百年来，威尼斯一直垄断着这种餐桌调味品。威尼斯人因为食盐的这种垄断，城市地位得到大幅度提高，有时甚至敢于公然挑战教皇的权威。财富积累到一定程度以后，人们开始建造船只，用于与东方开展贸易。在十字军东征的时候，这些船又被用于搭载十字军战士去圣地作战。如果旅客无法用现金支付船费，他们便只能助威尼斯人去夺得土地来偿还债务。这样一来，威尼斯在爱琴海、小亚细亚、埃及不断扩张，扩张了越来越多的殖民地。

到14世纪晚期，威尼斯的人口已达到二十万，成为中世纪欧洲最大的城市。不过，普通人民没有国家事务的发言权，政府管理的权力为少数富商家族所有。选举出来的参议院和国家元首（公爵），并没有实权，真正的统治者是著名的十人委员会。他们组织了高度严密的密探团和职业杀手团队来监视老百姓的生活，对专制不满的人会遭到这些严密的委员会的暗杀，甚至无声无息地消失。

而在佛罗伦萨，你可以发现另一种极端民主的体制，那里充斥着民主政治。佛罗伦萨地处要冲，控制着欧洲北部通往罗马的大道。它把这种幸运的地理位置带来的金钱投资在商品制造业上。佛罗伦萨人试图以雅典人为榜样，无论贵族、教士、行会成员，人人都要参加到城市事务的讨论之中。这导致政治出现异常混乱的局面。人们总是建立各种政治流派，党同伐异，相互争斗。一旦某派别在议会中执政，他们便放逐自己的竞争对手，将其财产充公。

佛罗伦萨这一政治乱象历经了几百年之久，然而混乱体制终有寿终正寝的一天。一个权势空前的家族主宰了佛罗伦萨，并按古代雅典的"僭主"方式，治理着这座城市及周边的乡村。这个家族就是美第奇家族，在拉丁语中，"美第奇"是医生的意思，这个祖辈行医的家族因此而得名。这个家族的银行和当铺遍布所有重要的商贸中心城市，成功转行为银行家。就算在今天，美国当铺的招牌上还会看到美第奇家族的族徽，它的形状为三个金球。这个家族作为佛罗伦萨的统治者，还世代和王室联姻，法国国王的妻子也出自这个家族。他们死后所修建的陵墓，就算给恺撒大帝用也足够了。

另外，一直不服威尼斯的城市是热那亚。那里的商人专门与非洲突尼斯开展贸易，还是黑海地区谷物的集散地。除这几个著名城市，意大利半岛上还有着两百多个大大小小的城市，每一个都是自有一套经营方法的商业据点。它们彼此为利益争得面红耳赤，相互仇视，永不止息。

当东方与非洲的货物汇聚于这些意大利集散中心后，它们还要被转运到欧洲西部和北部去。

热那亚的货物走水路运抵法国马赛，在此重新装船，运往罗讷河沿岸的某些城市。从而这些城市成了法国北部和西部地区的零售市场。

威尼斯运往北欧的商品走的是陆路。当年野蛮人入侵意大利的入口，如今已经成了这条经过阿尔卑斯山的布伦纳山口商道。经因斯布鲁克，威尼斯货物被运到巴塞尔，再沿着莱茵河顺流而下，驶至北海地区与英格兰。或者被运到由富格尔家族（该家族既是银行家又是制造业商，通过克扣工人的工资而发了大财）管辖的奥格斯堡，他们将监管的货物分送到纽伦堡、莱比锡、波罗的海沿岸城市及哥特兰岛上的威斯比。而威斯比负责供应波罗的海北部地区的需要，同时与诺夫哥罗德共和国这个俄国古老的商业中心进行贸易。该国于16世纪中叶被伊凡雷帝征服。

欧洲西北沿海的小城市的众多趣事中有一个和鱼有关。中世纪由于大量的宗教斋戒日让人们经常不能吃肉，所以鱼成了餐桌上的常客。当然如果恰巧住得离海岸和河流较远，人们除了吃鸡蛋就没有其他的选择了。事情的转机出现在13世纪初，一位荷兰渔民发明了一种加工鲱鱼的办法，使得鲱鱼能够长久保存，满足内陆居民的需要。从此，北海地区的鲱鱼捕捞业开始极速发展。可好景不长，在13世纪后的一段时间，由于自然原因，这种促进经济发展的小鱼突然从北海迁居到波罗的海，一下子带给这个内海地区无数财富。每逢鲱鱼短短几月的捕获期（其余时间它们都待在深海，繁殖小鲱鱼），全欧洲的捕鱼船就会聚集在波罗的海捕捞鲱鱼。非捕捞季的捕捞船，为了增加收入就去运送小麦，从俄国中部和北部运到西欧及南欧。从威尼斯、热那亚返程时，再把满船的香料、丝绸、地毯和东方挂毯运到布鲁日、汉堡和不来梅。

从这样简单的商品转运开始，复杂的国际贸易体系逐渐在欧洲建立，它从布鲁日、根特这样的制造业城市（这里强大的行会与法国君主、英格兰君主之间发生了激烈斗争，最终建立的劳工专制使雇主和工人一起破产）一直延伸到俄国北部的诺夫哥罗德共和国。这座城市本来繁荣兴旺，却毁于仇视商人的伊凡沙皇手中，在不到一个月的时间内六万居民死在他的指令之下，即使幸存也只能沦为乞丐。

为了逃避海盗、繁重的赋税及形形色色法律的层层剥削，北方城市的商人们成立了汉萨同盟，它成立的主旨是保护商人的利益。它的总部设在吕贝克，一共有一百多名城市成员。汉萨同盟不仅拥有海上巡逻守备的海军，还在与侵犯同盟商人利益的英格兰君主和丹麦国王的战争中取得了胜利。

我真希望能有多一些时间和篇幅，好好向你们讲述这些历尽艰险的传奇性商旅的奇妙故事。他们踏上的商贸之路要跨越起伏陡峭的高山，穿过波涛汹涌的海洋，是一条怎样艰险的道路啊！任何一次行程，都无异于一次华丽的冒险。不过要全讲完这些故事，必须写上好几卷书。

希望我讲到的这些故事能够激发你探索的欲望，从而进一步深入研究那些描述中世纪事情的著作。

汉萨同盟的船只

众所周知，中世纪的进步极为缓慢。位高权重者们认为，"进步"是一个恶魔邪恶的把戏，应该予以打击。并且，由于他们正好手握大权，他们很容易把自己的意志强加到温顺的农奴和大字不识一个的骑士身上。时不时地，各地都有一些勇者出头，冒死闯进科学的禁区。不过他们的结局往往很悲惨，能够用二十年牢狱之灾来保全性命，便是相当幸运的了。

在十二三世纪，国际贸易的浪花打湿了整个西欧大地，就像尼罗河水漫延溢满古埃及的山谷一样。退潮后，留下的是肥沃的土壤，滋养出从未有过的繁华。繁荣使人们有了一些闲暇时间，而闲暇促使人们开始购买阅读书籍，培养他们对文学、艺术、音乐的情趣。

随后，宝贵的好奇心再次出现在人类世界中。就是这种好奇心使人类迅速发展进步，取得超越其他动物邻居的文明成果，否则我们现在还和它们一样吃着生肉野果呢！前一章节我提到的兴盛的城市，则为那些敢于脱离旧秩序、开拓新世界的勇者们提供了一个庇护所。

城市让他们得以一展身手。他们不再埋头苦读，而是打开长期幽闭的书房的窗户，让阳光涌入，照亮房间每一处沾满灰尘的角落，在那里，历经漫长的黑暗年代的文化遗产已落满了蛛网。

于是，他们开始清扫，然后修整了乱七八糟的后院。

一番劳作后，他们来到一望无际的旷野，仰望着城市的废墟遗址，呼吸着清新的空气，忍不住发自内心地感慨："世界如此美妙，能够活着真好。"

那一瞬间，中世纪的历史篇章已然翻过，历史舞台即将为我们呈现一个崭新的世界。

第四十章

文艺复兴进程

人们再一次学会享受生活。他们试图拯救古希腊、古罗马的文明遗迹。他们自豪地为自己取得的成就命名为文艺复兴，或文明的再生。

文艺复兴并不是一次政治运动或宗教运动，而是一种心灵状态的改变。文艺复兴时期的人们依然虔诚地信奉耶稣，在国王和公爵统治下，还像以往一样辛劳地工作，从无怨言。

不过，他们对待生活的态度彻底转变了。他们开始穿五颜六色的服装，用丰富多彩的修辞，在装饰得焕然一新的屋子里过着与以前全然不同的生活。

他们不再寄望来世，不会把一切都寄托于缥缈的天堂，而是努力地在现世找寻幸福。说实话，他们基本实现了自己的愿望。

我已多次告诫你们，精确的历史日期会误导你们。人们总是把精确的历史日期牢牢抓住不放，所以他们片面地把中世纪看作是一个只有黑暗无知的时代，随着历史节点"咔嗒"一声，文艺复兴刹那间就开始散发文明的光亮。于是，城市和宫殿一瞬间被渴求的光芒照得透明透亮。事实上，很难在中世纪和文艺复兴时期之间找到一条清晰的时间分界线。13世纪当然是属于中世纪的，这一点所有历史学家都不会反对。但13世纪是否仅仅就是一个阴暗与停滞的时代呢？当然不是！人们极有活力。这时，伟大的城市初具雏形，巨型的商业中心在茁壮成长。无论是城堡塔楼和市政厅的尖顶，还是新建的哥特式大教堂的纤细身材，无一不显示着城市的辉煌。世界各地都生机勃勃。市政厅由绅士们执掌，他们正因为新获得的财富而初尝了权力的美妙，因而与他们的封建领主斗得越来越凶。而行会成员们也仿佛知道了什么叫作"人多力量大"，想从富商手中夺取一些权力。国王和他的顾问们趁二者相斗的机会浑水摸鱼，竟捉住了"不少金闪闪的鲈鱼"。市议员和行会弟兄们眼看渔翁得利，既震惊又郁闷。

当长夜降临，辩论了一整天政治与经济问题的雄辩家也停息了。这时，城市就是抒情歌手和游吟诗人的舞台了。他们用富有磁性的嗓音歌唱和吟诵浪漫的爱情、英雄主义的冒险精神和忠诚的骑士传奇，让女士们心生涟漪。与此同时，青年人不再满足于缓慢的进步步伐，纷纷涌入大学探求真理，希望有朝一日能大展拳脚。

我想说，中世纪是有"国际精神"的时代，可能有些难以理解，请听我慢慢道来。当代人大多遵循"民族"的界限，这容易理解。国籍上，是美国人、英国人、法国人或意大利人，语言上各自说着英语、法语或意大利语；论高等学府，我们上着英国的、法国的或意大利的大学，除非一心想要研读外国才有的某项学科，我们才会学习另一种语言，去慕尼黑或马德里或莫斯科上学。可在十三四世纪，人们很少说自己是英国人或法国人或意大利人。他们会说："我是谢菲尔德公民，我是波尔多公民，我是热那亚公民。"对于他们来说，同一个教会的人们彼此之间自然而然地有一种兄弟姊妹一样的亲近感。并且，由于当时教养良好的人士都会说拉丁语，他们便掌握着一门通用语言，避免了愚蠢的语言障碍带来的不便。而现代欧洲，这种语言障碍使得弱小国家处于相当劣势的地位。举例说明，16世纪的伊拉斯谟是一位宣扬宽容和愉悦的伟大导师，他生在荷兰的一个小村庄，可他用拉丁语来写著作，所有说拉丁语的人们都是他的读者。如果他在现在写书，他或许只能用荷兰语了。这样一来，只有五百万到六百万人能直接看懂他的著作了。要想让其余欧洲人和美国人分享他的思想，出版商就不得不将其著作译成二十多种不同的语言。这可要付好多劳务费。说不定出版商怕麻烦或冒风险，就决定不翻译他的书了。

　　而在六百年前，这种情况根本不会发生。当时，欧洲人口中的大多数依然目不识丁，不会读书识字。但对于那些有幸掌握了鹅毛笔的文化人来说，他们全都是拉丁语共和国的人民。拉丁语跨越整个欧洲大陆，从来没有地域或国籍的限制。而大学正是推广拉丁语的坚强后盾。不像现代的呆板的教育系统，当时的大学是不存在具体模式和规矩的。只要有一位教师和一帮渴求知识的学生聚在一起，那里就是大学的所在地。这是中世纪和文艺复兴时期与现代又一个不尽相同的地方。如今，要建立一所高等学府，要遵循的基本程序是这样的：某个富人想为他居住的社区做点善事，或者某个特定的宗教社团想让教徒的后代接受优质的教育，或者国家需要医生、律师、教师一类的专业人才，决定建一所大学。于是，出资人在银行户头里存上一大笔办校资金，用来大兴土木，修建校舍、实验室和学生宿舍。接着，招聘专业教师，举行入学考试，学生进校后，这所大学才正式落成。

　　不过在中世纪，情形却全然不同。通常是一位聪明人自言自语："我发现了一个道理，别人也应该知道这个伟大的真理！"这样他便在街上聚集起几个听众，孜孜不倦地传扬他的思想，逢人便说，就像伦敦海德公园里站在肥皂箱上的街头演说家一样。如果他语言生动，有趣味性，越来越多的人就围拢来，如果他的演说乏味单调，人们也仅仅是耸耸肩膀不再停留而已。

　　渐渐地，有一帮青年人开始定期来听这位伟大导师的演讲。他们还专门带了笔记本、一小瓶墨水儿和一支鹅毛笔。只要听到了认为是很重要的启发性话语，他们便赶快一一记录下来。某日，刚好不巧，老师正滔滔不绝，突然下起雨来。于是，老师和他的学生们一起躲到某个空出来的地下室或者干脆都到"教授"家里去，继续学习。这位学者坐在椅子上，学生们席地围坐，这就是大学的开始。在中世纪，"Universitas（大学）"一词，原意就是一个由老师和学生组成的联合体。"教师"意味着一切，至于授课地点无关紧要。

中世纪实验室

　　举一件发生在公元9世纪的事情作例子。当时，在那不勒斯的萨莱诺小城，有许多医术高明的医生，他们吸引了许多立志从医的人们前来求教。于是就产生了萨莱诺大学（它延续了一千年，直到1817年才关闭），它主要讲授生活在公元前5世纪的希波克拉底传下来的医学知识——这位伟大的希腊医生曾在希腊半岛行医济世。

　　再举阿贝拉德的例子。这位来自布列塔尼的年轻神父，从12世纪初期开始，就在巴黎讲授神学和逻辑学。数千名狂热的青年纷纷涌入巴黎，聆听他的渊博的智慧。有一些不同意阿贝拉德观点的神父也站出来抒发自己的观点。不久，巴黎便聚集了一大群英国人、法国人和意大利人，甚至遥远的瑞典和匈牙利也有人闻讯而来。这样，塞纳河畔诞生了著名的巴黎大学。在意大利的博洛尼亚城，一名叫格雷西恩的僧侣编纂了一本教科书，来为那些想了解教会法律的人解惑。许多年轻教士和俗家人听到消息，纷纷自欧洲各地赶来听格雷西恩阐明教义。为保护自己不受该城的地主、小旅店老板和房东的欺负，这些人组织了一个联合会（大学），这就是博洛尼亚大学的开始。

后来，巴黎大学起了内讧，原因已不可考究。我们只知道，一群教师愤而离去，带着他们的学生一起度过英吉利海峡到了英国。最后，他们在泰晤士河畔一个名为牛津的小镇定居下来。这样，著名的牛津大学诞生了。在1222年，博洛尼亚大学也发生了这样的分裂。对现状不满的部分教师（同样带着他们的学生）迁移到帕多瓦。从此，一所新的大学在这座意大利小城建成了。就这样，从西班牙的巴利亚多利德到地处偏远的波兰的克拉科夫，从法国的普瓦捷到德国的罗斯托克，一所所高校拔地而起，活跃在欧洲学术界。

的确，对于现在这些受过系统科学教育的人们来说，这些早期教授们所讲的东西简单得有些荒谬可笑。不过，我想强调一点，知识本身是否深奥不是关键，狂热的求知欲才是一切。中世纪，特别是13世纪，绝对没有完全停滞不前。年轻的一代人，他们蓬勃的生机和热情充盈于心。就是在这片不安的躁动中，文艺才会得到重生和复兴。

不过，就在中世纪世界的舞台马上要落下帷幕时，还有一个孤独凄凉的身影被人们渐渐熟识。对于这个人，我们不能仅仅只了解他的名字。这人就是但丁，他的父亲是一位佛罗伦萨的律师，出身于阿里基尔家族。但丁在1265年出生，祖祖辈辈都生活在佛罗伦萨。在他还是一个孩童时，乔托正致力将阿西西的圣方济各的生平事迹描绘到圣十字教堂的四壁上。少年但丁上学的路上，经常会看到一摊摊恐怖的血迹。当时的佛罗伦萨分为两大派，追随教皇的圭尔夫派和支持皇帝的吉伯林派激战不休，经常发生流血事件和暴乱。

文艺复兴

　　但丁长大以后加入了圭尔夫派，是因为他的父亲就是圭尔夫派成员。这就像一个美国孩子最后成了民主党人或共和党人，仅仅因为他的父亲是民主党人或共和党人。不过数年之后，但丁清楚，如果再没有一个统一的领导者，拥有上千座城市的意大利将因城市间的互相倾轧斗争而走向毁灭。因此他开始支持皇帝，转投吉伯林派。

　　他的目光穿过阿尔卑斯山，投向北方。他希望能有一位强者前来重整山河，恢复意大利的繁荣统一。可惜，他的期盼化为泡影。1302年，吉伯林派在佛罗伦萨的权力斗争中失败，被逐出佛罗伦萨。从那时开始，直到1321年在拉维纳城的遗址中凄惨地死去为止，但丁一直是一个无家可归的流浪者，靠着富人赐予的面包果腹。这些人仅仅因为他们对一位落魄中的伟大诗人发了点善心，从而青史留名。在漫长的流亡生涯中，但丁越来越急切地想要表达自己，他很想为当年自己从政时的种种政治行为辩护，向世人解释清楚。还未被放逐之前，他还能经常漫步在阿尔诺河的河堤上，那些和恋人贝亚特丽在一起的时光是那样美好。虽然她早已嫁为人妻并香消玉殒，可但丁仍时时怀想。

　　但丁壮志未酬，抱憾终生。虽然他曾费尽心思地为佛罗伦萨服务，但是腐败的法庭却诬赖他盗取公共财富，处以终身流放的刑罚。如果他胆敢踏入佛罗伦萨一步，就将遭受火刑的惩罚。为了洗刷自己的冤屈，坦陈一切，作为诗人的但丁创造出一个幻想的世界，详细叙述了导致他失败的种种因素，并细说无可救药的贪婪、私欲和仇恨是如何把自己热爱的祖国意大利变成了一个任邪恶自私的暴君们相互倾轧的权力场的。

　　他设定的故事发生在 1300 年复活节前的那个星期四，他在一片幽深的森林里迷失了方向，而前路又被一只豹子、一头狮子、一只狼阻挡住了。正当他寻不到出路的绝望时刻，古罗马诗人兼哲学家维吉尔一身白衣从树丛中浮现出来。原来是圣母马利亚和初恋情人贝亚特丽在冥冥之中看到了但丁处于危难之中，于是派维吉尔来将他带出险境。随后，但丁随着维吉尔踏上了穿越炼狱和地狱的旅程。他们慢慢走向地心深处，最后到达地狱的最深处，在这里魔鬼撒旦已经成为永恒的冰柱。那些罪孽深重的罪人、叛徒、恶魔，以及那些用谎言和行骗手段来欺世盗名的卑劣之徒围绕在他身边。

　　不过在这两位漫游者到达地心地狱前，但丁还遇见了许多在佛罗伦萨历史上具有重大影响力的人物。皇帝们和教皇们，勇猛的骑士和满腹牢骚的高利贷者，他们齐聚在此，有的注定将永世受罚，有的还在盼望着上帝大发慈悲能够宽恕他，恩许他离开苦境前往天国。

　　但丁讲述的故事看似神奇荒诞，它却是一本百科全书，书写着 13 世纪人民的一切喜怒哀乐，显尽众生百态。而这个荒诞悲伤的故事，是但丁这个孤独的流放者描绘出来的，那个残酷的世界里永远都只有自己绝望而凄凉的影子陪着他。

注意！当死亡之门即将为这位中世纪诗人打开时，生命的大门才刚刚向日后将成为文艺复兴先驱者的另一位诗人敞开。这个当时还在襁褓里的小孩就是后来的诗人弗朗西斯科·彼特拉克，意大利阿雷佐小镇的一位公证员的儿子。

彼特拉克的父亲与但丁属于同一个政治派别。吉伯林派失败后和但丁一样被流放，因此彼特拉克没有出生在佛罗伦萨。十五岁时，为了像他父亲一样以后当一名律师，彼特拉克被送到法国的蒙彼利埃学习法律。不过这个少年对法律提不起兴趣，甚至厌恶法律。他真正想当的是学者和诗人。兴趣是最好的老师，他对知识和诗歌的热衷促使他完成了自己的心愿。他开始周游列国，从佛兰德斯到莱茵河沿岸，从巴黎到列日，最后到罗马，一路抄写古代手稿。随后，他搬到沃克鲁兹山区的一个无人的山谷里居住下来，专心从事研究与写作。很快，他的诗歌和文学成果使他名声在外，巴黎大学和那不勒斯国王都邀请他去为学生和市民们讲学。在奔赴巴黎的中途，罗马是他的必经之地，因为他整理了那些几近失传的古罗马手稿，杰出的贡献让他成为罗马人人称赞的伟大人物，市民们决定授予他至高的荣誉。于是，在帝国城市的古代广场上，彼特拉克被戴上了诗人的桂冠。

从那时起，彼特拉克的一生是无穷的赞誉和荣耀。他描写的是人们最乐于听到的东西。单调无聊的神学话题已提不起人们的兴趣，他们向往多姿多彩的生活。不管但丁再逛多少次残酷的地狱，人们也不想再读了。彼特拉克歌颂爱情、大自然和太阳。他从来不谈那些阴森可怕的事物，而是让它们随着上一代人远去。每当他造访某座城市，全城的男女老少都欢呼着去欢迎他，给他英雄般的待遇。如果他碰巧和那个特别会讲故事的薄伽丘一道，欢迎的场面会更加隆重热闹。两人都是那个时代的风云人物，愿意探索和接受任何新鲜的东西，并常常在图书馆仔细搜寻，看看是否有维吉尔、奥维德、卢克莱修或者其他古代拉丁诗人散佚的手稿。两人都是虔诚的基督徒，不过，那个年代谁不是良善的基督徒呢！不能因为某一天你注定死去，就成天拉长着脸，穿着破衣烂衫上街闲逛。生如夏花，同时也充满了阳光。幸福就在这里，应该努力追寻。想知道幸福何处寻吗？拿一把铲子，掘地三尺看看！你发现什么了？要么是美丽的古代雕塑，要么是优雅的古董花瓶，还有古代建筑的遗迹。这些都是人类历史最伟大的帝国给后世留下的无尽财富。全世界在罗马帝国的统治下整整一千年。罗马帝国的男子汉强壮、富有、英俊，只要看看奥古斯都大帝的塑像就会知道。遗憾的是，他们不是基督徒，无法进入幸福的天堂。不过，在炼狱里，但丁可以时常去拜访他们。

可谁在乎能不能去天堂呢？能够在古罗马那样的世界快活走一回，就已经是去过人间天堂了。现世的生命只有一次，就应该好好享受现在能握在手中的短暂幸福。

简言之，这种享受人生的思想蔓延在意大利的大街小巷。

"自行车热"或者"汽车狂"是怎么回事，我们都清楚。发明自行车时，几千年来一直用脚奔波的人类激动不已。现在他们能借助自行车的两个轮子，轻而易举地翻山越岭，不再用腿脚长途跋涉了。后来，一个有着奇思妙想的工程师又造出了第一辆汽车。人们再不用脚踩着踏板，吃力地蹬个没完。你只需舒舒服服地坐着，让燃烧的马达和汽油载你前行就够了。所以，人人都想拥有一辆这样的好东西。每个人开口闭口都是劳斯莱斯、福特、化油器、里程表和汽油。探险家们不辞辛苦去挖掘新的石油资源。苏门答腊和刚果的热带雨林负责为我们供应制造轮胎要用的橡胶。汽车的发明让石油与橡胶变得极有价值，人们为争夺它们不惜兵戎相见。全世界都为汽车而头脑发热，以至于小孩子可能在会叫"爸爸""妈妈"之前，先学会了"汽车"的发音。

在14世纪，面对重新发现的古罗马世界的文明之美，整个意大利都患上了"古罗马热"，为此如痴如醉。很快，古罗马的热潮又席卷了整个欧洲。

于是，一部未知的古代手稿被人发现，都能让举国上下欢呼雀跃。编写语法书的作者，受到的推崇绝对不逊色于在现代研制出一种新火花塞的工程师。那些对于"人类"与"人性"深入研究的人文主义者，以及花费精力与时间在毫无意义的神学探索上的学者，他们所受到的赞誉和崇敬是那些攻陷食人岛的战士无法比拟的。

在文化复兴的潮流中，一件事情的发生使研究古代哲学家和作家的地位更为崇高。土耳其人再度发起对欧洲的进攻。古罗马帝国最后的首都——君士坦丁堡被围困。1393年，东罗马皇帝曼纽尔·帕莱奥洛古斯派遣特使伊曼纽尔·克里索罗拉斯前往西欧，试图请求救援。可他根本求不到援军，因为罗马天主教徒一点不喜欢这些邪恶的希腊天主教徒，宁愿看他们受到邪恶异教徒的惩罚而无动于衷。不过，不管西欧人对拜占庭帝国的存亡多有冷漠，但他们对古希腊人却深感兴趣。特洛伊战争结束一千年后，博斯普鲁斯海峡迎来了古希腊的殖民者，君士坦丁堡在此基础上诞生。他们很渴望学习希腊语，来拜读亚里士多德、荷马及柏拉图的原著。可他们没有希腊教材，不懂语法，没有老师来教，无从下手。当佛罗伦萨的官员们得知了克里索罗拉斯来访的消息，马上邀请他来传授知识。并告诉他，城市的居民们"想学希腊语都快想疯了"，阁下是否愿意让他们请教一下呢？克里索罗拉斯高兴地答应了！于是，这个第一位欧洲的希腊语教授开始了他的教授，领着几百个求知若渴的热血青年从希腊字母开始学。这些年轻人历经艰辛，甚至沿途乞讨赶到小城阿尔诺，住在肮脏的马厩或封闭的阁楼里，只为学会希腊语，以便近距离了解索福克勒斯和荷马的伟大世界。

同时，那些大学老师还在传授着他们的古老神学和过时的逻辑学，眼看着世界巨大的变化，他们无法沉下心来解释《旧约》的奥妙或者研究那些翻译了好几种版本的亚里士多德著作中的科学知识了。他们沮丧而惊慌地旁观事态的发展，继而怒火一发不可收拾。事态已经难以控制了！年轻人居然一个个都离开正统的大学，而且接受"文明复兴"这种狂热的"人文主义分子"宣扬的新理论。

他们不约而同地跑去告状，可是，牛不喝水不能强按头，任何兴趣都无法在强迫的情况下产生。这些老派教师的阵地连连失守，除了零星的几个支持者，大部分人都不理会这些老学究了。只有那些从不奢求幸福也讨厌别人获得幸福的宗教狂热分子能和他们并肩作战。在文艺复兴的中心佛罗伦萨，一场可怕的战斗围绕着新旧秩序爆发了。一个板着脸、憎恶美的西班牙多明我派僧侣坚决反对文艺复兴。他率领中世纪的残余分子，发动了一场可谓英勇的战役。每天，他雷霆般的怒吼回响在圣母白花大教堂宽敞的殿堂间，警告世人上帝的愤怒即将来到。"忏悔吧！"他高喊道，"忏悔你们忘记了上帝！忏悔你们罪恶的享乐！"他声称自己看到了异象，眼看燃烧的利剑纷纷划过天际，耳听到各种声音。他向孩子们宣扬真理，让他们不要走上他们父辈的歧途。他组织童子军，全力侍奉伟大的上帝，并自诩为先知。他的这种做派吓坏了佛罗伦萨市民，答应悔过，忏悔他们曾经追求罪恶享受的行径。他们的书籍、雕塑和油画都被运到市场上，堆在一起，举行了一个"虚荣的狂欢节"。人们一边唱着圣歌，一边跳着不圣洁的舞蹈，然后眼睁睁地看僧侣萨佛纳洛拉将这些珍贵的物品抛入火堆中化为灰烬。

不过当灰烬冷却，发昏的头脑也慢慢清醒，人们意识到自己刚刚做了什么。他们竟然被这个可怕的宗教狂热分子逼迫着亲手摧毁了自己刚刚学会去爱的东西。他们转而与萨佛纳洛拉针锋相对，将他投入监狱。萨佛纳洛拉虽受到严厉打压，可他拒绝忏悔自己的罪过。在他的观念中自己是一个诚实的人，一直过着圣洁的生活。他竭尽全力毁灭那些违背他的信仰的人。消灭这些罪恶便是他义不容辞的责任。在这位教会的忠诚信徒眼里，热爱异教的书籍与异教的美本来就是不可饶恕的罪行。不过，萨佛纳洛拉没有获得同伴的支持。他是在为一个已经寿终正寝的时代而战斗，并无胜利的希望。罗马的教皇都不想出力来搭救他，反而默许"忠实的佛罗伦萨子民"把萨佛纳洛拉拖上绞刑架，人民欢呼着焚烧了他的尸体。这是一个不可避免的悲惨结局。

萨佛纳洛拉如果生在11世纪，肯定是一位伟人。可他生在15世纪，所以他的斗争早已写好悲剧的结局。不管进步还是倒退，教皇成了人文主义者，梵蒂冈变成了收藏希腊和罗马古代艺术品的头号博物馆。中世纪确实结束了。

第四十一章

表达的时代

人们想要将他们刚刚体会到的生活乐趣抒发出来。于是，他们通过诗歌、雕塑、建筑、油画及书籍，来表达生活的幸福。

1471年，一位虔诚的老人去了遥远的天国。九十一年的漫长生涯中，他在圣阿格尼斯山修道院的高墙内就待了七十二年。这座修道院在荷兰古城汉撒尔，叫作兹沃勒小镇，它位于叶色尔河畔。多马十二岁时，被送到德文特，并在此加入了"共同生活兄弟会"。这个组织由著名的周游布道者，毕业于巴黎、科隆及布拉格大学的格哈德·格鲁特创立。兄弟会的成员都是一些平凡谦卑的人，他们希望能一边做自己的木匠、油漆工、石匠这些工作，一边效仿基督教的十二门徒过朴素纯洁的生活。他们设立了一所杰出的学校，让贫穷百姓的后代也能聆听耶稣的教诲。就是在这所学校，多马学会了拉丁语，还知道了怎样抄录古籍手稿。

学成后，他立誓一生侍奉上帝。他背上自己装满书籍的行囊，长途跋涉至兹沃勒小镇。然后，他欣然走进圣洁的修道院，决心彻底抛弃那个喧嚣的尘世，在此终生布道。

多马生活的时代瘟疫横行、满是痛苦，而死亡更是如影随形。在中欧的波希米亚，英国宗教改革者约翰·威克利夫的朋友兼追随者约翰尼斯·胡斯召集着忠实信徒们，准备为不幸被谋杀的领袖复仇，由此一场恐怖的战争蓄势待发。因为康斯坦茨会议承诺绝不伤害胡斯，因此胡斯听从指令前去瑞士向他们阐明自己的教义，结果胡斯来到瑞士之后，被残忍地烧死在了火刑柱上。抱定改革教会的目的，教皇、皇帝、二十三位红衣主教、三十三位大主教、一百五十位修道院院长，还有一百多位贵族参加了康斯坦茨宗教会议。

在西欧，法国人已经用了近乎一百年的时间来反击入侵的英国人，想把英国人彻底赶出法国，而圣女贞德的及时出现，扭转了他们注定惨败的命运。可百年战火刚刚止息，法兰西和勃艮第又开始为争夺西欧的霸主地位而进行殊死搏斗。

在南方，罗马的教皇正在祷告，希望上帝能让法国南方阿维尼翁的另一位教皇遭受天谴，让他死于非命。而阿维尼翁的教皇也在恶毒地诅咒着罗马教皇。在远东，罗马帝国遗留下来的最后一批势力惨遭土耳其人的毒手。俄国人则开始进行最后的战争，誓要彻底颠覆鞑靼人的统治。

不管外面的世界怎样纷争不休，修道院里潜心学习的多马兄弟丝毫没有受到影响。有古代手稿可品读，有闲暇可静静沉思，他已经心满意足了。对于上帝的挚爱都被他倾注在一本小册子里面，取名为《效仿基督》。这是继《圣经》之后，翻译得语种最多的书籍。它的读者跟读《圣经》的信徒一样众多，这书本使得无数人的命运被改写。而写这本书的多马，他最期望的理想生活就是"能在世界的一隅，静心品味书籍的魅力"，这就是全部。

多马兄弟是中世纪最圣洁理想的化身。文艺复兴的趋势一浪高过一浪，人文主义者高声宣布新时代的来临。面对他们的挑战，中世纪教会也在积攒留存的力量，准备进行最后一搏。修道院进行了全面的改革，僧侣们放弃了追求财富与名利，期望用淳朴、忠诚、善良的本质，使自己成为无可挑剔的虔诚信徒，试图作为榜样带领世人回归正直朴实的道路，但一切都是徒劳。新时代步伐之快，已让这些谦卑的信徒望尘莫及，静思己过的日子已经悄然离去。伟大的"表达的时代"开始了。

现在，请允许我表达自己的歉意，因为我用上如此多的"复杂词汇"来讲述历史。其实我非常想用简洁明了的话语写完这部宏伟的历史，但这几乎是不可能的。就像你写一部几何教科书，不用"弦""三角"和"平行六面体"这样的术语是绝对不可能的。想学几何的人必须理解这些术语的意思，才能学好几何学，这是常识。要深入学习历史（甚至体会生命本身），你只能学着去理解很多源于拉丁语和希腊语的怪僻词汇。如果想学习，就拿这本书来启蒙吧！

文艺复兴时期之所以被称为"表达的时代"，原因在于这一时期的人们已不再满足于坐在台下只听不说，让皇帝和教皇告诉他们应当怎样思考、怎样做事。现在，他们极度想成为生活舞台上的演员，大胆大声地"表达"自己的思想。比如，佛罗伦萨的历史学家尼马基雅弗利如果对政治感兴趣，那么他便写一本书"表达"自己的政治观点，将自己对于如何做贤明君主、如何发展国家的想法统统写出来。再如，一个人对绘画有兴趣从而深入研究，他就用图画"表达"自己对美丽线条与鲜活色彩的理解，于是就出现了乔托、拉斐尔、安吉利科这样一些声名远扬的画家，他们拿着画笔自由挥洒，记录下生活中所有真实而又永恒的存在。

当这种对绘画的热爱再结合对机械的兴趣，莱奥纳多·达·芬奇就显现出他不一般的才华了。他一边画着伟大的《蒙娜丽莎》，一边还制作热气球，进行飞行器的实验，并千方百计排干伦巴德平原沼泽积水。对天地间的万事万物的探索欲望和由衷的喜爱，让他把这一切"表达"在他的散文、绘画、雕塑中，甚至在他发明的一些稀奇古怪的东西里面。不过，像米开朗琪罗那样强壮有力的男人，画笔和调色板对他而言实在太过温柔，无法尽兴。于是，他决定研究建筑和雕塑，沉重的大理石块在他的雕琢下变得栩栩如生。他设计的圣彼得大教堂则是教会无上荣光的最美妙的"表达"。

整个意大利（甚至是整个欧洲）涌现出了许许多多人才，他们创造了许多人类的知识、艺术和智慧财富，成为造福后世的文化遗产。德国的约翰·古登堡，在梅因兹发明出一种复制书籍的新方法。他研究了古代的木刻法，并加以完善，将单个字母制在软铅上，然后进行排列，形成单词乃至整

143 ◀

页文字。虽然他后来在有关印刷术发明权的官司中倾家荡产一败涂地，困顿而死，可他"表达"出来的发明天赋却使后世获益，值得我们纪念。

接着，威尼斯的埃尔达斯、巴黎的埃提安、安特卫普的普拉丁、巴塞尔的伏罗本开始大量推行印刷精良的古典著作，其中有的是用古登堡发明的哥特字母印刷的，有的用意大利语，就如你现在手里拿到的书一样，不久以后希腊语和希伯来语的书也陆续面世。

书籍的普及让世界上的人都能听到他人热情的表达，看到他人思想的结晶，知识不再是特权阶级的专有物。无知和愚昧的最后一个理由也消失了，因为哈勒姆的厄尔泽维开始大量印刷畅销读物，而且价格都极其低廉。从此，只需要花上几毛钱，你便能与亚里士多德、柏拉图、维吉尔、贺拉斯及普利尼这些伟大的作家、哲学家和科学家交谈。人文主义使所有人在知识面前都是自由而平等的。

公元1400年，一个人抄一本书要100天

公元1500年，一天能印100本书

手抄本和印刷本

第四十二章

探索时代

摆脱了中世纪的桎梏，人们想要更多自由的空间。他们的高远志向、雄心壮志，渺小的欧洲哪里装得下呢？就这样，地理大发现的时代开启了。

对欧洲人来说，十字军东征是一门出国旅行知识必备课。经威尼斯至雅法这条路线人们耳熟能详，可更远的地方极少有人涉足。13世纪，威尼斯商人波罗兄弟曾勇敢穿越广袤的蒙古大沙漠，翻过直插云霄的山峰，长途跋涉来到元朝时的中国。波罗兄弟的儿子马可·波罗把他们长达二十年的东方冒险之旅，写成一本游记，绘声绘色地描述了他们在东方的所见所闻，这本书让欧洲为之惊叹。马可·波罗的书中写到了奇特岛国"吉潘古"（"日本"一词的意大利念法），那里有许多金子建造的宝塔，让许多欧洲人向往不已，希望能到达东方这满是黄金的遥远国度。但是路途遥远加上道路的艰险让许多人望而却步，最终只得待在家里做做白日梦了。

当然，由海路到达东方也是可以的。不过在中世纪，人们并不看好航海。因为，当时的船只体积非常小。就算是现代的一只渡船，已经远比麦哲伦进行环球旅行时所使用的船大，加之旅途遥远，这一去要花上好几年的时间。所有人在船舱里都不伸直腰杆的情况下，狭窄的船舱也只能装载二十到五十人。而且厨房设备简陋，如果遇到恶劣天气就无法生火，水手们只能勉为其难吃点儿随便烹饪的食物。虽然在中世纪，人们已经知道怎样腌制鳕鱼和制作鱼干，但罐头食品还未出现。一旦随船出海，菜单上就不会有新鲜蔬菜的身影。装在木桶里的饮用水极易腐败变质，散发出烂木头加铁锈的怪味，里面容易滋生各种细菌。中世纪的人们对细菌没有概念（13世纪的一位学识渊博的僧侣罗杰·培根似乎探究过它们的存在，不过他很明智地闭口不言，未对外界宣布）。经常喝不干净的水，有时会导致全体船员死于伤寒症。事实上，在早期航海家的船上，过高的船员的死亡率让人咋舌。1519年，麦哲伦从塞维利亚开始环球航行，出发时船上有两百名船员，可侥幸能回到欧洲的仅仅只有十八人。就算到了17世纪，西欧与印度支那间的海上贸易极为繁盛，从阿姆斯特丹到巴达维亚的往返行程里，百分之四十的死亡率也没什么稀奇的。因缺乏新鲜蔬菜导致了败血症，使得大部分水手永远地留在了海上。这种疾病会引起患者的牙床炎症，从而血液中毒，直到他们精力枯竭而死。

在这样恶劣的情形下，你就容易理解为什么欧洲优秀的人才都不会选择航海了。像麦哲伦、哥伦布、达·伽马这样的伟大探险者，他们率领着的通常是一帮被判刑的罪犯、未来的杀人犯、遭遇失业困境的盗贼。

这些早期航海者勇气可嘉，值得我们敬佩。我们已经习惯了现代的舒适生活，对于他们是怎样克服那些可怕的困难的，我们根本就想象不到。他们驾驶着简陋得甚至漏水的船只，操作着笨重的索具，就这样开始了艰难的旅程。到13世纪中期，他们才获得了某种类似指南针的仪器（据说是由中国传到阿拉伯，再由十字军带回欧洲），能辨明航行方向。可他们的航海地图却极不精确。很多时候，他们只能依靠上帝保佑，用运气来选择路线。如果运气好，过上一两年，他们能侥幸活着返回欧洲。如果情况不妙，他们的尸身只能孤独地留在某个荒凉的海滩上，慢慢化作白骨。的确，他们是真正的开拓者和冒险家，运气就是他们的赌注。生活对于他们就是一场华丽的冒险。每当他们看到一片全新的大陆或者一处被遗忘的海域时，为此所遭受的种种磨难，干渴、饥饿、病痛、痛楚，都变得微不足道起来了。

早期地理大发现实在太过华丽迷人，只能感叹篇幅的局限使我不能详尽地写出。但我觉得，一部绝妙的史书想要如实地给你们展现过去的时光，它应该采用一种类似伦勃朗蚀刻画所用的方法，只勾勒出几个重要的线条让你看清基本轮廓。突显出那些华丽的精美的部分，其余的细节，则只需用阴影或几根线条稍做勾勒。因此在这一章里面，我也按照这样的原则，罗列出那些最重要的航海发现。

请一定记住，在十四五世纪，所有航海家的探险只有一个目的——找到一条舒适安全的航线，通往他们向往的蒙古帝国（中国）、吉潘古海岛（日本）及其他神秘的东方群岛。从十字军东征开始，香料成了欧洲人的心头之好。这不难理解，冷藏法还未发明之前，肉类和鱼都会很快腐烂变质，这时候撒上一大把胡椒或豆蔻这些东西才不会难以下咽。

在那时，公认的航海能手是威尼斯人和热那亚人，不过发现与探索大西洋海岸的功绩却是属于葡萄牙人的。在与摩尔人侵者的长年战斗中，西班牙人和葡萄牙人骨子里都有着强烈的爱国热情。这种热情很容易发生转移。13世纪，葡萄牙国王阿尔方索三世征服了位于西班牙半岛西南角的阿尔加维王国，将之并入自己的领地。随后的一百年里，葡萄牙人与穆罕默德信徒公然对抗，后来他们渡过直布罗陀海峡，攻占了阿拉伯城市塔里法（此地名在阿拉伯语中原意是"库存"。西班牙语的转述让词语演变成了今天的"关税"一词）对面的体达城和丹吉尔，而丹吉尔是阿尔加维王国在非洲属地的首府。

这时的葡萄牙人已经做好了探险的准备，万事俱备，只欠东风。

1415年，葡萄牙王子"航海家亨利"为大规模探索非洲西北部地区，开始了准备工作。亨利王子的父母身世显赫，母亲是葡萄牙国王约翰一世和冈特国王约翰的女儿菲利帕。这片炎热的海岸曾是腓尼基人和北欧人驻足的地方，这里被北欧人称为长毛"野人"的家乡。这些所谓的"野人"其实就是非洲大猩猩。亨利王子和他的船长们先是发现了加那利群岛，又重新找到了马德拉岛。一百年前，这个岛屿被一艘热那亚商船首次发现。他们还仔细勘探了亚速尔群岛的方位。而此前，葡萄牙人与西班牙人对这个群岛只有一个大概的认识。他们想当然地以为非洲西海岸的塞内加尔河河口就是尼罗河的西入海口。最后在15世纪中期，佛得角（也称绿角）及位于巴西和非洲海岸中间的佛得角群岛也被他们发现了。

但是，亨利不仅是海上冒险家，还是基督骑士团的首领。1312年，因法国国王美男子菲利普的请求，圣殿骑士团被教皇克莱门特五世取缔。菲利普做事更绝，趁机将自己的圣殿骑士全部烧死在火刑柱上，并夺取了他们的财产。而葡萄牙人却保留了圣殿骑士团，后来演变成了基督骑士团。亨利王子用骑士团所属领地的收入装备远征队，去探索几内亚海岸和撒哈拉沙漠腹地。

虽然具有冒险精神，但在思想上亨利与中世纪的人无异。他耗费了大量时间与金钱去寻找神秘的传教士"普勒斯特·约翰"。关于这个传教士的故事，最早流传于12世纪中期的欧洲。据说，这个基督传教士统治着一个"位于东方某处"的庞大帝国。三百年来，人们一直在试图寻找这位神秘的君主及其后人。亨利的找寻一无所得。直到他逝世三十年之后，事情的真相才逐渐被人们所了解。

1486年，探险家巴瑟洛缪·迪亚兹从海路开始了他的寻找"普勒斯特·约翰"之旅，没想到意外到达了非洲的最南端。因为这片海域的强风阻碍了他继续向东航行，所以他把此地命名为风暴角。不过后来的葡萄牙航海家们逐渐发现该地对于向东探寻通往印度的航线意义重大，因此将它改名"好望角"。

一年之后，热那亚美第奇家族把委托书交给佩德洛·德·科维汉姆，他于是从陆路出发，继续寻找"普勒斯特·约翰"统治的神秘国度。他渡过地中海，穿过无垠的埃及国土，继续向南方挺进。不久后，他抵达亚丁港，驶进波斯湾海域。欧洲人上一次来到这里时，还是在亚历山大大帝时代，此时距那时已经有一千八百年了。科维汉姆先后拜访了印度沿岸的果阿及卡利卡特，并对于当地月亮岛（马达加斯加）的传闻颇感兴趣。据传闻，该岛位于印度与非洲的中间。之后，科维汉姆启程返回，中途还偷偷到麦加与麦地那参观了一下。然后，他再次渡过红海，1490年他终于找到了"普勒斯特·约翰"的国土。其实，它不过是黑人国王尼格斯统治的阿比尼西亚（埃塞俄比亚），他的祖先在基督传教士到达斯堪的纳维亚的七百年前，也就是公元4世纪就成了基督教的信徒。

频繁的航行使葡萄牙的地理学家和地图绘制者们知道了，虽然从东向的海路出发是可以抵达印度支那的，但是极为不易。为此，甚至引发了一场大争论。一些人赞成从好望角继续向东探寻印度支那，另一些人则说："不，我们要向西越过大西洋，就能顺利踏上中国的国土了。"

我想说明一点，那个时代凡是有知识和智慧的人士一般都相信，地球并不像一张扁平的烙饼，而应该像一个圆球一样。公元2世纪时，伟大的埃及地理学家克罗狄斯·托勒密提出的宇宙理论，说地球是扁平的。对这种说法无知单纯的中世纪人们深信不疑。不过到文艺复兴时期，科学家们抛弃了托勒密提出的学说，转而接受波兰数学家哥白尼的研究结论。哥白尼认为，有许多行星围绕太阳转动，地球就是其中一颗行星。但是，因为害怕宗教法庭的迫害，这一伟大的发现一直没被哥白尼公之于众，直到三十六年后的1534年，也就是他去世的那一年才得以公开。宗教法庭最初建立于13世纪，它的出现是为防范法国和意大利的阿尔比教派和华尔德教派的异端分子（其实这些异端分子大多温良虔诚，但是因为不赞成私有制财产，情愿过和基督一样的贫穷生活而被人划为异类）威胁和挑战罗马教皇的绝对权威。即使如此，当时的航海家们还是普遍相信地球是球形，所以才会有向东向西哪条路线更容易的争论。

在主张向西航行的人中，有一位叫作克里斯托弗·哥伦布的热那亚航海家。作为一位羊毛商人的儿子，他曾在帕维亚大学研修，专攻数学和几何学，毕业后继承了父亲的羊毛生意。不久，他就去东地中海的希俄斯岛旅行。接着，听说他乘船去了英格兰，但到底是去买羊毛做生意还是担任商船的船长，我们就无法得知了。1477年2月，哥伦布到达了冰岛（他自己是这样说的），但实际上他似乎仅仅抵达了法罗群岛。在2月时，这里也是冰天雪地的，任何人都会以为这里就是冰岛。哥伦布在这里见到了那些勇敢的北欧人的后裔，他们从10世纪起就在格陵兰岛上安居了，他们甚至还曾在11世纪踏上过美洲的土地。当时莱弗船长的船只被狂风意外刮到了美洲的瓦恩兰岛或者拉布拉多沿岸。

我们无从知道这些偏远的西部殖民地后来怎么样了。不过，莱弗船长的兄弟托尔斯坦因的遗孀后来嫁给了托尔芬·卡尔斯夫内。在1003年托尔芬建立了以自己的名字命名的美洲殖民地。不过该殖民地在爱斯基摩人（又称为因纽特人）的反抗下只维持了3年时间。从1440年起，格陵兰岛居民开始杳无音讯，很可能所有定居格陵兰的人都死于黑死病，这场瘟疫刚刚让近一半挪威人丧生。不管真实情况是怎样，关于"遥远的西部土地"的传闻依然在法罗群岛和冰岛的居民中流传，哥伦布一定从他们嘴里听到了不少消息。从北苏格兰群岛的渔民那里，哥伦布进一步获取了更多信息。随后，他去往葡萄牙，娶了曾为亨利王子效劳的船长的女儿。

从1478年开始，哥伦布把全部精力都投入到了向西寻找通向印度支那的航线中。他向葡萄牙和西班牙王室分别递交了自己制订的航海计划。当时，葡萄牙人深信他们垄断了向东的航线，对哥伦布的计划书不屑一顾。但在西班牙，于1469年成婚的阿拉贡的斐迪南大公和卡斯蒂尔的伊莎贝拉，用婚姻统一了西班牙王国。当时，西班牙正忙于把摩尔人从最后一个堡垒——格拉纳达轰出去，战争耗资巨大，所以无力资助哥伦布的航海行动。

史书记载少有人能像这位意大利人那样勇敢，为实现自己的想法而奋斗不休，坚忍不拔。有关哥伦布的事迹我们早已耳熟能详，在这儿我就不多说了。1492年1月2日，摩尔人终于投降，从格拉纳达撤离。这一年4月，哥伦布与西班牙国王及王后签订了合约。于是在8月3日，一个平常的星期五，哥伦布率领三只小船驶离帕洛斯，开启冒险之旅。随行的有八十八名船员，其中多是在押犯，他们为寻求免刑才冒险参加远征队的。1492年10月12日，这个星期五的凌晨两点钟，哥伦布第一次发现了陆地。1493年1月4日，哥伦布告别留守在拉·纳维戴德要塞的四十四名船员（他们当中没有人能活着返乡），踏上回程的道路。2月中旬，哥伦布到达了亚速尔群岛，那里居住的葡萄牙人非常不友好，恐吓说要将他投进监狱。1493年3月15日，船长先生终于回到帕洛斯岛，随行带着那些印第安人（哥伦布把他带回的土著居民称为红色印第安人，因为他相信他发现的是印度群岛的延伸地带），后来又赶往巴塞罗那，去向他忠实的赞助人禀报他的航行取得成功，通往金银之国中国和吉潘古（日本）的航线已经畅通，不负国王与王后陛下的重托。

不过，哥伦布可能至死都没有认识到自己的错误。在他晚年，当他在第四次航行中到达南美大陆时，他才大概怀疑过自己的发现其实有所偏差。不过，他至死深信不疑的是，在欧洲和亚洲之间并无一个单独大陆的存在，他已经找到了直接通往中国的路线。

与此同时，葡萄牙人始终坚持他们的东方航线，运气可比西班牙人要好太多了。1498年，达·伽马成功到达马拉巴海岸，载着满满一船的香料安全返回里斯本。1502年，达·伽马再一次游览故地。相比之下，探索向西航线的任务却没有完成，让人难免失望。在1497年和1498年，约翰·卡波特和塞巴斯蒂安·卡波特兄弟曾试着探索通向日本的道路，可他们除了看到纽芬兰岛白雪皑皑的大地和群山之外，丝毫没有发现。其实早在五个世纪之前，北欧人已经踏足此处了。后来，佛罗伦萨人阿美利哥·维斯普奇成了西班牙的首席领航员，美洲大陆就是以他的名字命名的。他在巴西海岸逡巡良久，却始终找不到印度群岛的踪影。

1513年，也就是哥伦布去世七年后，新大陆的真相才被欧洲的地理学家们搞清楚。华斯哥·努涅茨·德·巴尔波沃穿越巴拿马地峡后，登上著名的达里恩峰，看到眼前居然还有一片广袤无垠的汪洋大海。这似乎证明了另一个大洋的存在。

1519年，葡萄牙航海家斐迪南德·麦哲伦率领一支船队（由五艘西班牙船只组成），一路向西寻找香料群岛（因为向东的路线已被葡萄牙人垄断，他们不允许别人虎口夺食）。麦哲伦穿过非洲与巴西之间的大西洋，继续往南航行，到达了一个狭窄的海峡。它位于巴塔哥尼亚（意为"长着大脚的人的土地"）的最南端与火岛（有天夜里，船员们曾看到了岛上有火燃起的亮光，表明岛上有土著居住）之间。接下来的一个月里，麦哲伦的船队遭到狂风暴雪的袭击，情况十分危急。船员惊慌不已，因此发生了内讧。麦哲伦以严酷的手段镇压了这场哗变，并把两名船员留在海岸上让死亡来惩罚他们。最后，暴风雪终于停息，海峡也逐渐变宽。船队驶入了一个新的大洋。这片平静祥和的海面，麦哲伦称之为平和安宁之海，即太平洋。他继续向西航行，可一连九十八天都没有看见陆地的影子，船员们因饥饿和干渴大批死去。他们把船舱里的老鼠拿来啃食，最后老鼠的踪迹也找不到了，他们便咀嚼船帆来勉强填肚子。

　　1521年3月，他们到达了久违的陆地。

　　麦哲伦用"盗匪之地"来为这里命名，因为这里的土著看到什么就会偷盗什么。接着，他们继续西行，越来越接近他们心心念念的香料群岛。

　　接着，他们再一次抵达陆地。这是一片岛屿组成的地域。麦哲伦用他效忠的国王查理五世的儿子菲利普的名字，为此地取名"菲律宾"。不过菲利普二世在历史上可没有什么好名声。在菲律宾，麦哲伦一开始受到了热情的招待，可当他准备用大炮逼迫当地居民信仰基督教时，当地居民开始奋起反抗，杀死了麦哲伦和他的一些手下。幸存的水手烧了残余三艘船只中的一艘，继续向西出海。他们最终抵达摩鹿加，也就是寻找已久的香料群岛。继而，他们发现了婆罗洲，还登上了蒂多雷岛。在这里，剩余的两艘船的其中一艘漏水严重，船员只能留在当地修缮船只。唯一幸免的"维多利亚"号在船长塞巴斯蒂安·德尔·卡诺的率领下，开始穿越印度洋，但却不幸错过了发现澳大利亚北部海岸的机会（直到17世纪初期，荷兰东印度公司船只出海时才发现了这片荒芜广袤的土地）。最后，他们历经艰险，终于成功返回西班牙。

这次航行是地理大发现时代最重要的一次。它耗时三年，耗费了巨大的财力和人力，折损了许多船员，终获成功。它证明了两个事实：地球确实是球形，且哥伦布发现的新土地是一个全新的大陆，而不是印度的一部分。从此，西班牙和葡萄牙都开始全力发展与印度及美洲的商贸。为防止这对竞争对手兵戎相见，教皇亚历山大六世（唯一被推举上来荣登大宝的异端分子）被迫以格林尼治以西的50°经线为界，将世界平分为两个部分，史称1494年托尔德西亚分界约定。葡萄牙人在这条经线以东的地区建立殖民地，而西班牙人则拥有经线以西地区的殖民统治权。这就是为什么在英国和荷兰殖民者（他们并不尊重教皇的决定）于十七八世纪抢夺殖民地之前，除巴西之外的整个南美大陆都归西班牙所有，而全部的印度群岛及非洲大部分地区都是葡萄牙人的地盘。

当哥伦布发现新大陆的消息传到号称"中世纪的华尔街"——威尼斯的利奥尔托时，当地立刻发生了一场大恐慌，股票和债券的价格狂跌了百分之四十到百分之五十。没多久，当知道哥伦布其实没有真正找到通往中国的海路时，威尼斯商人们才平复自己惊恐的情绪。而达·伽马与麦哲伦的冒险却正好证明，向东由海路航行到印度群岛是有可能的。这时，中世纪和文艺复兴时期两大著名商业中心——威尼斯与热那亚的统治者们才为没听哥伦布的建议而后悔不已。可后悔也来不及了，现在的地中海就是一片内海，而通往印度和中国的陆路贸易比重也因为海路的发现变得无足轻重。意大利昔日的辉煌即将落幕，大西洋开始成为新的贸易与文明中心———直到今天仍旧如此。

从这里我们可以看到，人类文明的发展轨迹是以多么奇特的方式在勾画啊！五千年前，尼罗河谷的居民开始用文字记载历史。继而，从尼罗河流域开始，文明传播到了两河流域的美索不达米亚平原，接着从克里特到希腊文明，后来是罗马文明。地中海这个内海变成了全世界的贸易中心，沿岸的城市成了艺术、科学、哲学及教育的家园。到16世纪，文明再度向西转移，让大西洋沿岸的国家成了世界的霸主。

有人断言，第一次世界大战和欧洲大国的自杀性战争已经大大降低了大西洋的重要地位。他们宣言文明将越过美洲大陆，在太平洋继续繁衍。对此，我暂且持保留态度。

随着向西航线的发展，船只的体积在逐渐增大，航海家们的知识不断丰富。腓尼基人、爱琴海人、希腊人、迦太基人及罗马人的帆船渐渐取代了尼罗河和幼发拉底河的平底船。这些老式帆船随后又被葡萄牙人和西班牙人改良成横帆帆船。而当英国人和荷兰人驾驶着满帆帆船时，西班牙人和葡萄牙人的船只默默退出了航海世界。

到今天，文明的发展已经不再单纯仰仗于船只的技术了。飞机已在取代并将继续取代帆船和轮船的地位。下一个文明中心会在何处落户，就要看看谁拥有最强劲的空运和海运能力了。海洋将回归为小鱼们的安宁的家园，就如它们与人类最早的祖先共同存活于深海时那样。

第四十三章

悉达多和孔子

关于佛陀和孔子。

葡萄牙人与西班牙人的地理大发现，让西欧的基督徒与印度人及中国人开始了密切的交流。当然，西方人早就知道基督教并不是世界上仅有的宗教。除了追随穆罕默德的穆斯林以外，非洲北部那里还有一些敬奉木柱、岩石和枯树的居民。不过来到印度和中国后，基督教征服者们这才发现，这个世界上竟然还存在成百上千万从未听说过耶稣的故事也没打算信奉基督的人，因为他们认为本土延绵数千年的宗教比西方的信仰要好得多。正由于这是一部关于人类的故事，并不仅仅限于欧洲人和我们所在的西半球的历史，所以，你们也该了解这两位伟人——佛陀与孔子。他们的教诲和榜样作用至今仍在指引着这个世界上超半数人的行为和思想。

在印度，佛陀被人民尊为最伟大的信仰导师。他的生平事迹很有传奇性。佛陀在公元前6世纪，降生于雄伟的喜马拉雅山脚下。而距此四百年前，雅利安民族（这是印欧种族的东方分支的自称）的第一位伟大领导者查拉图斯特拉（琐罗亚斯德）曾指引他的人民把生命视为恶神阿里曼与善神玛兹达之间的恒久的斗争。佛陀的父亲净饭王是迦毗罗卫部落的首领，他的母亲是邻国公主玛雅摩耶，她还是一个娇羞少女时就嫁给了佛陀的父亲。随着时光的流逝，月亮在喜马拉雅山脊上起落，就这样过了许多年，她的丈夫还没有等来自己的王位继承人。后来，在玛雅摩耶五十岁时，上天终于赐给她一个孩子。她兴奋不已，决定返乡，让这有福的孩子降生在自己的故乡。

三大宗教

返回到小时候生活的考利扬，有一段漫长的路程要走。一天夜里，玛雅摩耶正在蓝毗尼树荫下休息，天赐之子就在此刻降生了。他被取名为悉达多，但通常人们喜欢叫他"佛陀"，意思是"大彻大悟的人"。

渐渐地，悉达多王子长成了一位俊美的青年。当他十九岁时，表妹耶输陀与他成婚。婚后的十年里，他一直在高高的皇室宫墙内享受着温馨安宁的生活，接触不到人世间的所有痛苦折磨，只需等待继承父亲王位成为迦毗罗卫国王的那一天。

不过在三十岁那年，悉达多偶然瞥见了人世的悲苦。那次他意外地走出宫门，看见一位骨瘦如柴、疲惫孱弱的老人。悉达多指着这位老人问自己的车夫查纳为什么会这样。查纳的答案是，这个世间最不缺的就是穷人，多一个或少一个都没有差别。年轻的王子悲伤不已，可他不发一言，转头回到宫中与他的妻子父母一起生活，尽力忘却痛苦回归快乐。不多久，他第二次离开王宫，这次他看见了一个正饱受疾病折磨的人。悉达多还是询问查纳，为何此人会遭受这样的折磨？车夫回答，世界上的病人多不胜数了，这种痛苦是避免不了的，所以不必介怀。听到这句话，年轻的王子悲不自胜，但他还是回到了家人的身边。

接下来的几个星期，王子都在悲伤中度过。一天傍晚，悉达多让车夫送他去河边洗浴。在路上，他遇上了一个躺在阴沟里的死尸，那尸体已然腐烂，马儿惊恐不已，差点儿冲出道路。养尊处优的王子一直在宫墙内生活，从未见过这等恐怖景象，吓得面无血色。但查纳却劝王子，不要在意这种微不足道的小事。世间到处都有死人，这是自然的生命法则，万事万物从诞生的那一刻起就在往死路上走。等待我们每一个人的都将是坟墓，没有人能幸免。

当天晚上，当悉达多回到家时，悠扬的乐声迎接着他的回归。原来在他出门期间，妻子为他生了一个儿子。每个人都在击鼓欢呼，王位又有了继承者，值得庆贺。他们用热情的鼓声庆祝这桩大喜事。可悉达多却提不起劲来，他已经窥察到人世间的种种苦难，知道了作为人要经受的折磨。死亡与磨难的景象像梦魇般如影随形，百般侵扰，盘旋在他脑海里久久不散。

那天夜里，月光皎洁。悉达多半夜醒来，心乱如麻。如果不能知晓生命存在的意义和价值，他将永远不能重获快乐。他决定离开自己的至亲，去寻觅答案。于是，他静静地来到妻子的卧房，温柔地看了一眼熟睡中的妻儿。随后，他叫醒忠实的车夫查纳，带他一同远去。

主仆两人行色匆匆，走入黑暗之中。一个是为了寻得灵魂的安宁之处，一个是要忠诚地侍奉自己的主人。

悉达多在民间流浪期间，印度正在进行一场大的社会变革。印度人的祖先，原本是这里的土著居民，是矮小、温良的棕色人，他们在多年前就被好斗善战的雅利安人（我们的远房表亲）收服了。那时起，雅利安人成了印度土著的统治者。为巩固政治地位，他们将人口划分为不同等级，并逐步将僵化的"种姓"制度强加到土著居民的身上。印欧征服者的子孙是最高的"种姓"，即武士和贵族阶层，其次是祭司阶层，下面是农民和商人阶级。而原先的土著居民被划为"贱民"，成了一个被鄙夷蔑视的奴隶阶层，永远别想有翻身之日。

就连人们信仰的宗教也有等级的差别。那些古老的印欧人，在其几千年的流浪岁月中，历经许多奇特的冒险。这些事迹被采集成册，名为《吠陀经》。这本书用梵文来记载，与欧洲大陆的希腊语、拉丁语、俄语、德语及其他几十种语言都有着密切的联系。三个高等的种姓才能阅读这部圣书。而作为最低种姓的贱民们连了解其中的内容都叫作违法。如果一个贵族或是僧侣敢将书中的内容教给一个贱民，那么他将受到的刑罚是无比严酷的。

因此，印度人中的大部分都生活得极其艰难痛苦。因为现世给他们的欢乐太少了，他们只能将希望寄托于来生。很多人都通过幻想来世的欢乐来求得心灵的少许慰藉。

印度人崇拜的神灵婆罗吸摩是手握生死大权的神，是人们眼中至善至美的化身。婆罗吸摩代表着生活的最高理想，要摒弃所有对名望权力的渴求。印度人认为，圣洁的思想重于圣洁的行为。为此，许多人踏入荒漠，嚼食树叶，忍受饥饿，通过冥想婆罗吸摩的智慧、纯良、慈悲来滋养心灵。

悉达多决定和这些孤独的流浪者一样，远离城市与乡村的喧嚣去探求真理。他脱下随身佩戴的珠宝，割掉了长发，加上一封诀别信，让一直追随他的查纳转交给家人。接着，这位王子孤身一人开始了艰苦的沙漠修行。

不久，他的圣洁之名便在山区传扬。五位年轻人慕名前来拜访，请求聆听教诲。悉达多答应传授他们智慧，条件是要效仿老师的行为。五位年轻人欣然应允，悉达多于是领他们走进了自己修行的山区。在温迪亚的山间，六年时间转瞬即逝，他把自己掌握的智慧向学生们倾囊相授。不过，当这段修行生活即将结束之时，他仍感觉自己离完美境界差得很远。他依然听得见俗世的喧嚣诱惑，意志并不坚定。因此，悉达多让学生们离开，孤身一人坐在一棵菩提树下，禁食四十九个昼夜，沉入冥想世界。他的付出终获回报。到第五十天的黄昏时分，婆罗吸摩在他忠实的仆人面前显灵了。从那一刻起，悉达多被尊称为"佛陀"，这位"大彻大悟的人"的出现是要把苦难的灵魂从痛苦的尘世中拯救出来。

在生命的最后四十五年里，佛陀一直在恒河附近的山谷里居住，向人们宣扬他温顺谦逊的朴素教诲。公元前488年，佛陀在人民的敬仰热爱中离去。佛陀的教义从不是专为某个阶级设立的，即使最低等级的贱民也能自豪地说自己是佛陀的信徒。

当然，这些宣扬人人平等且允诺给人们来世幸福（投胎转世）的教义让贵族、祭司和商人们大为不满，他们竭尽全力来摧毁这个新生的宗教。他们抓住一切机会让印度人重归古老的婆罗门教，在宗教制度的要求下禁食和"折磨"自己有罪的肉身。不过，佛教有着极为旺盛的生命力。"大彻大悟的人"的信徒们居然穿越了喜马拉雅山，将佛教带到了中国国土上。他们还渡过黄海，向日本人民宣扬佛陀的智慧。他们忠实地顺从其伟大导师的教导，不用暴力来伤害世人。到如今，佛陀的信徒比任何时候都多，其人数甚至超过了基督徒和穆斯林的总和。

而中国的智者孔子，他的事迹相对简单。孔子生于公元前551年，他安宁地度过恬淡平和的一生。当时的中国没有一个强有力的中央政府，导致国土上盗贼恶棍横行，封建诸侯划地而居。他们从一个城市窜到另一个城市，抢劫、偷盗、屠杀，无恶不作，让中国肥沃的北方平原和中部地区变成了饿殍遍野的苦难之地。

仁爱慈悲的孔子想要拯救百姓。他平和善良，所以反对使用暴力，也不赞成用形形色色严酷的法律来约束百姓。他知道，只有一个拯救方法，那就是改变世道人心。于是，孔子开始坚持这件看似没有希望的工作，希望通过自己的力量改变在东亚平原上居住的数百万同胞的心性。中国人对宗教向来热情不高。他们像许多原始人一样相信神鬼的存在。但他们没有先知，也不相信有"天赐真理"。在所有伟大的道德领袖中，孔子大概是唯一一个没有宣扬过"异象"，没有宣称自己是神之使者，更没有偶尔听到什么神谕的人。

他其实就是一个理智通达、推崇仁爱之心的凡人，他喜欢一个人孤独地漫游，在沿途用笛子吹奏伤感的乐曲。他不勉强别人认同自己，也从未要求谁来追随他的脚步或是崇拜他的智慧。他让我想起那些古希腊的智者，特别是斯多葛学派的哲学家们。他们同样遵从正直善良的生活和睿智的思想，他们所求的是灵魂的祥和和良心的安宁，从不求回报。

孔子有一颗博大的宽容之心。他曾主动去拜访另一位伟大的道德领袖老子。老子是"道教"体系的创始人，其教义与早期中国版的基督教"金律"非常相似。

孔子从不会对任何人怀有恨意，并且强调克制自我，这是一种难能可贵的美德。孔子告诉世人，一个真正有内涵和修养的人是从不允许自己产生过激情绪的，他应当坦然接受命运的磨难而不会心怀怨恨和烦忧。因为真正有智慧的哲人都明白，发生的事情都是命运的安排，即使是磨难也能让人受益。

公元前 1300 年犹太人的领袖摩西

公元前 1000 年
雅利安人的领袖琐罗亚斯德

公元前 600 年
印度人的启示者佛陀

中国
公元前 500 年
中国圣人孔子

公元前 400 年
古希腊的伟大哲人

公元 30 年
耶稣基督

公元 622 年
穆罕默德
阿拉伯的先知

伟大的道德领袖

最初，孔子只有为数很少的几个学生。渐渐地，前来聆听他教诲的人不断增多。在他逝世前（公元前479年），甚至有几位王公贵族宣称他们是孔子的信徒。当基督在伯利恒的马槽诞生时，孔子的哲学已经成为大部分中国人的意识形态的一部分，中国的文化至今仍受其影响。当然，其他宗教与时俱进，孔子的思想传扬到现在也失去了刚开始的纯粹，产生了变化。基督教导人们要顺从、温和、谦逊、摒弃世俗的野心和欲望，可当他被钉死在十字架上一千五百年之后，那些教皇和主教们却用大笔大笔的金钱修建豪华宫殿。这与最初伯利恒简陋的马槽的区别不可谓不大！

老子用金律的思想教导人们。可在不到三百年的时间里，无知的民众却将他塑造成一位可怕的神灵，将他充满智慧的思想埋在迷信的垃圾之下，使普通中国人生活在无尽的烦恼和恐惧之中。

孔子教育弟子要有孝顺父母的美德。可是，他们对死去的先祖的兴趣，便开始超过了他们对于儿孙的关注。他们拒绝考虑未来，却极力对过去的事进行探寻。这样，宗庙祭祀开始成为一种重要的宗教仪式。为了不打扰沉睡在阳光充足、土地肥沃的山坡上的先人，他们情愿在土壤贫瘠的山坡阴面种植小麦和水稻，就算知道有可能长不出来也不愿意亵渎祖先的坟墓。为了祖先的安宁，他们宁愿忍饥挨饿。

而如今，孔子的智慧已在东亚人民心中深深扎根。儒教言辞深刻入微，给每个中国人的思想种上了一颗哲学的种子。儒教思想影响着他们一生，不管是身世平凡的百姓，还是身处高位的帝王将相。

十六世纪，西方世界中十分狂热但不够文明的基督徒们，第一次与东方的古老信仰狭路相逢。早期的西班牙人和葡萄牙人看到祥和平静的佛陀塑像及智慧仁爱的孔子画像，根本不懂得应该对这些伟大的先知抱有什么样的态度。他们轻易得出结论，将这些奇怪的神祇看作恶魔化身，代表着偶像崇拜和歪门邪道，不值得基督信徒们尊重。而一旦佛陀或孔子的精神阻碍了他们的香料与丝绸贸易，欧洲人便以坚船利炮攻击这些"邪恶势力"。这种思维方式已经生出了恶果。它让东方人对西方怀有敌意，使得东西方贸易的顺利进行受到了阻碍。

第四十四章

宗教改革

人类进步的轨迹相当于一个钟摆，它总是一前一后回环往复。人们在文艺复兴时期对文学艺术的热情及对宗教的冷漠，在宗教改革时期完全扭转，对文学艺术冷漠，而对宗教显出狂热。

宗教改革大家都听说过。一听到这个词，你一定会想到一群数量少却十分有勇气的清教徒。他们为"宗教信仰的自由"漂洋过海，去了美洲新大陆。慢慢地，特别是在信奉基督教新教的国度，宗教演变成了"争取思想自由"的同义词。马丁·路德被视作这一历史进步运动的先驱和领导者。不过，历史并非几篇热情洋溢、鼓舞人心的演讲词，用德国历史学家朗克的话来说，我们要清楚历史中"究竟发生了什么"。带着这种态度去追寻过去，原本我们觉得理所应当是那样的事情就会露出原本的面貌来。

在现实中，我们不能将事情定义为单纯的好坏，世界并不是非黑即白的。作为一个忠于历史的编年史作者，他应该要对每一历史事件的利弊两方面做出真实的描述。这件事做起来很困难，因为我们每个人都有自己的偏好与憎恶。但是我们应当尽量用客观公正的态度来看待历史，不存偏见。

就以我自身为例吧。我在一个新教国家的新教中心度过童年时期。直到十二岁时，我都没见过一个天主教徒。所以当真正和他们碰面时，我的内心很不平静。事实上，我有些恐惧。因为我曾听说，成千上万的荷兰新教徒被西班牙宗教法庭绞死、烧死甚至五马分尸，这是当时的阿尔巴大公为严惩信仰路德教派和加尔文教派的荷兰异端们采取的行动。这段可怖的历史故事在我看来如此真实，它们仿佛就发生在前一天，并且完全有可能再度重演！如果圣巴瑟洛缪之夜的屠杀再度重演的话，我会在沉睡中被刺穿胸膛，被抛尸窗外，就像高贵的柯利尼将军的遭遇一样。

很多年后，我到天主教国家生活了几年，意外地发现那儿的人们相较我的同胞更加温和宽厚，并且在聪明才智方面也能和新教徒们一较高下。更让我吃惊的是，天主教徒对于宗教改革的态度不仅是情有可原，并且和新教徒一样充分。

不过，那些十六七世纪的人们，在宗教改革的动乱之中经受了无穷的折磨，不可能像我们一样用理性冷静的态度看问题。他们觉得自己永远正义，而敌人永远邪恶。在那个残忍的时代，你要么绞死别人，要么被别人绞死。求生是每个人的本能，为了自保做出疯狂的事情也情有可原。

让我们将目光投向1500年的世界，这是一个很容易记住的时间。查理五世在这一年降生。

当时，中世纪的封建割据与混乱状态逐渐结束，几个高度中央集权的王国慢慢成形。而查理大帝是当中最有权势的君主，当时他还只是一个嗷嗷待哺的婴儿。查理是西班牙的斐迪南与伊莎贝拉的外孙。中世纪最后一位哈布斯堡王朝的骑士马克西米安和"勇敢者"查理的女儿玛丽是他的祖父母。充满雄心壮志的"勇敢者"查理即勃艮第大公，他虽然击败了法兰西，却不幸被一位瑞士农民杀害。因此，还是孩童的查理便继承了世界地图上的一大片领土。今天的德国、奥地利、荷兰、比利时、意大利、西班牙以及遍布亚洲、非洲、美洲的殖民地都是他的领土。也许是命运的有意捉弄，查理出生在一战中德国人入侵比利时后用作监狱的弗兰得斯城堡。他生于根特，但作为德意志和西班牙的皇帝，他受到的却是地道的佛拉芒人的教育。

查理幼年时期父亲便去世了（有人说他是被毒死的，但仅是传闻，并无凭据），母亲因此患上了精神疾病（她带着装殓丈夫的棺材，在自己的属地上四处旅行）。查理在姑妈玛格丽特的严厉管教下长大。长大后，身为佛拉芒人的查理，却不得已统治着德国、意大利、西班牙以及一百多个大大小小的民族。他身为天主教会的忠实信徒，却非常反对宗教的纷争。无论是小时候还是成人以后，查理一直以一种倦怠消极的态度看世界。可在命运的驱使下他不得不治理这处在一片宗教狂热的疯狂的世界。他总在马德里、因斯布鲁克、布鲁日、维也纳之间来回奔波。他热爱和平，喜欢安宁，可一生都处在战争的硝烟之中。就这样坚持到了五十五岁，他已彻底地厌弃了人世间无尽的仇杀和愚昧，想要彻底抛开一切政事。三年后，他拖着疲惫残败的躯体绝望孤独地死去。

有关查理皇帝就讲到这儿。在当时，世界的第二大势力教会又呈现出怎样的一种局面呢？在中世纪早期，教会致力于征服异教徒，教导他们去过虔诚与正直的生活。而此时的教会与中世纪早期相比，已产生剧烈的变化。教会掌握的金钱已经太多了。使得教皇不再是卑微基督徒的牧羊人，他住在华丽的宫殿里，身边围绕着一大群艺术家、音乐家和著名文人。大小教堂里挂满了加工后的精美圣像，让它们看上去更像希腊的神祇。他在工作和娱乐的时间分配上极不平衡。教廷事务大概只占用了他百分之十的时间，其余百分之九十都在欣赏古罗马雕塑或新出土的古希腊花瓶、商议新夏宫的图纸或出席某出新剧的排演上了。大主教和红衣主教们纷纷效仿教皇，而主教们以大主教们为榜样。只有乡村地区的教士依然兢兢业业，与世俗的邪恶以及异教徒对美与享乐的热情离得远远的。他们避开那些腐化堕落的修道院，那里的僧侣们似乎忘记了发誓要安守清贫、保持圣洁，在不被揭露的限度下，他们纵情享乐。

而一般的老百姓，他们的境遇也开始变得不同了。他们手中有了钱，住进了宽敞的房子，子女接受了良好的教育，城市也变得漂亮整洁，他们手中的武器让他们能够与压迫他们的封建领主们抗衡，再也不必像几百年前自己的祖辈那样饱受苛捐杂税的剥削了。

关于宗教改革的主角们，就介绍到这里。

我们来看看文艺复兴对欧洲的影响，然后你不难明白，为什么在学术与文艺的复兴之后，紧接着出现的会是宗教的热潮。文艺复兴始于意大利，接着阵地转移到法国。可它在西班牙却没有受到相同的对待，原因在于五百年前抗击摩尔人的战争使西班牙人的心胸不再宽广，对待宗教事务十分狂热极端。虽然文艺复兴波及的范围逐渐扩大，可一越过阿尔卑斯山，它便受到了阻碍。

北部欧洲的气候环境不同于南部，所以北部居民对待生活的态度与他们的南方邻居完全相反。意大利人喜欢户外活动，在蓝天白云和灿烂的阳光下，他们的生活洋溢着热情和喜悦。而德国人、荷兰人、英国人、瑞典人，他们大部分时间都在室内，静听雨打窗台的滴嗒声。他们不苟言笑，用严肃专注的态度来做事，生活虽然封闭却十分安宁。他们用很多的时间来思考灵魂问题，很少会拿圣洁和神圣的事情开玩笑。他们只是对文艺复兴中"人文"的那部分，比如书籍、关于古代作者的研究、语法以及教材有点热情。但文艺复兴运动在意大利的主要成果之一，即回归古希腊与古罗马的异教文明，却使他们心怀恐惧。

然而教皇和红衣主教团成员几乎全由意大利人担任。他们把教会变成了一个愉悦自由的俱乐部，每天都谈论着艺术、音乐和戏剧，极少提到信仰和教义。慢慢地，严谨却不够热情的北欧人和热爱艺术、信仰却不够坚定的南欧人的裂痕越来越大。可他们却还没意识到教会正面临极大的挑战。

为什么宗教改革不是在荷兰与英国而是最先发生在德国，倒是可以讲一讲。自古以来，德国人与罗马教会互有恩怨。皇帝与教皇之间纷争不休，双方都受到了很大的伤害。在一些中央集权的欧洲国家，国王手握大权，可以保护自己的臣民免遭贪婪教士的迫害。可是德国的皇帝名存实亡。名义上统治着小封建主们，内里却野心勃勃，主教们和教士们可以肆意压榨善良的"自由市民"。文艺复兴时期的教皇们喜欢华美精致的大教堂。主教们为巴结教皇，便想尽办法敛财。德国人民在欺压和侮辱之下，心怀愤恨。

还有一个少有人提的原因：德国是印刷术的故乡。在北欧，图书价格非常便宜，《圣经》也不再是教士们专有的神秘手抄本，它成了懂得拉丁文的家庭的案头读物。大家都可以自己阅读《圣经》，这原本是违背教会法律的。可这样一来，教士们告诉他们的教义与《圣经》中的原文存在着许多不同。这便导致了人们对教士的怀疑。当教士无法解释人们提出的各种质疑时，麻烦就接踵而至了。

北方的人文主义者开始对教士们进行口诛笔伐，宗教改革由此开启。他们心中仍然对教皇怀有敬畏之心，不敢将矛头对向这位神圣的首领，不会对他进行直接的抨击。至于那些愚昧倦怠的僧侣们，他们只懂得在豪华的修道院里安逸地享受，攻击他们实在再合适不过了。

但奇怪的是，这场战争的领袖居然是基督教会的忠实信徒杰拉德·杰拉德佐，人们却习惯性地称他为伊拉斯谟。他生于荷兰的罗特丹姆，家庭清贫。他在德文特的一家拉丁语学校学习，多马兄弟也是从这所学校毕业的。伊拉斯谟后来成了一名教士，并在一家修道院生活过一段时间。和多马兄弟不同，他周游各地，将自己的旅途见闻写成书。伊拉斯谟变成了一个自由撰稿人（如果在今天，就是社论作家），他的匿名书籍《无名人士的信集》让整个欧洲开怀大笑。这些书信把中世纪晚期僧侣们的愚钝无知与自负显露无遗，采用的是一种奇特的德语加拉丁语的调侃文体，和我们现代的打油诗相似。伊拉斯谟本人是一个严谨的学者，学富五车，精通拉丁语和希腊语。他先是纠正了《圣经》的希腊原文中的错误，还给我们贡献了第一本可靠的拉丁文版《新约》。古罗马诗人贺拉斯是他所推崇的榜样，他们都赞同"扬起笑容阐明真理"。

1500年，伊拉斯谟拜访了英国的托马斯·摩尔爵士。在英国的几个星期中，他写了一本极其有趣的小册子《愚人颂》。在书中，他用幽默的文笔攻击那些僧侣和他们愚蠢的追随者们，幽默是这世界上最危险的武器。这本小册子在16世纪极为畅销。它有各种语言的译本，并让人们开始关注伊拉斯谟的其他著作。在宣传宗教改革的书中，他要求限制教会权利，并呼吁其他人文主义者和他并肩作战，参与到复兴基督信仰的伟大事业中来。

不过伊拉斯谟的响应者寥寥。他的方法太理性和宽容，导致不切实际，无法有力地打击那些教会敌人们。他们期待着一位天性更强悍的人物领导他们。

马丁·路德就这样出现了。

路德出生于北日耳曼农民家庭，聪颖过人，有胆有识。他在埃尔福特大学读书，获得文学硕士学位，还是多明我教派的一员。回到故乡撒克逊之后，他到维滕堡大学神学院担任教授，宣讲《圣经》，可学生并不感兴趣。路德的业余时间很多，他将之用到了对《旧约》和《新约》原文的研究上。很快他便看出，教皇和主教们宣讲的与基督本来的教义，可谓天差地别。1511年，路德因公事出差罗马。此时，博尔吉亚家族的亚历山大六世，这位曾为后代聚敛巨额财富的教皇刚刚去世。接任者是尤里乌斯二世。此人在个人品行上毫无瑕疵，可他却把大部分时间花在打仗和大兴土木上。理想与现实之间巨大的差距让路德大失所望，悻悻而返。不过糟糕的事情远远没有结束。

尤里乌斯教皇在奄奄一息之际还坑了他纯洁的继任者一把。他把雄伟壮丽的圣彼得大教堂建筑计划托付给了利奥十世。可这个教堂开工不久就需要修整。1513年尤里乌斯的继任者上台时，因亚历山大的挥霍，教廷便处于破产的边缘。利奥十世为了迅速敛财，沿用了一项古老的做法。他出售"赎罪券"。所谓"赎罪券"就是一张以一定现金换取的羊皮纸，能为罪人缩短他本应待在炼狱里赎罪的时间。在中世纪晚期的教义中，这样做完全符合当时的礼与法。既然教会有权赦免那些死前真心忏悔的罪人，那他们当然可以用代替祷告的方式，缩短灵魂需要待在阴暗的炼狱里洗清罪行的时间。

路德翻译《圣经》

　　遗憾的是，这些赎罪券必须用现金来购买。这确实是一个敛财的好办法。况且，穷人也可以免费领取赎罪券。

　　1517年，矛盾爆发了。当时，萨克森地区的赎罪券销售权全部都集中在一个名为约翰·特兹尔的多明我会僧侣的手上。约翰是一位有些强势的推销员，而且太急于赚钱了。他的商业手法燃起了这个日耳曼小公国的虔诚信徒的怒火。怒发冲冠的路德做了一件轰轰烈烈的大事。1517年10月31日那天，路德来到萨克森宫廷教堂，将自己预先准备的九十五条宣言（或论点）张贴在教堂的大门上，对销售赎罪券的做法进行了猛烈抨击。这些宣言全部用老百姓看不懂的拉丁文写成，所以我们可以猜测他并不想引起民间的暴乱。的确他不是革命者，只是反对赎罪券这一制度，并希望他的神职同事们能了解他的想法而已。这只是神职人员与学界人士间的内部事务，路德并未打算挑起老百姓对于教会的抵制。

不料，在那样一个敏感的时刻，全世界都密切注意着宗教事务。要想心平气和地讨论任何宗教问题，不会引起骚动，让一切风平浪静是根本不可能的。在不到两个月的时间里，全欧洲都讨论起这个萨克森僧侣的九十五条宣言来。每一个人都必须选择自己的立场。就是一些无名之辈，只要是神学人员都必须发表自己的意见。教廷开始恐慌，马上让这位维滕堡神学教授前往罗马，向他们解释他的做法。路德想起了胡斯被处火刑的教训，机智地拒绝了。罗马教会便开除了他的教籍。当着一大群崇拜者与支持者的面，路德焚毁了教皇的敕令。从此刻开始，路德和教皇之间的裂痕变得无法调和。

尽管这并不是他本人的意愿，路德成了那些为数众多的反对罗马教会基督徒的领袖。许多像乌利奇·冯·胡顿这样的德意志爱国者都赶去帮助路德。维滕堡、埃尔福特、莱比锡大学的学生们也宣称，如果当局要逮捕路德，他们一定会豁出性命护他周全。萨克森选帝侯向群情激奋的青年们保证，只要路德在萨克森，他就会被保护得很好。

这些事都发生在1520年。此时，查理五世年满二十岁。作为半个世界的统治者，他必须与教皇保持良好的关系。他下令，在莱茵河畔的沃尔姆斯召开宗教大会，要求路德出席，并在现场解释自己的异端行为。而路德此时已是日耳曼的民族英雄，他毅然前往。在会议上，路德声称绝不收回他写过或说过的任何一个字。他的良心只忠于上帝，无论生死，他都必须依据自己的良心行事。

经过几番商议，沃尔姆斯会议宣布路德是上帝与人民的罪人，禁止任何德国人收留他，供他吃食，并禁止阅读这个卑劣的异端分子写的东西。但这些没有给这位伟大的改革者带来丝毫影响。大部分德国人将沃尔姆斯敕令视作一项极不公正、令人愤怒的法令，让人唾弃。为了安全，路德被藏匿到维滕堡的萨克森选帝侯的一座城堡里面。在这里，他继续藐视教廷的权威，将《圣经》全本翻译成德语，使所有人都能亲耳聆听上帝的教诲。

到此，宗教改革绝不再是一个仅仅有关信仰和宗教的事情。那些讨厌现代大教堂，无法欣赏教堂之美的人利用这段混乱时期，毁坏了他们厌恶的教堂建筑，仅仅因为不能理解它的美丽之处。那些困顿的骑士们为补偿曾经的损失，强占了原属修道院的土地。怀有怨愤的王公贵族利用皇帝缺席的空当，大肆扩充实力。忍饥挨饿的农民在半疯癫的煽动家的指引下，趁混乱的时机，攻占领主的城堡，以旧日十字军地疯狂为榜样，肆意劫掠、谋杀、焚烧。

德意志帝国的国土上，一场动乱开始蔓延。一些王公变成了新教徒（新教徒的本意就是路德一派的"抗议者"），于是对他们辖区内的天主教信徒进行残忍的迫害。另一些王公依然是天主教徒，便吊死他们的新教徒百姓以示反击。1526年召开的斯贝雅会议试图解决臣民的宗教归顺问题，宣布法令"所有臣民必须信奉其领主所属的教派"。这条命令弄巧成拙使得德国在信仰上四分五裂，成百上千个信仰不同的小公国、小侯国阻挡在德国政治前进的道路上长达数百年。

1546年2月，路德告别人世。他沉睡在二十九年前他发出著名的反对赎罪券销售宣言的那一间教堂里。不到三十年的时间，文艺复兴时期的冷漠宗教、追求逗乐与欢快的氛围，已完全被宗教改革时期的讨论、争执、谩骂、辩论所取代。由教皇们负责的精神世界陡然崩塌。整个西欧成为天主教徒和新教徒之间为各自的教义而战的战场。而在我们现代人眼中，这些教义上的争执，简直就如同伊特拉斯坎人留下的神秘碑文，令人费解。

第四十五章

宗教之战

十六七世纪是一个宗教大争论的时代。

今天，如果留心去看，你会发现周围的人都在向钱看：薪水高低，上班时长，还会提到罢工。因为这些是与我们现在的生活关系密切的话题，也是当今时代人们注意力的聚焦点。

可是1600年或1650年的孩子们却不如我们幸运。他们耳朵里的字眼除了"宗教"还是"宗教"。小脑袋里全是什么"宿命论""圣餐化体论""自由意志"这类词语，至于什么才是"真正信仰"，无论是属于天主教的，还是新教的，只要是基督的信徒都会整日绞尽脑汁地思考。依照父母的意向，他们成了天主教徒、路德派教徒、加尔文派教徒、茨温利派教徒或再洗礼派教徒。他们或是学习路德编纂的《奥古斯堡教理问答》，或是诵读加尔文撰写的"基督教规"，或者默读英国出版的《公众祈祷书》里的"信仰三十九条"。他们被所接受的教育告知，只有它们才代表"真正的信仰"。

结婚多次的英格兰君主偷取了原属教会的财产，还自封为英国教会的最高首脑，从教皇手中夺取了任命主教与教士的古老权力。但只要提起骇人的宗教法庭，那阴森恐怖的牢房与满是刑具的密室会让他们在睡梦中都极不安稳。而让人害怕的事却层出不穷。比如一群愤怒的荷兰新教徒暴民捉住十几位年老体衰的教士并将他们活活绞死，只是因为彼此信仰不同而已。

最不幸的是，天主教徒与新教徒力量，很难分出胜负。这场漫长的宗教论战影响八代人的生活。因为太过复杂，我挑重点的细节来述说，剩下的你如果感兴趣，就去关于宗教改革历史的书中深入探索。

宗教法庭

新教徒宗教改革运动过后，天主教会内也进行了彻底改革。那些身兼半人文主义者和希腊罗马古董商的教皇们离开了历史舞台，每天工作二十个小时，兢兢业业处理手上的神圣职责的严肃教皇取代了他们。

修道院里长久地纵情享乐的羞耻行为也不再出现了。教士和修女们每日沐浴晨光而起，钻研天主的教规，照顾病人，为死者祈福。宗教法庭睁大眼睛，日夜不停地监视着周围，以防印刷出来的危险教义在民间传扬。讲到这里，我们要提到可怜的伽利略。他实在太天真了，竟想用那古怪的小望远镜解释宇宙定律，探寻行星运转规律，这不是公开挑战教会权威吗？伽利略在劫难逃。不过公正地说教皇、主教及宗教法庭，我要指明一点，新教徒和天主教徒一样愚昧无知，把勇于独立思考的科学家都当作不共戴天的敌人。

举例说明，加尔文是一位伟大的法国宗教改革家，更是日内瓦地区政治与精神上的领导人。当法国当局想要绞死迈克尔·塞维图斯（西班牙神学家与外科医生，曾是第一位解剖学家贝塞留斯的助手）的时候，加尔文不仅竭尽全力地帮助他们，而且当塞维图斯设法逃出法国监狱躲到日内瓦避难时，他还亲自将这位杰出的外科医生投入牢狱之中。漫长的审讯后，加尔文竟以异端邪说的罪名将他烧死在火刑柱上，完全不在意他是一位颇有成就的科学家。

尽管缺乏有力的史实资料，但总的说来，新教徒最先开始厌倦了这场毫无意义的争战。大部分因宗教信仰的差异而被烧死、吊死、砍头的百姓，都是些善良的老实人，却不幸沦为了狂热而极端的罗马教会的牺牲品。

因为"宽容"是近代才出现的道德品质（你们大之后也要记住这一点），而我们如今"现代社会"中的人，也不过是因为事不关己才显出宽容的态度。比如说，美国人可以对一个非洲土著居民心怀宽容，并不在乎他到底是佛教徒还是伊斯兰教徒。可一旦他们听说自己的邻居，原本为共和党人且支持征收高额保护性关税，现在转投美国社会党，还赞成废除所有的关税法律，他们就不能保持宽容了。在这时，他们很有可能像17世纪的天主教徒或者新教徒一样用最激烈的言语来谴责这位亲密的邻居，为他接受了异端邪说而愤懑。

直到近代，"异端邪说"还被看作一种可怕的疾病。如今，当我们发现有某个人不重视个人卫生，使自己和孩子们有可能染上伤寒病或别的传染病，我们可能会告知卫生部门，让卫生局的官员招来警察，将此人带走关押，因为他的存在威胁了整个社区的健康。如果回到十六七世纪，一个异端分子，不管性别，只要敢公开反对本教教义，就会被视为是比伤寒病毒携带者更可怕的危险分子。伤寒可能（很大程度上一定会）伤害人的肉体，但异端邪说，对当时的人来说，毁掉的却是人们永恒的灵魂。因此对所有圣洁纯良且理智的人们来说，向当局举报那些危及安全的异端分子，他们义不容辞。如果明知有威胁却不上报，这种罪行就像现在的人明晓得房客得了霍乱或天花，却帮忙隐瞒，不通知医生一样。

在成长的过程中，你将听到许多有关预防的医药知识。所谓预防，简单解释，医生们在病人发病前就做好防范的工作。他们会通过监控人的体征和居所环境来尽可能消除产生疾病的隐患。比如，怎样处理垃圾，怎样搭配膳食，或者教给他们保持个人卫生的种种方法。有时候他们还觉得不够细致，就会去到学校，教孩子们怎样正确使用牙刷，怎样防止感冒等等。

（就像我说的）在16世纪的人们看来，与身体的疾病比起来，威胁灵魂的疾病更恐怖。因此他们组织了一套保证心灵健康的防御体系。当孩子们到了读书的年龄，他们便被传授真正且唯一的信仰。事实证明，这种做法间接地促进了欧洲人的全面进步。新教国家里很快就遍布大大小小的学校。虽然这些学校将大量宝贵的时间用在对《奥古斯堡教理问答》的反复解释上了，但毕竟也会传授除神学之外的其他知识。学校鼓励孩子们读书，同时也促进了印刷业的繁荣。

而此时，天主教徒也奋起直追。他们同样将大量时间与精力放在教育上。在这件事情上，天主教会找到了一个很有价值的盟友——刚成立不久的耶稣会。这一伟大组织的创始人是一位西班牙士兵。他的灵魂曾陷入纵情声色的罪恶之中，最后他皈依了天主教，决定终身服务教会以赎清罪孽。就像现代不少人在救世军的感化下幡然悔悟，决定痛改前非，并将生命余下的时光全部贡献给帮助和安慰那些悲惨的人们的事业中去。

这个西班牙人叫伊格纳提斯·德·罗约拉，生于1491年，也就是发现美洲大陆的前一年。他在战争中受了腿伤，导致残疾。当他在医院治疗时，得到了圣母和圣子的训示，告诉他要抛弃罪恶找回自我。于是，罗约拉奔赴圣地，完成十字军的神圣使命。不过耶路撒冷之行让他意识到任务的艰巨。于是他回到欧洲，投入到反对路德派的战斗之中。

1534年，罗约拉在巴黎大学的索邦神学院学习时和另外七名学生一起成立了一个兄弟会。八人约定要永远过圣洁的生活，绝不纵情享乐贪图富贵，坚持正义，决心终生把他们的身体和灵魂献给教会。几年之后，小型的兄弟会成长为一个正规的组织，而且被教皇保罗三世正式承认为"耶稣会"。

罗约拉出身于行伍之间，他坚持严明的纪律和对上级命令的绝对服从。事实上，这是耶稣会取得巨大成功的关键因素。耶稣会主攻教育。耶稣会的教师拥有授课资格前，要先受到极其严格和完备的培训。教师与学生们同吃同住，悉心照料他们的起居，引导他们的思想。因此，学生们成长为忠诚的天主教徒，像中世纪早期一样严谨地守卫自己的信仰。

不过，看似成功的耶稣会却没有只是把所有精力都全部花在对穷人的教育上。他们还进入了权贵们的宫殿，担任那些未来君主的私教。当我给你们讲三十年战争时，你们就会明白耶稣会这样做是多么有智慧了。不过，在这股可怕的宗教狂热最后爆发之前，还发生了其他一些重大的事情。

查理五世死后，德国和奥地利就处于他的兄弟斐迪南德掌控之下。他的其他领地，包括西班牙、荷兰、印度群岛及美洲，则全部由他的儿子菲利普管控。菲利普是查理五世和自己的亲表妹（一位葡萄牙公主）所生之子。这样近亲结婚所生下的孩子极易性格古怪失常。菲利普的儿子，可怜的唐·卡洛斯就是一个实实在在的精神病患者，后来在自己父亲的授意下被杀死。菲利普本人并不疯癫，不过他对教会的热情却相当的歇斯底里。他自认为是上帝指派给人类的救世主之一。因此，只要有人坚持自我，不赞同皇帝的看法，就相当于与全世界处于对立面，必须让他从这个世界上消失，以免传染其他圣洁虔诚的同胞们。

当然，当时的西班牙很富裕。新世界所发现的所有金银接连不断地流入卡斯蒂尔和阿拉贡的国库。但是，西班牙却出现了一种奇怪的经济病。它的农民们很勤劳，女人比男人还要更勤快。但西班牙的上层阶级却对任何劳动都带有骨子里的轻蔑，只愿意加入陆海军或担任政府公职，不愿意参与劳动。至于勤奋的手艺人摩尔人，老早就被全部驱逐出了西班牙。由此导致的恶果是，尽管西班牙号称拥有无数金银财宝，事实上却十分贫瘠，因为它所有的钱都必须拿到海外去交换西班牙人自己不屑于劳动产出的小麦及其他的生活必需品。

菲利普作为16世纪最强大国家的统治者，他主要依靠荷兰这个忙碌的商业国家所上缴的税收来聚财。可佛拉芒人与荷兰人是路德教派与加尔文教派的忠实追随者。他们清理了陈列在教堂里的所有圣像和宗教画像，还告诉教皇，不再当他是他们的牧羊人。从此，他们将只听从新译《圣经》的教诲以及凭良心做事。

菲利普为此很头疼。他绝对不能容忍他的荷兰臣民尊崇异端邪说，而另一方面，荷兰手握自己的经济命脉。如果他允许荷兰人成为新教徒而不采取任何措施来挽救他们的灵魂，则有负于上帝；如果他把宗教法庭派到荷兰，将这些异端分子施以火刑，他又会面临失去财源的困境。

善变的菲利普因荷兰人这事儿纠结了许久。他严慈并济，软硬兼施，尝试了各种方法和手段。可荷兰人照旧高唱着诗篇，专心聆听路德派和加尔文派牧师的教诲，丝毫没有悔改之心。没办法，菲利普只能将自己的"铁腕汉子"、手段残酷的阿尔巴公爵派往荷兰，强迫这些冥顽不灵的"罪人们"改过自新。阿尔巴首先将那些留下来的宗教领袖砍头。这些人不够机灵，居然没赶在他到来之前就逃跑。在1572年（圣巴瑟洛缪之夜发生的那一年，那天夜里法国新教领袖全部被杀害），阿尔巴袭击了好几座荷兰城市，将城中居民杀光，以此来警告其他城市。第二年，他又领兵围住了莱顿城，这座城市是荷兰的制造业中心。

为应对暴力，北尼德兰的七个省份携手建立了一个防御性的联盟，即乌德勒支同盟。曾担任查理五世皇帝秘书的德国王子——奥兰治的威廉被推举为这个同盟的军事领袖，指挥一群有着"海上乞丐"大名的海盗水手参战。为挽救莱顿城，"沉默者威廉"挖开大堤让海水倒灌进城市，使城市周围被海水围绕。紧接着，他率领着一支由敞口驳船、平底货船组成的奇特的海军，拉拉拽拽地穿过泥沼，来到莱顿城下。

向来无敌天下的西班牙军队第一次遇到如此大的打击。欧洲大陆都大为震动，就像日俄战争中的日本军队在沈阳击败俄国军队一样让人难以置信。莱顿城的胜利鼓舞了新教徒的士气。菲利普只好再想一个阴谋诡计来平叛。他雇用了一个半疯癫的宗教狂热分子去暗杀奥兰治的威廉。可领袖之死并未使北尼德兰的七省人民偃旗息鼓，反而更加义愤填膺。1581年，七省的代表在海牙召开了议会，庄严地宣布罢黜"邪恶的国王菲利普"，并自己承担从古至今只授予"上帝恩许的国王"的统治权。

这个事件标志着人民在争取政治自由的斗争中取得了跨时代的进步。比起英国人签署《大宪章》而削弱君王实权的行动，荷兰人向前迈得更远。这些善良的自由民们认为，"国王与其臣民之间的关系应是这样的，双方默契地相互履行责任，承担义务。在其中一方违背约定的前提下，另外一方有权终止和约。"1776年英王乔治三世在北美的属民也提出了这个论调，不过在他们和他们的统治者所在的地方还隔着三千英里的茫茫大海，可七省联盟议会的庄严宣告（这意味着一旦战败，他们都将经历漫长而痛苦的死亡），是在西班牙军队的枪声在耳边响起，无敌舰队随时可能挺进海岸时做出的决定。他们的勇气着实让人佩服。

新教徒伊丽莎白女王取代"血腥玛丽"（玛丽是天主教徒）继任英国国王后，神秘的西班牙舰队会来教训荷兰和英国的消息就传开了，但随着时间的流逝，这半真半假的传言也没有那么让人震惊了。

一年年时光过去，码头的水手提起这个传言还会为之色变。到16世纪80年代，传闻成了现实。听一位里斯本的领航员说，所有西班牙和葡萄牙的船坞里，都在兴建战船。在尼德兰南部（今比利时境内），帕尔马公爵正召集一支庞大的远征军，西班牙舰队一到，便将战士们运往伦敦和阿姆斯特丹。

1586年，西班牙无敌舰队终于扬帆出海。可佛拉芒海岸的港口都被荷兰舰队重重保护着，不列颠舰队在英吉利海峡早已严防死守。而西班牙人只熟悉在南方平静的海面作战，无法适应北方恶劣的海上气候条件。而无敌舰队在被敌舰攻击后又遭遇风暴打击，无敌舰队的下场可想而知。于是，除几艘绕道爱尔兰的战船得以侥幸逃回报信，其他大部分战船都葬身在北海冰冷的海浪中了。

战局陡然扭转，这下轮到英国和荷兰的新教徒引发战火了。在16世纪末期，霍特曼在林斯柯顿（荷兰人，曾在葡萄牙舰队待过一段时间）所写的一本小册子的指引下发现了通往印度和印度群岛的航线。著名的荷兰东印度公司由此成立，由此西班牙与葡萄牙展开了一场亚非殖民地的战争。

在争夺海外殖民地的早期阶段，荷兰法庭接到了一桩颇有意味的诉讼案件。17世纪初，一位叫范·希姆斯克尔克的荷兰船长在马六甲海峡俘获了一艘葡萄牙船只。希姆斯克尔克曾担任一支探险队的领导者，想找到通往印度群岛的东北航线，结果在新泽勃拉岛附近被结冰的海水围困了整整一个冬季。不过，他本人却因此名扬四海。

上文提到过，教皇曾经将世界分为面积相等的两大块，分别给了西班牙人和葡萄牙人。葡萄牙人自然将环绕他们印度群岛殖民地的水域看作是私有财产。由于当时葡萄牙还没向尼德兰七省联盟宣战，因此他们宣称，希姆斯克尔克作为一家私有贸易公司的船长，闯入葡萄牙所属海域并窃夺葡萄牙船只是违法的，他无权这样做。他们向荷兰的法院提起了诉讼。荷兰东印度公司的经理们聘请了一位名为德·格鲁特（或称格劳秀斯）的青年律师为其辩护。在法庭上，格鲁特提出了一个"海洋应向每个人开放"的理论，一时之间舆论为之哗然。他指出，一旦超出陆上大炮的射程之外，海洋就是也理应是（依据格鲁特自己的理论）公海，允许任何国家的船只出入。这条在法庭上提出来的惊人理论，马上遭到所有航海界人士的反对。为反击"公海说"，英国人约翰·塞尔登写出了著名的《闭海论》，认为环绕一个国家的海洋自然应该归于这个国家，并且应该是这个国家主权和领土的一个不可或缺的组成部分。我之所以提到这个争论，是因为这一问题最后没有得到妥善解决，还在第一次世界大战期间惹出了不少纷争和麻烦。

现在，我们回到西班牙人与荷兰人、英国人的战争中。在不到二十年的时间里，西班牙人拥有的绝大多数价值很大的殖民地，如印度群岛、好望角、锡兰、中国沿岸某些岛屿甚至包括日本，都为新教徒所掌控。1621年，西印度公司宣告成立，接着征服了巴西。随后，它在北美建立了一个名为新阿姆斯特丹的要塞，就在哈得孙河口（这名称是亨利·哈得孙在1609年发现后以他的名字命名的）。

这些殖民地让英国和荷兰赚大发了，它们凭借殖民地带来的收益雇用外国军人在陆地上作战，自己则专心管理商贸。对英国和荷兰来说，新教徒革命能带来金钱和独立。但是在欧洲其他地区的人看来，这是一场无穷的灾难。与之相比，第一次世界大战就像一群教会学校的乖学生出来参加集体活动一样。

1618年，三十年战争爆发。1648年签订了著名的《威斯特伐利亚和约》，战争终于结束。一个世纪以来不断积聚的宗教仇恨，使这场战争在所难免。正如我提到过的，它是一场极度残忍的战争。各国军队拼命厮杀，直到精疲力竭，国力空虚，打不下去才停止。

在不到一代人的时间里，饱受战乱之苦的中欧，有许多地区变成了荒原。饥肠辘辘的农民为能吃到一匹死马的肉，与更加饥饿的野狼进行殊死搏斗。几乎百分之八十的城镇和村庄都在战火中付之一炬。西德地区的巴拉丁被反复劫掠高达二十八次。开战前德国拥有一千八百万人口，而战后仅剩下四百万。

哈布斯堡王朝的斐迪南德二世当选德意志皇帝后，这一导火索就引爆了战争。斐迪南德本人是耶稣会悉心教育的信徒，是最虔诚温顺的天主教教徒。年轻时他便立誓，要将自己领地上的所有异端分子和异端教派消灭殆尽。荣登大宝后，斐迪南德用尽一切方法来信守诺言。在他当选皇帝两天前，他的主要竞争对手腓特烈——巴拉丁的新教徒选帝侯即英王詹姆斯一世的女婿，成了波希米亚国王。这与斐迪南德的意愿大相径庭。

于是，哈布斯堡王朝的军队立刻挺进波希米亚。强敌在前，年轻的国王却找不到援手。荷兰共和国倒很愿意加以帮助，可他们当时正卷入与西班牙的哈布斯堡王族的战争中，自顾不暇。英国的斯图亚特王朝更关心如何加强自己在国内的权力，不愿将钱财和兵力浪费在遥远波希米亚的一场毫无希望的战争上。顽强坚持几个月后，巴拉丁的选帝侯被逐出了波希米亚，他的领地也被划归巴伐利亚，那里由天主教徒掌控。三十年战争由此拉开了序幕。

接着，蒂利及沃伦斯坦将军带领着哈布斯堡的军队，经由德国政府的新教徒地区，一路顺利地打到波罗的海边上。在丹麦的新教徒国王看来，一个强大的天主教邻居代表着严重的威胁。于是，克里斯廷二世试图趁敌人还没站稳脚跟，抢占先机。丹麦军队进入德国国土，但不久便宣告失败。沃伦斯坦乘胜追击，迫使丹麦求和。最后，波罗的海地区只剩下一个新教城市施特拉尔松了。

1630年的初夏季节，新教徒的最后一个桥头堡施特拉尔松被瑞典瓦萨王朝的君主古斯塔夫·阿道尔丰斯占据。古斯塔夫曾因带领臣民成功抗击俄国而声名大噪。他是一个有野心的新教徒，一直致力于把瑞典变成伟大的北方帝国的中心。欧洲的新教徒王公们热情欢迎古斯塔夫，将他视为路德事业的拯救者。古斯塔夫首战告捷，击败了不久前大肆屠杀马格德堡新教徒居民的蒂利。接着，他率领军队穿越德国中心，准备挺进占领意大利的哈布斯堡王朝属地。由于后方集结着天主教军队，古斯塔夫果断掉转矛头，在吕茨恩战役中击溃哈布斯堡的主力部队。可遗憾的是，这位瑞典国王因远离自己的部队而魂归黄泉。但哈布斯堡的势力已经遭到沉重打击。

斐迪南德这家伙疑心太重。一旦战事不利，他便立刻开始怀疑自己的手下。在他的授意下，他的军队总司令沃伦斯坦被暗杀。听到这一消息，虽同样信奉天主教却一直与哈布斯堡王朝结仇的法国波旁王朝，此时却和新教徒的瑞典结为同盟。路易十三的军队侵入德国东部。瑞典将军巴纳与威尔玛的军队、法国的图伦和康代将军的军队，联合起来屠杀、掠夺、焚毁哈布斯堡王族的庞大人民和财产。瑞典人由此得到了荣誉和金钱，却导致邻居丹麦人心怀嫉妒，接着新教的丹麦向同为新教的瑞典宣战，借口是作为新教徒的瑞典人居然和法国天主教徒狼狈为奸。而在这之前，法国的政治领袖、红衣主教黎塞留刚刚剥夺了胡格诺教徒（法国的新教徒）公开礼拜的权利，这一命令违反了1598年的《南特赦令》。

反复的征战对解决实际问题没有任何益处。1648年签署的《威斯特伐利亚和约》虽然让战争停止，却没解决任何战前问题。天主教国家依然信奉天主教，新教国家仍旧忠实于马丁·路德、加尔文、茨温利等人的教义。瑞士和荷兰的新教徒建立起独立的共和国，并得到了承认。法国保留了梅茨、图尔、凡尔登等城市及阿尔萨斯的一部分。神圣罗马帝国虽继续作为一个国家存在，但已经名存实亡，没有财力、物力和人力，也丧失了希望和勇气。

三十年战争给欧洲诸国一个残酷的教训，也是唯一的好处：它使天主教徒和新教徒疲于征战，再也不敢轻易挑起战争了。既然战争没法解决问题，那么从此互不相干，互不侵犯。当然，这并不意味着宗教狂热与仇恨也会就此消失。刚刚和天主教吵完，新教内部不同派别的纷争又猛然爆发了。在荷兰，围绕什么是"宿命论"的真正实质（这是一个非常晦涩难解的神学概念，可在曾祖辈眼里，这个问题很重要，必须弄清楚），出现了巨大的分歧。两派之间的争斗最终导致奥登巴维尔特的约翰无辜丧命。约翰是著名政治家，在荷兰独立的前二十年，曾为共和国做出过卓越贡献，并且在东印度公司的管理上也很有才能。在英国，争吵甚至演变为一场内战。

不过在我为你讲述历史上第一位欧洲君主走法律程序被处死的事件之前，我必须告诉你一些英国以前的历史。我的这本书是为了挑重点简洁地概述历史事件，让读者弄清楚世界局势的。如果某些国家我没提到，并非出于我私人的喜好。我也很希望能给你们讲讲挪威、瑞士、塞尔维亚或者中国发生的精彩故事，但这些国家对于欧洲十六七世纪的发展没有重大的影响。我只能满怀敬意地鞠上一躬，暂且略过这些国家。不过，英国的历史进程却是不容忽视的。这个岛国的人民在过去五百年间的所作所为，影响了世界历史的进程，其作用遍及世界各个角落。如果不清楚英国历史背景，你将无法理解现代报纸上的大事件。所以，你必须了解，当欧洲大陆的国家都还处于君主专制的时候，英国能发展出君主立宪制的原因。

第四十六章

英国大革命

国王的"君权神授"与并非"神授"但更有合理性的"议会权力"争斗不休，最后结果是国王走向了万劫不复的境地。

恺撒最早涉足西北欧洲。公元前55年，他率罗马军队渡过英吉利海峡，征服了偏僻荒芜的英国。接下来的四百年，英国一直作为罗马的一个海外行省存在。野蛮的日耳曼人开始侵扰罗马，屡次犯境时，驻守英国的罗马士兵被急召回去守护罗马。自此，不列颠成了一个既无政府也无防守的海外孤岛。

撒克逊部落所在之地是日耳曼北部，贫瘠寒冷，人们长期忍饥挨饿。一听到消息，他们便渡过北海，到这个气候宜人、土地肥沃的小岛安家。他们建立起一系列独立的盎格鲁–撒克逊王国（最初的入侵者为盎格鲁人、英格兰人、撒克逊人，因此得名），不过这些小国家总是互相争吵，没有一位国王有足够的实力和魄力，能将英格兰统一成一个联合王国。五个多世纪的悠长时光里，因为防御不足，默西亚、诺森布里亚、威塞克斯、苏塞克斯、肯特、东盎格利亚，或其他不知道叫什么名字的地方，都经常遭到不同派别的斯堪的纳维亚海盗的袭击。最后到11世纪，英格兰、挪威及北日耳曼，一起纳入了甘纽特大帝领导的大丹麦帝国版图。英格兰最后一丝独立的迹象也不见了。

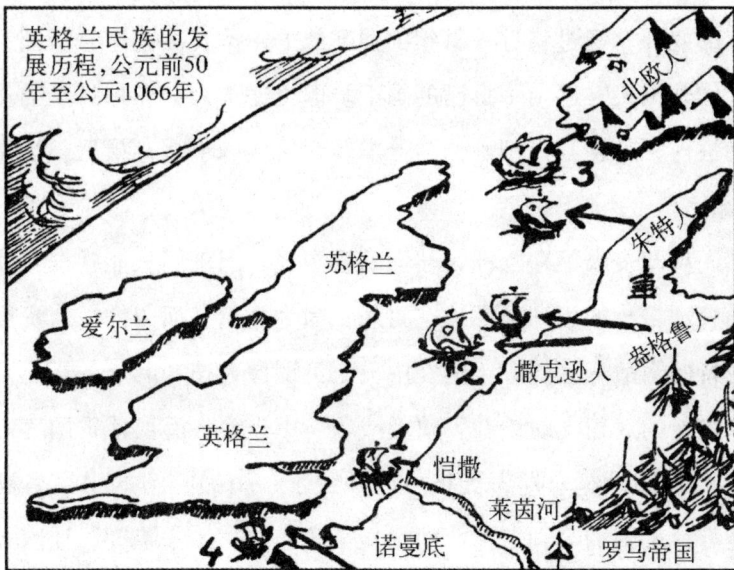

英国民族

随着漫长的时光流逝，丹麦人终于被驱逐出去。刚刚重获自由的英格兰，就第四次被外敌征服。这次的敌人是斯堪的纳维亚人的另一系后代，他们在10世纪初就侵占法国，建立了诺曼底公国。而很久以前，诺曼底大公威廉就紧盯着这个对岸的富饶岛屿，他嫉妒极了。1066年10月，威廉终于率军渡过海峡，在10月14日发生的黑斯廷战役中，最后一位盎格鲁-撒克逊国王，威塞克斯的哈洛德率领的军队在他的打击下溃不成军，威廉便自立为英格兰之主。然而无论威廉本人，还是安茹王朝（也称金雀花王朝）的继任者，他们并没有把这个岛国视为自己真正的家。他们认为，这座岛屿不过是他们在大陆继承的巨大遗产的附带物——一块尽是一些落后民族的野蛮殖民地。所以，他们决定将自己的语言文明强加给这些岛国居民。不过时过境迁，"殖民地"英格兰居然超越了宗主国"诺曼底公国"，占据了更重要的地位。

而此时，法兰西的国王们正不停地将他们的诺曼底—英格兰邻居从自己的土地上彻底驱逐出去。在法国人看来，诺曼底的王公们只不过是假意服从法国国王的奴仆。经过将近一百年的残酷战争，圣女贞德率领法国人民，终于将这些"外国人"逐出了自己的国土。但贞德本人却在1430年的贡比涅战役中不幸被俘，勃艮第人把她作为俘虏转卖给英国士兵，最后被当作女巫受火刑而死。

英国人从此丧失了在欧洲大陆上的桥头堡，国王们只能扎根这片海外孤岛，专心管理自己的不列颠属地。另外，因为这里好面子的封建贵族们和他们那些奇特的宿敌相互纠缠（这在中世纪可谓像天花和麻疹一样流行），大部分家世古老的封建主纷纷在"玫瑰战争"中丧命，反而使得国王们轻易稳固了王权。到15世纪末期，英格兰已经成了一个强有力的中央集权国家。统治者是都铎王朝的亨利七世。他设立了著名的"星法院"，让国人心有余悸，部分幸存的老贵族曾试图恢复对政府的曾经有过的影响力，但都被这一严酷的机构一一镇压。

1509年，亨利八世继任为英格兰国王。他在位时期在英国历史上具有特殊的重要意义。英国从此由一个中世纪的岛国成长为一个现代的国家。

亨利对宗教没什么太大的兴趣。因为多次离婚，他和教皇闹了些不愉快。亨利很高兴能利用离婚的机会脱离罗马教廷独立，让英格兰教会成为欧洲第一个名副其实的"国教"。而作为世俗统治者的国王自然也很愿意担当自己臣民的宗教领袖。这一和平改革发生在1534年，它不仅使都铎王朝得到了长期以来备受路德派新教徒打压的英国神职人员的协助，而且还用充公前修道院财产的方式大大增强了王室实力。更值得开心的是，这一举措还让亨利在商人和手艺人中拥有空前的威望。这些岛国居民富有、骄傲，一道又宽又深的海峡把小岛与欧洲大陆隔开，他们情不自禁地有一种优越感。他们不仅对一切"外国的"东西缺乏兴趣，还不大情愿让一位意大利主教来统治他们诚实清白的英格兰灵魂。1547年，亨利去世，年仅十岁的幼子继承了王位。小国王的监护者们极为赞赏路德的教义，因而倾其所有去赞助新教徒的事业。不过小国王未满十六岁便不幸夭折，他的姐姐玛丽接任王位。玛丽是当时的西班牙国王菲利普二世的妻子，她上台的第一项举措就是把新"国教"的主教们统统烧死。除了忠于自己的天主教职责，在其他方面她则以自己西班牙王室的丈夫为标杆做事。这让她拥有了"血腥玛丽"的绰号。

幸运的是，1558年玛丽去世，著名的伊丽莎白女王继位了。伊丽莎白是亨利八世和他六个妻子中的第二个妻子安娜·博林所生的女儿，伊丽莎白的母亲失宠后便被亨利斩首了。玛丽在位时，伊丽莎白曾一度被投进监狱，后由于神圣罗马帝国皇帝的亲自请求才得以出狱。因此，伊丽莎白对一切天主教与西班牙相关的事物都极其厌恶。和父亲一样，伊丽莎白对宗教十分冷漠，不过她继承了父亲惊人的洞察力和判断力。伊丽莎白在位四十五年，在她的努力下，不仅权力稳固上升，英格兰这个快乐之岛的财政和税收也日益丰厚，国力蒸蒸日上。当然，女王得到了跪拜在她王座下的大群优秀男性的辅佐协助。他们争着建言献策使伊丽莎白时代成了英国历史上一个关键的时期。不过如果要细细研究，建议你去找一本讲述伊丽莎白时代的专业书籍来读。

另外，伊丽莎白的王位并不是固若金汤的。她还有一个棘手的对手，即斯图亚特王朝的玛丽。玛丽的母亲是一位法国公爵夫人，父亲是苏格兰贵族。她成年后嫁给法国国王弗朗西斯二世，后来却不幸守寡。而她的婆婆就是著名的美第奇家族的凯瑟琳，残忍的圣巴瑟洛缪之夜大屠杀就是由这个恶毒的老婆婆策划主持的。玛丽的儿子后来还成了英国斯图亚特王朝的第一位国君。玛丽是一个大方的天主教徒，一切仇视伊丽莎白女王的人她都乐意结交。由于欠缺政治上的巧妙手段而且采取极端暴力镇压苏格兰境内的加尔文教徒，因此苏格兰人发起暴动，玛丽不得不逃到英国境内避难。她在英国避难有十八年之久，却没有一天停止过反对伊丽莎白的阴谋，也不仔细想想是谁宽容地收留了她。伊丽莎白最终还是听从了她忠实顾问们的建议——"将那个苏格兰女王斩首"。

1587年，苏格兰女王的头终于被砍掉，由此导致英国与西班牙爆发了战争。英国与荷兰的海上联军合作将菲利普的"无敌舰队"击溃。原本是为摧毁两个新教国家的飓风，现在却转了方向，变成了后者的一桩有利可图的冒险事业。

多年游移不定后，英国人和荷兰人这才发觉入侵印度和美洲的西属殖民地不仅是正当的权利，而且还可当作对西班牙人迫害他们的新教徒同胞的报复。1496年，一位叫乔万尼·卡波特的威尼斯领航员指引英国船队，首次发现并探测了美洲新大陆。拉布拉多和纽芬兰岛作为殖民地的可能性虽然并不大，但纽芬兰附近的海域却给英国提供了丰富的渔获。一年之后，即1497年，还是那位领航员卡波特发现了佛罗里达海岸，为英国建立海外殖民地带来了极大的可能性。

航海初步大发现后，紧接着该亨利七世和亨利八世忙个不停了。因为堆积的国内问题尚未处理妥当，英国捉襟见肘，拿不出钱来进行海洋探索。不过英国在伊丽莎白的统治下国泰民安，斯图亚特的玛丽也尝到了牢狱之苦，水手们终于可以放心大胆地去探索未知的世界，用不着担心国家会在一夕之间倾覆了。英国人威洛比冒着危险航过北角时，伊丽莎白尚且年幼。理查德·钱塞勒（威洛比手下的一位船长）为找到一条能到达印度群岛的航路，更是进一步向东探索，到达了俄国港口阿尔汉格尔，与遥远的莫斯科帝国的神秘统治者建立起外交联系，发起了商业贸易。在伊丽莎白继位的第一年，又有许多人沿着这条航线前行。在"联合股份公司"工作的商业投机家们不知疲倦地日夜操劳，为之后几百年拥有庞大殖民地的贸易公司打下了坚实的基础。还有一些水手（可以说他们半是海盗，半是外交家），冒险将全部家当都赌在一次前路茫茫的航行上，想要碰碰运气；走私者将一切能够装上船的货物一件不剩，全装上船，这样才能满足他们对金钱的欲望；商人们也是这样，在贩运商品的同时也贩卖着人口，眼里只看得到钱，心里只盘算着利益；伊丽莎白的水手们将英格兰的国旗，也将女王陛下的威名，传扬到世界的每一处。国内，戏剧家莎士比亚不停地创作，陆陆续续有新剧目演出带给女王愉悦的享受。女王的英明、勤政和这些最聪明的头脑和最伟大的智慧密切相连，把亨利八世留下的封建遗产变成了一个现代化的民族国家。

1603年，伊丽莎白七十岁时去世，詹姆斯一世继任英国国王。他是亨利七世的曾孙，伊丽莎白的侄子，也是伊丽莎白的宿敌苏格兰女王玛丽的儿子。上帝垂怜，詹姆斯发觉英国是唯一一个能够逃脱欧洲大陆战乱的国家。当欧洲的天主教徒和新教徒们正拿着屠刀杀红眼，想要彻底击败对方的势力，并建立起自己教义的绝对统治时，英格兰却温和地展开了一场"宗教改革"，并未走上路德教徒或洛约拉信徒的极端主义道路。这样让这个岛国在马上就要到来的殖民地争夺战中，抢占了先机和优势地位。不仅如此，此举还确保了英国在国际事务中的领导地位，直到第一次世界大战宣告终结，依旧如此。就连斯图亚特王朝的毁灭式冒险，也不能阻碍历史发展的必然趋势。

都铎王朝之后就是斯图亚特王朝，可后者却是英格兰的"外国人"。他们好像不知道也并不想搞清楚这个事实。都铎王朝的王室成员可以明目张胆地偷走一匹马，但斯图亚特王朝的人连看一眼马缰绳，都会让人们议论纷纷。老女王按照自己的意愿统治着她的臣民，受尽拥戴。总之，她实施的一项政策能使诚实的（或不诚实的）英国商人财源广进。这才使得富裕的人们也回馈老女王真心实意地爱戴和支持。有时，女王随意拿走国会的一些小权力、小职能，而人们都乐于忽略女王的这些不法行为。毕竟，女王陛下强大而成功的对外政策能让人们获得巨大的利益。

表面上看，詹姆斯国王实施的政策与伊丽莎白女王一模一样。可他极度缺乏伊丽莎白女王身上光芒四射的热情。海外贸易还是受到政府的支持，天主教徒也并未因新国王的缘故而重获自由。可当西班牙对英国阿谀奉承，腆着脸来求着与英国重修旧好，詹姆斯居然回报以微笑。大部分英国人其实极不情愿，不过詹姆斯是他们的国王，他们只能不发一言。

很快，人民和国王又有了其他的冲突。詹姆斯国王和1625年上台的查理一世一样，都坚信自己"神圣君权"是上帝授予的，他们可以按照自己的想法管理国家不用询问臣民的意见。这种思想并不新鲜。一定意义上，教皇们是罗马帝国皇帝的继承者（或将世界的已知领土统一于罗马这唯一的世界帝国的观念的继承者），他们十分乐意将自己看作"基督的助手"，人们也普遍承认这种观念。毋庸置疑，上帝可以按照自己的心愿管理世界。自然的，极少有人胆敢于怀疑"基督代理人"们的神圣权力。教皇有权要求人们听命于他，因为他是宇宙统治者在人间的代表，他只对上帝本人负责。

随着路德宗教改革思想的渐进，从前教皇们手握的特权，已经被许多皈依新教的欧洲世俗统治者所掌握。"国教领袖"们宣称自己是所在领土的"基督的助手"。国王的权力就这样迈开巨大的一步，人们依旧未曾质疑。他们只是接受而已，就像生活在当今时代的人一样，他们会理所当然地认为议会制政府是最合理正当的政府管理模式。如果我们就这样认为：路德教派或加尔文教派对詹姆斯国王大肆宣扬他的"君权神授"的思想表示愤慨，这种结论是不太准确的。忠实淳朴的英格兰岛民不再相信国王的"君权神授"，肯定还有另外的缘由。

从古到今，人民头一次发出明确否定"君权神授"的声音，是在1581年的荷兰海牙。当时北尼德兰七省联盟的国民议会罢黜了他们的君主——西班牙的菲利普二世。他们是这样说的，"国王违背了他的协议，所以他也像那些不忠实的人民公仆一样，被人民解聘了。"那时起，一个国王应该对他的子民担负起特殊责任的想法，便在北海沿岸国家的人民的心中渐渐扎根起来。其实，人民是处于优势地位的，因为他们十分富裕。中欧地区的贫苦百姓长期生活在国王守卫队的监控之下，自然不敢提起这个问题，否则等待他们的将是牢狱之灾。可是荷兰和英国的富商手握强大的资本，能供给陆军和海军。他们还知道怎样操纵"银行信用"这一强大的武器，从来不会为自己的安全而忧心。他们当然愿意用自己的财产所掌控的"神圣君权"，来对付任何哈布斯堡王朝、波旁王朝或斯图亚特王朝的"神圣君权"。他们清楚自己怀揣的金银钱币足以击败国王拥有的唯一武器——陈旧无能的封建军队。他们是行动派，绝不会像其他人那样面对这种情况要么是隐忍，要么就是冒着生命的风险。

斯图亚特王朝开始和英格兰人民对着干，宣扬神授予自己权力能够随心所欲而不需要负责，岛国的中产阶级们于是以国会为第一道防线，抗议国王滥用神圣职权。国王不但丝毫不让步，反而解散了国会。在独自统治国家的十一年时间里，查理一世一人手握大权，掌管英国。他强行征收一些税收，即使大多数英国人认为这种税收并不合法，他依照自己的意愿管理着不列颠，让国家成了他个人的庄园。他有许多得力的帮手，我们不得不夸一夸他在坚持自己的信念上的勇气。

遗憾的是，查理不但没有去努力得到自己忠实的苏格兰臣民的支持，反而和苏格兰长老会教派公开地进行争执。查理只能召集国会，虽然极不情愿，但是他需要国会来为他想办法筹资来应付战争。1640年4月召开了议会，议员们愤怒不已，争相发言，言语之间竟全是互相攻击的不满情绪，这议会乱得开不下去。几周后，查理便解散了这个不和谐的议会。同年11月，一个新国会组成了。可这个国会比之前那个还要乱。议员们现在已经明白，必须解决的是支持"神圣君权的政府"还是"国会的政府"这个长久以来就一直未得到解决的问题。他们趁机攻击国王的主要顾问官，并处死了六个顾问。他们强制性地宣布了一项法令：不经首肯，国王没有权力解散国会。最终，1641年12月，国会向国王递交了一份"大抗议书"，详细清楚地列举了人民在国君统治下所遭受的种种磨难。

1642年1月，查理秘密离开伦敦，妄图将乡村地区的人民发展为自己的支持者。双方各自集结军队，准备在君主的绝对权力和国会绝对权力之间进行最终之战。在这场战斗中，英格兰实力最强大的派别就是清教徒们（这些人属于国教圣公会中的一个派别，宣扬最大限度地净化自己的信念和行为），他们迅速站到了战斗的前线。这支清教徒组成的"虔诚兵团"由著名的奥利弗·克伦威尔指挥。他们有着坚定的神圣信念以及严明的纪律，迅速成为反对派阵营的榜样。查理一方两次遭受沉重打击。在1645年的纳斯比战役失败之后，国王匆忙去苏格兰避难，谁知，他面临的是苏格兰人的背叛。

紧随其后的是苏格兰长老会与英国清教徒之间的战争，矛盾激化之后他们之间的战争无可避免。1648年8月，克伦威尔在普雷斯顿盆地激战三天三夜之后，艰难地在第二场内战中取胜，并攻占了苏格兰首都爱丁堡。与此同时，克伦威尔的士兵们老早就厌烦了国会的一派空谈与久而未决的宗教论战，打算按照自己的想法来行事。于是他们闯入国会，赶走了所有不赞成清教徒教义的议员，剩下的老议员们便组成尾闾议会来控诉国王的叛国罪。上议院拒绝坐上审判员席位，他们便建立一个特别审判团来执行判决。1649年1月30日，全欧洲都在观望这一历史性的时刻。查理一世面无表情，平静地从白厅的一扇窗户走上了断头台。那一天，一个君主国家的人民通过自己选出的代表，处死了一位不能正确定义自己在一个现代国家当处何种地位的国王。这是历史上的第一次，可绝不是最后一次。

查理死后的时代通常被人们叫作克伦威尔时代。国王死后，克伦威尔只是英格兰非正式的独裁者。1653年，他被正式拥立为护国主。他在位的五年中，继续实行伊丽莎白女王大受欢迎的举措。西班牙再度被视为英格兰的重要敌人，向西班牙人宣战变成了全国人民的一个神圣话题。

优先考虑能带来巨大利益的海外商贸和英国商人紧捂着的口袋，宗教方面绝对实行最严格的新教教义，没有商量的余地。而在保持英格兰重要的国际地位上，克伦威尔取得了巨大的成就。可是在社会改革方面，他却惨败。因为，世界是一个集体，里面是各种各样的人，人的思想行为必定天差地别。从长远看，这条原则似乎是明智的、可取的。但是，一个仅仅代表社会中的某个阶层的利益、由部分成员执掌的政府绝对是不能长寿的。在反抗国王滥用权力时，清教徒是一支代表进步的队伍。但是当他们成为英格兰的绝对统治者时，他们严格的信仰原则却让人不堪忍受。

当1658年克伦威尔去世时，他严苛的统治已经让人民觉得就算斯图亚特王朝复辟也是一件值得高兴的事情。人们把流亡的王室当作"救世主"一般，他们期盼着斯图亚特的接班人，毕竟，他们明白清教徒们信仰的枷锁和查理一世的暴政同样让人感到透不过气。只要王室的接班人肯忘记他可怜的父亲一再坚持的"神圣君权"，认可国会拥有统治国家方面的优先权，英国人自然情愿再度成为国王陛下忠实的臣民。

为了顺利达成这样的局面，整整两代人艰难而努力地尝试着。不过斯图亚特王室显然没有吸取老国王惨死的教训，还是难改热衷权势的旧习。

1660年，查理二世在人民的欢迎和拥戴中继位。他虽然脾气温和，却天性懒惰懦弱，做事缺乏果敢的魄力，有点随心所欲，加上撒谎成性，这使他暂时避免了与自己的臣民发生公开的冲突。1662年通过了《统一法案》，他将全体不信奉国教的神职人员从各自所在的教区驱逐出去，给清教徒来了重重一击。1664年，查理二世又通过了《秘密宗教集会法令》，以流放西印度群岛作为惩罚，妄图阻止不信国教的人进行秘密宗教集会。他的做法与以往"君权神授"区别不大。人民渐渐流露出和往日一样的不满情绪，国会也在为国王提供资金的事情上遇到了阻碍。

因为从一个有异心的国会那里搞不到钱，查理二世便秘密从他的近邻兼表兄——法国的路易国王那里借钱。他以每年二十万英镑的代价出卖了他的新教盟友。他相当得意，把国会那帮人看作是不折不扣的傻瓜。经济上的独立使查理国王一夜之间充满自信。他曾在自己的天主教亲戚那里度过了漫长的流亡岁月，也偷偷地对亲戚们的宗教信仰产生过好奇和好感。或许，他能够使走入歧途的英格兰回归罗马教会也说不定。于是，查理颁布了一项《赦罪宣言》，废除了那些压制天主教徒与不信国教者的旧法律。此时人们正议论纷纷，怀疑查理的弟弟詹姆斯成了一名天主教徒，这时颁布了这项宣言，人们难免用质疑的态度紧张地关注着宗教政局的发展。他们开始害怕，担心教皇会策划下一个可怕的阴谋。岛上涌动着一股不平静的暗流。当然，大部分人还是不希望内战爆发。他们宁愿忍受王室的压迫与一位信奉天主教的国王。是的，即便这意味着神圣君权会卷土重来！可他们更不情愿看到同一种族手足相残。然而另外一些人却没有如此宽容厚道，尽管在生活中他们就是诚惶诚恐的不信国教者，可在坚持信仰上他们却有十足的勇气。几个才智过人的贵族领导着他们，他们绝对不愿意在王权下生活，绝不肯回到以前的旧日子里去。

差不多十年的漫长时光中，这两大阵营僵持不下。一大阵营叫"辉格"党，代表反抗国王的中产阶级的利益，他们之所以起了这么一个滑稽的名字，是因为在1640年，苏格兰长老会的神职人员带领了一大帮辉格莫人（马车夫）向爱丁堡进军，反抗国王。另一大阵营被称为"托利"党，"托利"原本是来称呼爱尔兰反王室人士，现在却用来称呼国王的支持者们，挺有讽刺意味的。虽然辉格党与托利党互相对垒，但其实他们都不愿意让国家陷入危机之中。他们静静地让查理二世寿终正寝，安静地死在寝宫中，还容忍了信奉天主教的詹姆斯二世在1685年接任了他哥哥的英国国王王位。不过当詹姆斯先是设立一支"常备军"（信奉天主教的法国人是这支军队的领导人），使国家处于外国干政的重重危机之中；又在1688年颁布第二个《赦罪宣言》，强制性地让人在所有国教教堂诵读，他的权力超出了界限。这条界限是只有那些备受拥戴的统治者在极特殊的情形下才被允许偶尔超越的，而詹姆斯既不受人拥戴，也非形势使然。人们开始公开地声讨他。有七位主教公开拒绝宣读国王颁布的法令，被以"煽动性诽谤罪"审判。可当陪审团大声宣布被控者"无罪"时，引来的是人民兴奋的呐喊和欢呼。

好巧不巧的是，詹姆斯（他第二次婚姻是和信奉天主教的摩德纳伊斯特家族的玛丽亚）的儿子降生了。这代表，日后继承詹姆斯王位的将不是他的新教徒姐姐玛丽或安娜，竟然是一个天主教的孩子。人们再度怀疑詹姆斯的用心。摩德纳伊斯特家族的玛丽亚不再年轻了，怎么还能生儿育女呢？这是他们阴谋的一个部分！肯定是哪一个居心叵测的耶稣会教士将这个不明身份的婴儿偷带进宫，以便有一位天主教君主来统治未来的英国。流言猛于虎，越传越不成样子。而来自辉格和托利两党的七位著名人士联名给詹姆斯的长女玛丽的丈夫，荷兰共和国的首脑威廉三世写了一封邀请信，让他来英格兰，接替那位即使合法但压根不被拥戴的詹姆斯二世做英国国王。

1688年11月15日，在图尔比（法国中西部城市）威廉成功着陆。威廉不忍心自己的岳父惨死，帮助他顺利逃到了法国。1689年1月22日，威廉召开国会会议。同年2月23日，威廉宣布与自己的妻子玛丽一起继任英国国王，终于使得这个国家免除了被天主教复辟的危机。

这时的国会就不再只是国王的顾问团了，它趁机赢得了更大的权力。先是将1628年的旧版《权利请愿书》在档案室里某个被遗忘的角落找了出来。接着，第二个更严格的《权利法案》顺利通过，明确要求英格兰君主必须是信奉国教的人。而且，该法案还进一步宣称，国王无权搁置或废除法律，也没有权力恩许某些特权阶层逾越某条法则。它还特意指出"没有国会的允许，国王不得擅自征税，也不得擅自集结军队"。就这样，1689年的英格兰已经拥有了其他欧洲国家从未有过的自由。

威廉时代被英国人称颂，不仅仅因为威廉执行了自由开明的政策。他还首次采用了一种"责任"内阁的政府体制。因为再能干的国王也不可能一人掌管整个国家，他们需要一些值得信任的顾问。都铎王朝就有全是贵族和神职人员组成的著名的"大顾问团"。后来这一机构日渐冗重庞大，就被小型的"枢密院"取代了。这些枢密官经常到宫殿的一间内室去觐见国王，商议国家大事，渐成习惯。后来，他们就被称作"内阁成员"。很快，"内阁"这个词就流传开来了。和前几任君主一样，威廉也从各大党派中选择自己的顾问。但国会实力日益强盛后，辉格党占据国会的多数，就算威廉想在托利党人的帮助下推行自己的政策也几乎没有什么希望。于是，托利党人被逐出内阁，全部由辉格党人执掌。数年过后，辉格党人在国会失势时，国王为了方便自己省事，只能向托利党的领袖们寻求支持。一直到他1702年死去为止，威廉由于一直忙于和法王路易交战，根本顾不上国内朝政。所以，几乎所有重要的朝政大事都是由内阁一手打理的。1702年威廉的妻妹安娜继位之后，依旧是如此。1714年安娜去世（她所有子女共七个都不幸先她而去），英格兰的王冠落到了詹姆斯一世的外孙女苏菲的儿子，汉诺威家族的乔治一世头上。

乔治是一个没什么高贵教养的君主，甚至根本不懂英语。英国这套复杂的政治制度就像曲折的迷宫，让他无所适从。他把所有的事情都抛给了内阁，自己则离得远远的，不参与其中。因为一个字都听不懂，出席这些会议当然是一种折磨了。所以，内阁就养成了不劳烦国王陛下而自行治理英格兰与苏格兰的习惯（1707年，苏格兰国会与英国国会合并）。而乔治更情愿待在欧洲大陆上，随心所欲地生活。

在乔治一世和乔治二世统治期间，一系列杰出的辉格党人组成了国王的内阁，其中罗伯特·沃波尔爵士执掌政权长达二十一年。辉格党的领袖们因此被公认为不仅是责任内阁的首脑，而且是把握国会权力的多数党。乔治三世继位后，想要重揽大权，将政府实权从内阁手中夺回，但他的努力带来的毁灭性结局使他的继任者们止步不前。这样，18世纪初期，一个代议制政府便在英国诞生，国家大事由责任内阁成员来掌管。

这个政府在本质上并不能代表所有社会阶层的利益。英国全境拥有选举权的人不足总人口的十二分之一。不过，它却形成了基本的现代议会制政府雏形。用这种稳健平和却有力的方式，国会夺过国王的权力，将它交到一个人数日增的受人拥戴的民众代表团手中。这种举措虽然算不上开创了一个河清海晏的盛世，但它确实让英国免遭革命的动乱。毕竟，在十七八世纪的欧洲，革命虽然摧毁了专制王权，但随之而来的后果也让人难以承受。

第四十七章

权力均衡

法国与英国相隔只有浅浅的一湾海峡，可"君权神授"却空前强大，只有新产生的"权力均衡"理念才能稍稍约束法国国王日益膨胀的野心。

我们已了解到英国人是怎样为自由而战的，现在我们来对比同时期法国有哪些重要事件，两相比较，你会发现其中巨大的差异。回顾历史，在适当的时机，适当的国度，恰好有一位适宜的君主，这种巧合委实少见。可是在那时的法国，路易十四的出现实现了这一理想状况。虽然，在欧洲其他国家看来，路易十四不出现的话，生活会更美好。

路易十四接手的是一个强大的法国，当时是欧洲人口最密集、国力最强大的国家。马萨林和黎塞留这两位红衣主教把古老的法兰西王国变成了17

世纪生命力最旺盛的中央集权制国家。路易十四也十分优秀，现在依然可以随处看见太阳王时代留下来的辉煌成就。源于路易十四宫廷的完美礼仪和优雅谈吐，至今仍是社交界礼仪的标杆。而在外交界，国际会议的官方语言一直是法语，毕竟，两百年前，法国人在外交辞令上的成就早已达到极致。路易十四时代，喜剧水平之高令现代艺术家惊叹折服。黎塞留创建的法兰西学院在学术界也处于顶级水平，许多国家纷纷效仿。这样的成就还有很多，要全写下来估计得单独出一本书了。而且，高雅的法国烹饪艺术是人类文明抵达巅峰的象征之一，所以我们用餐时菜单上的菜品都用法语书写。总之，路易十四时代是人类文明史上一个灿烂精致的时代，现在的我们仍然深受其影响。

可惜，这灿烂图景的背后，却有着令人沮丧的黑暗面。外表的荣耀往往要以牺牲国内为代价，法国也是如此。路易十四从父亲手中接过王位时是1643年，他在1715年才过世。这代表，七十二年的时间里法国政府都是路易十四一人独揽大权，执政时期甚至跨越了整整两代人。

我们首先要清楚"独揽大权"是什么概念。历史上曾出现过一些高效的独裁政权，被我们称为"开明君主专制"，而这种制度恰恰是路易十四首创。他不能忍受君主如傀儡一般任人摆布，也不允许如同儿戏一般随意处理国家大事。因此，开明君主们其实比臣民更加劳累，他们起得更早，睡得更晚，把"神圣义务"的重要性看得与"神圣权力"一样。既然国王不愿意倾听群众的声音，他就必须亲自处理众多繁杂的事情。

当然了，不吃不睡也不可能做到事事都亲力亲为，还是需要助手和顾问来进行辅佐的。一两个将军、三五个外交政策的专家、几个精明的财政顾问，再加个经济学家，也就够了。但是，这些专家顾问们只有建议权，没有决定权。在广大百姓的眼里，他们的君主就是国家的象征。国家和王朝是一体的，荣辱与共。这与美国人的民主观念恰好相反。其实，波旁王朝就是法兰西，法兰西就是为波旁王朝服务的。

显然，这种君主专制制度有明显的缺陷。国王唯我独尊，百姓皆是蝼蚁草芥。古老的贵族被挤下了政治舞台，失去了曾有的独立自主权。各个地方的事情都要集中到首都巴黎去置办，某个手指沾满墨水的皇室小官会在政府办公厅里行使某些权力，而这本来应属于一百年前封建领主的。而封建领主们闲得发慌，只有迁居巴黎，去路易十四的宫廷里用无尽的享乐来填补心灵的空虚。马上，他们老家的田地便随之得了一个异常危险的经济病——"地主缺席所有制"。在不到一代人的时间里，曾经勤劳的封建领主不见了，只有凡尔赛宫里一群纵情享乐、毫无用处的闲人。

《威斯特伐利亚和约》签订时，路易十四才十岁，三十年战争由此结束，同时哈布斯堡王朝在欧洲大陆的霸主地位也宣告结束。可想而知，像路易十四这样壮志满怀的青年，自然要抓紧机会为自己的国家赢得更多的荣耀。1660年，路易十四娶了西班牙国王之女玛丽亚·泰里莎。后来，他那个半疯癫的岳丈，也就是西班牙哈布斯堡王室的菲利普四世就命丧黄泉，路易立刻宣布西班牙所拥有的荷兰领土（今比利时）应当作为陪嫁品归属法国。这样的非分要求不仅会严重影响欧洲的和平，还会威胁到这个新教国家自身的安全。在荷兰七省联盟的外交部部长扬·德维特的统领下，1664年，第一个伟大的国际联盟——荷兰、英国、瑞典的三国同盟宣布成立。可惜，它的寿命并不长。路易十四威逼利诱让英国的查理国王和瑞典议会不要多管闲事。被盟友们出卖的荷兰只得独自抵抗法国。1672年，法国军队入侵了这个低地国家，并一路势如破竹挺进了荷兰腹地。荷兰人只好再次挖堤让海水倒流，使法兰西太阳王陷入水洼之中。1678年所签订的《尼姆威根和约》其实解决不了问题，反而为后来的战争埋下了伏笔。

1689年至1697年，第二次侵略发生了，《里斯维克和约》结束了这次侵略战争。但它并未给予路易十四孜孜以求的统治欧洲的权力。虽然路易的宿敌扬·德维特不幸被荷兰暴民杀死，可他的继任者威廉三世（荷兰执政，后成为英国国王）让路易十四成为欧洲之主的种种努力全部白费，变为泡影。

1701年，西班牙哈布斯堡王族的最后一位国王查理二世刚刚去世，一场争夺西班牙王位的战争便爆发了。1713年签署了《乌德勒支和约》，但未能解决任何问题，但这场战争却使得路易十四差点儿破产。在陆战中，法军虽然所向无敌，可英国与荷兰的海上联军使法国想要赢得最终胜利的希望化为泡影。这次长期的对战却恰好催生了一个新的国际政治的法则：从今天开始，不可能再由一个国家来统治整个欧洲及整个世界，任何时候都不可能。这就是所谓的"权力均衡"原则。这原本是一条不成文的法律，但在三百年漫长的时光里，各个国家如自然法则一般严格遵守这条原则。这一观念的提出者觉得，欧洲在民族主义不断蓬勃发展的时期，只有当整个大陆的各种矛盾与利益冲突处在一个均衡状态，才能完好地持续发展下去。某个单独的势力或单独的王朝妄图称霸欧洲，这是不被允许的。在三十年战争期间，哈布斯堡王朝就因违背这一法则而灭亡了。不过，他们自己并没有意识到。那段时间，铺天盖地的宗教论争掩盖了潜藏在冲突之下的真实意义，导致人们并不能完全领悟这场战争的本质。不过，从那时起，我们可以得知，对于经济利益的无情算计是如何在所有国际事务中有着压倒性的重要地位的。一种新型政治家开始诞生，他们个个是精明务实、手持计算尺和现金出纳机的政治家。扬·德维特是这个新型政治学派的首位成功人士。威廉三世则是他的第一个优秀毕业生。而路易十四尽管拥有无比的荣耀和名誉，却明知故犯，牺牲在残酷的原则之下。后来，还有不少人重蹈他的覆辙。

第四十八章

俄国的兴起

神秘莫测的莫斯科帝国突然登上欧洲的历史舞台。

哥伦布发现美洲是在1492年，大家都知道。而同年年初，一位名为施纳普斯的蒂罗尔人受到了当地大主教的委托，拿着几张写满了高度赞誉他本人的介绍函，率领一支科学远征队前往传说中神秘的莫斯科城，但未能达成预期目标。当他历经艰险抵达传说中坐落在欧洲最东边的莫斯科帝国的边界时，却被毫不客气地拒之门外，因为这里不许外国人进入。施纳普斯只得掉头前往土耳其，看看异教徒控制下的君士坦丁堡，以便回去后至少能向主教大人交差。

六十一年后，英国的理查德·钱塞勒船长本来想找寻通往印度的东北航道，船却被疾风刮进白海，阴差阳错地到了位于德维内河入海口的霍尔莫戈里村。这片村落，离1584年建立阿尔汉格尔城的地点只有几小时的路程。

这一次，外国访问团都被邀请到了莫斯科，觐见了大公陛下。当钱塞勒重返英格兰的时候，还带回了一份俄国与西方世界第一次签订的通商协议。接着，其他国家闻讯纷纷前往，世人也慢慢开始了解有关这片神奇土地的真相。从地理上看，俄国是一片广袤无垠的大平原。乌拉尔山脉低缓，没有办法成为抵御入侵者的有力屏障。流淌在这片平原上的浅水河十分宽阔，是游牧民族理想的放牧之地。

当罗马帝国经历着兴衰起伏时，远离中亚故土斯拉夫部落正在德涅斯特河与第聂伯河之间的森林与草场漫无目的地游荡着。希腊人偶尔遇见过这些斯拉夫人，公元三四世纪的旅行者也曾提到过他们。但除此之外，他们的行踪也和1800年的内华达印第安人一样，根本不为外人所知。

不幸的是，一条便利的商路贯穿了这个国家，使这群原始居民和平宁静的生活发生了天翻地覆的变化。这条商路是连接北欧与君士坦丁堡的主要道路。它沿波罗的海的海岸线直到涅瓦河口；穿过拉多加湖，顺沃尔霍夫河南下；之后横渡伊尔门湖，溯拉瓦特小河北上；再通过一段短暂的陆路行程到达第聂伯河；最后沿第聂伯河直下黑海。

最早发现这条路线的是北欧人。在公元9世纪的时候，小部分北欧人就开始在俄国北部定居，其他人则在法国和德国扎根。公元862年，来自北欧的三兄弟渡过波罗的海，在俄国平原上建立了三个小国家。三人之中，鲁里克活得最长。他吞并了两位早逝的兄弟的国土，在北欧人首次抵达俄国二十年后，建立起第一个以基辅为首都的斯拉夫王国。

由于从基辅到黑海路程并不远，一个斯拉夫国家存在的事实很快便为君士坦丁堡所知。这代表着，基督传教士们又有了一片传播耶稣福音的地方。拜占庭的僧侣纷纷沿第聂伯河逆流而上，深入到俄国腹地。他们发现，这儿的人民居然还崇拜着一些居住在森林、河流及山洞里面的奇怪神祇。于是，僧侣们便给当地人讲解耶稣的故事。这里确实是传教的好地方，因为罗马教会的人正忙于教化野蛮的条顿人皈依基督教，遥远的斯拉夫部落他们根本无暇顾及，不会来和他们竞争。俄国人就这样接受了信仰，还学到了文学、艺术和建筑方面的知识。由于拜占庭帝国（东罗马帝国的遗迹）已经变得非常东方化，它原有的欧洲特色已不复存在，不得不说这是俄国的损失。

从政治上讲，这些在辽阔的俄国平原建立的国家其实非常落后。按北欧传统，父亲留下的遗产总是由所有儿子平分。这样，父亲留下的本来就面积不大的国家被分为若干份，而儿子们又照例将自己的财产分给下一代子孙，长此以往，这些小国总是战争不断，时常处于混乱之中。当一支亚洲野蛮族入侵，他们根本无力抵抗，这些小国不仅分散而且实力太弱，想要联合起来共御强敌更是难上加难。

正是在1224年，鞑靼人第一次大规模入侵俄国。伟大的成吉思汗在征服布拉哈、塔什干及土耳其斯坦后，终于首次来到西方。斯拉夫军队在卡拉卡河附近被彻底击溃，俄国人的命运岌岌可危。不过正如他们从天而降一般突然，他们又瞬间消失了。十三年后，也就是1237年，蒙古人再度造访俄国。在不到五年的时间里，他们征服了俄国平原。直到1380年，莫斯科大公德米特里·顿斯科夫在库利科夫平原击败鞑靼人，才让俄国重获自由。

这样算来，俄国人用了整整两个世纪的漫长时间，才将自己从蒙古人的囚笼中解放出来。这是一个多么沉重和耻辱的历史啊！蒙古人把斯拉夫农民变成了可悲的奴隶。要想苟延残喘，就只能乖顺地匍匐在那些肮脏的蒙古人脚下。向这些坐在俄国南部草原的帐篷中的主人苦苦哀求，默然忍受着主人的唾骂和四溅的口水。这种奴役的生活使俄国人民的荣誉与尊严被践踏得荡然无存。饥饿、痛苦、虐待和严刑成为俄国人的生活常态。到最后每一位俄国人，上至贵族下到农民，都变成了一条条受尽打骂的老狗，早就吓破了胆，没有主人的允许甚至连摇尾乞怜也不敢了。

逃跑是绝对行不通的。鞑靼可汗的骑兵迅猛如电而且冷酷无情。茫茫的大草原没有能给人安心遮蔽的地方。所以，他们只能默默忍受黄种主人给他们的任何折磨，否则他们必死无疑。原本还能指望欧洲人，不过当时的欧洲正忙于内战，教皇和皇帝争论不休，形形色色的异端分子此起彼伏，哪还能管斯拉夫人的命运呢！

俄国最终的"救星"来自早年北欧人建立的众多小国之一。它位于大平原的心脏地带，其首都莫斯科就建在莫斯科河畔一座陡峭的山岩上面。这个小公国靠着在不得已时讨好鞑靼人，又找准时机加以反抗，于14世纪中期确立起自己民族领袖的地位。必须在此强调一点，鞑靼人完全没有什么建设性的政治才能，他们只懂毁灭和破坏。他们不断征服新土地，主要目的是为了源源不断地得到岁贡。因为岁贡必须采用征税的方式才能得到，鞑靼人不得不让一些旧政治组织保留下来好为自己征集岁贡。这样，俄国的许多小城得以幸存，并靠着收税和打劫邻国来上缴岁贡。

莫斯科公国靠牺牲邻居们的利益，让自己慢慢发展壮大起来。最后，它终于积累了足够的实力，可以公开抗击它的鞑靼主人了。莫斯科公国作为俄国独立事业的领袖，很快便让翘首盼望自由的斯拉夫部落的人聚集到了莫斯科。1453年，君士坦丁堡被土耳其人攻陷。十年之后，伊凡三世治理之下的莫斯科向西方宣告，斯拉夫民族对拜占庭帝国及君士坦丁堡的罗马帝国传统

彼得大帝在荷兰造船厂

享有世俗与精神上的双重继承权。经历一代人的时间之后，在伊凡雷帝统治时期，莫斯科公国的大公已经强大到敢于借恺撒的名号，自称沙皇，并要求西方各国承认。

1598年，费奥特尔一世去世后，被北欧人鲁里克的子孙们掌控的老莫斯科王朝结束了。拥有鞑靼血统和斯拉夫血统的混血儿鲍里斯·哥特诺夫成了新沙皇。他在位时间虽然只有七年，但是他的决策改变了俄国人民的命运。俄国虽地域辽阔却国力疲弱，百姓困苦。这里没建造工厂也不发展贸易，它为数不多的城市其实就是一些脏兮兮的乡镇。俄国虽然有着强有力的中央集权，统领的土地上却多是一些目不识丁的文盲农民。其政府受到斯拉夫、斯堪的纳维亚、拜占庭及鞑靼影响，是一个多元文化政权。除国家利益，政府对其余的一切都不在意。为保卫这个国家，政府需要一支军队。要征集税收来供养军队，又需要国家公务员，而要给公务员支付薪水，又需要土地。不过在东部和西部的辽阔荒原上，土地是最不用发愁的资源。但是如果没有人力来经营土地和饲养牲畜，土地便不能体现它的价值。为了强迫更多的人去开荒种地，牧民的一项项权利被政府接连剥夺。到17世纪初，牧民们正式沦为土地的附庸。俄国农民从此不再是自由民，而被迫变成了农奴，生活得越来越悲惨。一直到1861年，俄国境内的农奴已在重压之下纷纷惨死，为数不多。

在17世纪，俄国的国土仍在不断扩张之中，并迅速延伸到东边的西伯利亚。随着实力渐增，俄国终于成为其他欧洲国家不得不重视的一支力量。1618年，鲍里斯·哥特诺夫去世。俄国贵族在内部推选出了新沙皇。此人是费奥特尔的儿子，叫米哈伊尔，继位前一直住在离克里姆林宫较近的一所小房子里。

1672年，米哈伊尔的曾孙——彼得出世了。当这个孩子长到十岁时，王位被他同父异母的姐姐索菲亚篡夺了。于是，小彼得只能被送到位于首都郊区的外国人聚居地去。他身边围绕着苏格兰酒吧主、荷兰商人、瑞士药剂师、意大利理发匠、法国舞蹈教师和德国小学教员，这些经历让这位年轻的王子对欧洲产生了最初的却十分深刻的印象。在他的印象中，遥远而神秘的欧洲是一个与俄国截然不同的世界。

当彼得十七岁时，他出人意料地从姐姐索菲亚手中夺回皇位，自己当了俄国的新统治者。只当一个半野蛮、半东方化民族的沙皇，并不能让他满足，他决心要成为一个文明国家的伟大君主。不过，要想把一个拜占庭与鞑靼混合的俄国变成一个强大的欧洲帝国，这绝非一朝一夕之事。它需要强有力的手腕和清醒睿智的头脑，彼得正好二者兼备。1698年，古老的俄国正式开始施行嫁接现代欧洲的手术。最终，病人侥幸活下来了。不过随后发生的事情证明，俄国人在手术的重创中受到的伤害不是五年就能恢复过来的。

彼得大帝创建新都

第四十九章

俄瑞之战

为了与瑞典争夺东北欧霸主地位，俄瑞之间发生了多次战争。

1698年，沙皇彼得有生之年第一次前往欧洲，开启了他的西欧之旅。他取道柏林，前往荷兰和英格兰。当他尚且年幼时，他在父亲的池塘里用自制的小船划水，差点儿被淹死。但是，彼得还是对水有着终生的热情。他一直都执着于使俄国这个内陆国家拥有一条通向广袤海洋的道路。

当这位严肃而激进的青年统治者在海外探察的时候，一群聚集在莫斯科的旧制拥护者们便开始密谋让他的改革土崩瓦解。皇室卫队斯特莱尔茨骑兵团叛变，迫使彼得不得不火速回国。他自任最高行政官，将斯特莱尔茨骑兵团处以绞刑或者肢解，骑兵团成员统统被处死。彼得的姐姐索菲亚以乱党首领的身份被关进了一座修道院。彼得为自己的统治稳固了权力，扫清了道路。1716年，当彼得第二次前往西欧时，这一事件再度重演。这次，乱党头目是彼得莽撞的儿子阿利克谢。彼得不得已再一次匆匆回国。阿利克谢在牢房里被折磨致死，那些拜占庭传统的老顽固们则被流放到几千英里外西伯利亚的一座铅矿。从此，再没有发生过一起针对沙皇的暴动。直到死神将这个领袖带走之前，他一直大刀阔斧地推进着改革。

我们很难按时间顺序列出一张沙皇推行改革的清单。他雷厉风行，大刀阔斧，完全不按常理行事。他颁布的各种法令太多，让人无法记录。彼得仿佛觉得之前的所有一切都是错误的，他急于将俄国所有的一切全盘改正过来。彼得取得了不俗的成就，他为俄国留下了一支二十万人的军纪严明的陆军和一支拥有五十艘战舰的海军。旧的政府体制在一夜间被消除殆尽。国家杜马，即贵族组成的议会被解散，取代国家杜马的是咨询委员会，他们由沙皇身边的国家官员组成，也被称为参议院。

俄国被分为八大行政区域，可以说是行省。在彼得的要求下，全国各地都在大兴土木，修筑道路，建造城镇。陛下看中哪里，哪里就必须立刻兴建工厂，是否接近原材料的产地则不在考虑范围之内。同时还开凿了多条运河，开发了东部山脉的矿藏。在这片愚昧无知的土地上，中小学校、高等教育机构、大学、医院及职业培训学校也纷纷涌现。荷兰造船工程师及来自世界各地的商人和工匠都因优待政策来俄国定居。皇家官员严格审查后出版的书籍在刚刚建成的印刷厂内大批量地印制着。一部对社会各阶级的责任与义务做出了详尽的规定的新法典很快面世。民法与刑法印刷成册，出版面世。老式俄国服装被下令取缔，皇家警察手持剪刀，守候在每一个乡村路口，将长发长胡子的俄国山民变成整洁干净的西欧人。

宗教事务方面，沙皇绝不允许别人来分享权力。在欧洲出现过的教皇与皇帝对立的情形，在俄国的土地上根本不可能出现。1721年，彼得自任俄国教会的领袖人物。莫斯科大主教一职被废除，宗教会议变成了处理国教一切事务的最高权力机构。

不过，旧俄国的传统势力依旧扎根莫斯科，如果想彻底改革必须将它们连根拔起。为此，沙皇决定迁都。新都的地址被选在波罗的海沿岸不宜居住的沼泽地带。1703年起，彼得着手改造这片土地，四万农民花费数年时间为这座凭空产生的帝国首都奠定地基。瑞典人趁机对俄国发动攻击，企图摧毁这座尚未建好的城市。生活条件恶劣，疾病肆意传播，大批大批参与筑城的农民死去，可工程仍在继续。历经四季变换，一座人造城市终于在波罗的海边上建立起来。1712年，它正式被宣布为"皇家府邸"。又过了十几年，它已拥有七万五千居民。每年，涅瓦河水都会涨潮泛滥两次，但彼得用他那坚定的意志带领人民修建堤坝和运河，彻底战胜了大自然，洪水不再为祸百姓。当彼得于1725年离世时，圣彼得堡已经成为北欧最大的城市。

一个强劲对手的突然崛起自然会使它的邻居们心生忧虑。而彼得，也长期关注着他的波罗的海对手瑞典王国的举动。1654年，克里斯蒂娜，这位三十年战争英雄瑞典国王古斯塔夫·阿道尔丰斯的独女宣告放弃继承王位，决心前往罗马去侍奉天主。古斯塔夫的一个新教徒侄子（查理十世）从瓦萨王朝末代女王手里得到了王位。在查理十世和查理十一世的励精图治下，瑞典王国走向了一个新的盛世。不过在1697年，查理十一世猝死，年仅十五岁的小查理十二世继承了他的王位。北欧诸国等待已久的时机终于到来了。在17世纪发生的宗教战争中，瑞典靠牺牲邻居们的利益才强盛起来。现在轮到邻居们来和瑞典算总账了。大战立刻爆发，一方是俄国、波兰、丹麦、萨克森组成的联盟，另一方是孤独的瑞典。1700年11月，著名的纳尔瓦战役中，彼得麾下的新军经验不足遭到了查理率领的瑞典军队沉重打击。查理是那个年代最有才能的军事将领。在击败彼得后，他迅速掉转矛头去对付其他敌人。在接下来的九年里，他势如破竹，一路摧毁了波兰、萨克森、丹麦及波罗的海各省的大量城镇村庄。此时，彼得却在遥远的俄国休养生息，韬光养晦，加紧训练他的士兵。

彼得的付出终有回报，1709年的波尔塔瓦战役中，俄国人一举击败了疲惫的瑞典军队。面对失败，查理并不沮丧。他还是人民眼中的战神，一个带有浪漫色彩的传奇英雄。不过他一次次的复仇行动不仅徒劳无功，反而把自己的国家一步步引上了绝路。1718年，查理死于意外（具体缘由不清楚），在1721年签订的《尼斯特兹城和约》让瑞典除继续保留芬兰外，丧失了在波罗的海地区拥有的全部领土。彼得缔造的新俄罗斯帝国终于成了北欧地区的第一强国。不过，另一个强劲的对手正在悄悄崛起，它就是普鲁士帝国。

第五十章

普鲁士的兴起

在日耳曼北部的荒寒地区，一个名为普鲁士的国家突然崛起。

普鲁士的历史，是一部边疆的变迁史。早在公元9世纪，查理曼大帝就将原来的文明中心从地中海地区转向欧洲东北部的偏僻地区。他的法兰克士兵使得欧洲的边界渐渐向东方扩展。斯拉夫人和立陶宛人手中许多土地（波罗的海与喀尔巴阡山之间的平原地带）被查理曼大帝夺走。法兰克人管理这些边远地区的方式和美国在非正式省份执行的处理方法是差不多的。

最初，边境的勃兰登堡省是由查理曼建立起来的，主要是为了防御野蛮的撒克逊部落，让他的东部领土免遭袭击。定居在这一地区的文德人其实是斯拉夫人的一支，10世纪时法兰克人征服了他们。文德人的政治中心勃兰纳博后来成了勃兰登堡省的首府。

在11世纪到14世纪里，一系列贵族家族手握这个边境省份的管理权。到了15世纪，霍亨索伦家族突然兴起，成了勃兰登堡选帝侯。他们苦心孤诣，终于将这个蛮荒的边疆逐渐改造成繁荣兴旺的现代王国。

刚被欧洲和美利坚合众国联手赶下历史舞台的霍亨索伦家族（第一次世

界大战中德国战败，霍亨索伦家族的德意志皇帝退位）原本发家于德国南部地区，出身卑微。12世纪，霍亨索伦家族的腓特烈因为一桩幸运的婚姻，出任勃兰登堡城守将，从此平步青云。他的子孙们抓紧一切机会加强自身实力。经过几个世纪的费心尽力，霍亨索伦家族竟然当上了选帝侯。选帝侯是授予那些有资格推选为日耳曼帝国皇帝的王公贵族们的名号。在宗教改革时期，这个家族站在了新教徒一边。到17世纪早期，霍亨索伦家族已经是北日耳曼王侯中最有势力的一支。

残酷的三十年战争时期，新教徒和天主教徒用同样的狂热多次劫掠勃兰登堡与普鲁士。不过在选帝侯腓特烈·威廉的用心治理下，普鲁士不仅迅速从战争的创伤中恢复过来，还学会调动起境内所有金钱与智慧的力量，建立起一个崭新的国家，让人才和资源有了用武之地。现代普鲁士是一个人人都遵从国家利益高于个人意愿的国家。它由腓特烈大帝之父——腓特烈·威廉一世创立。他是一个刻苦节约的普鲁士军士，热爱俗气的酒吧故事和浓烈的荷兰烟草，而对奢华的服饰（特别是来自法国的）却深怀敌意。他只有一个念头，那就是尽忠职守。他严于律己，对下属们的软弱也毫不留情，无论是作为将军还是士兵的时候，他和儿子腓特烈的关系虽然算不上水火不容，但至少相处得并不愉快。父亲气质粗犷，儿子温柔细致，他们相互之间都无法理解对方。儿子热爱法国的礼仪、文学、哲学、音乐，父亲却认为这些都是些娘娘腔的做派。终于，性格迥异的他们爆发了严重冲突。腓特烈试图逃往英国，途中却被拦截押回，并被送到军事法庭审判。让腓特烈深感痛苦的是，他被迫观看好心帮助他出逃的好友被斩首的全部经过。后来，作为惩罚的一部分，这位年轻王子被遣送到外省一个小地方，学习未来当一个国王所应掌握的种种治国方法。历史证明，这段经历对他是大大有益的。当腓特烈于1740年登基后，他对于如何治理国家已经游刃有余。无论是平民孩子的出生证明，还是繁复的国家预算，对他来说都不算什么。

腓特烈还是一位写书的作家，特别是在他写作的《反马基雅弗利》一书里面，腓特烈表明了自己对这位古佛罗伦萨历史学家的政治观念的批判。马基雅弗利曾教导他的贵族门徒：为了国家的利益，可以在必要的时候运用谎言和欺诈的手段达成目的。可在腓特烈看来，理想的贤明君主应该是人民的第一公仆。他赞成路易十四那样的开明君主专制。但实际上，腓特烈虽然昼夜不息、劳心劳力地每天工作长达二十个小时，却不愿任何一个顾问相助。他的大臣们顶多就是一些高级文员。普鲁士仍然被他看作是个人财产，应当全凭他自己的想法来治理。并且，国家利益重于一切。

1740年，奥地利皇帝查理六世去世。他生前曾在一张大羊皮纸上十分明确地写下了制定的一项正式的条约，来确保他的独生女玛利亚·泰利莎的合法地位。不过，他的遗体被安放进哈布斯堡王族的墓穴还没多久，腓特烈的普鲁士军队就已前往奥地利边境，蓄势待发。普鲁士人说，根据某项年代久远的证明，他们有权让西里西亚（甚至整个欧洲中部地区）回归，虽然这些证明的确切性让人怀疑。经过数次激战，腓特烈已经完全掌控了西里西亚。有好几次，腓特烈已经走向了失败的边缘，可他最终在沉重的打击下坚持了下来，打退了奥地利军队的所有反击。

这个新兴强国的突然崛起让整个欧洲为之震惊。在18世纪之前，日耳曼只是一个经受宗教战争摧残，不被人重视的弱小民族。腓特烈靠着和彼得大帝同样的果敢和意志力，使普鲁士从以往备受轻视的小国摇身一变成为让人望而生畏的强国。普鲁士的内部事务被治理得井井有条，比之欧洲其他地区的人，普鲁士人实在没什么可抱怨的。国库年年盈余，古老的酷刑被废除，司法体系正逐渐完善。便捷的道路，优秀的学校，再加上清正廉洁、尽忠职守的大小官员，一切都使人们觉得为国家付出是非常值得的。

以前的几个世纪，一直被法国、奥地利、瑞典、丹麦及波兰诸国充当战场的德国，在普鲁士的带头作用下，终于重获信心。而这一切都是那个身形瘦小、长着鹰钩鼻，制服上满是鼻烟味道的小老头的功劳。

腓特烈爱用滑稽恶毒的话语来抨击他的邻国，他可以满嘴谎言、歪曲事情真相，只要这样做有利于国家利益。他虽然写下了那本《反马基雅弗利》，可他却完全不遵照他所推崇的那样做。1786年，他大限将至。朋友们基本上都已离他而去，也没有子孙后代。腓特烈大帝就这样孤独地死去，身边只有一个仆人和几条狗。他爱这些狗比爱人类要多，用他自己的话说就是：狗懂得知恩图报，并且一辈子忠诚地对待主人。

第五十一章

重商主义

新生的王朝和民族国家怎样致富，重商主义又是什么？

十六七世纪是现代国家发展的初级阶段。几乎每个国家的建立都有其独特的方式。有的是某位贤明的君主治理有方，有的纯粹是意外，还有的是靠有利的地理位置发家的。当然，不管它们是怎样产生的，这些国家都竭力完善国家内部制度，希望自己能在国际事务上拥有更多的话语权。当然，不管内部还是外部，巨额的资金是支持这一切的基础。中世纪时期，国家缺乏中央集权，并不靠着国库来供养，都是皇家领地的收入上交国王，而封建领主们完全可以自给自足。现代国家是中央集权制，这时情况就变得复杂了。古老的骑士制度已然消失，现代都是一些拿着财政工资的政府官员管理国家事务。陆军、海军和行政管理体系都需要资金的供养，可问题来了——这笔钱该从哪儿来呢？

中世纪时期，黄金白银都是稀有物。前文提到过，生活在中世纪的普通人有可能一辈子不知金币长什么样，只有大城市的居民才会经常进行钱币交易。地中海地区本来是贸易中心，美洲新大陆的发现和秘鲁银矿的挖掘让这一切变得不同起来，贸易中心转到了大西洋沿岸。古老的意大利"商业城市"不再是经济重心，被新兴的"商业国家"取代，黄金白银也变得不那么稀奇了。

西班牙、葡萄牙、英国和荷兰的商业贸易让欧洲占有的贵重金属越来越多。16世纪，政治经济学家曾提出"国富论"的思想。他们认为，这种理论太对了，能够使国家拥有更多的利益。黄金白银这些贵金属就是财富，哪个国家拥有金银多就是拥有更多的财富，因此能供养的军队就越多。最有钱的国家肯定会发展成国力最强的国家，甚至有可能变成世界霸主。

这种思想被我们叫作"重商主义"。当时的欧洲诸国将之当作不可置疑的真理，就像早期的基督徒对神灵深信不疑，或者现代美国人对关税的信仰一样。而重商主义在实践的过程中却是这样的：想占有金银最多，国家必须在出口贸易中收获尽可能多的盈余。如果你出口邻国的份额比邻国对你出口的要多，它只能用黄金来支付欠款。所以，邻国的损失恰好是你的盈利。这种思维让17世纪几乎所有的国家都推行了以下经济政策：

1. 占有的贵金属越多越好，尽全力去抢占。
2. 重视海外贸易，国内贸易占次要地位。
3. 鼓励发展所有能将原材料加工出口的行业。
4. 鼓励生育，为工厂提供大量劳动力，农田无法养活那么多人口。
5. 国家监管一切商业活动，在必要时可随时进行干预。

那时，人们还没察觉到国际贸易的运行有其自然的规律，是人的意志所不能决定的，所以十六七世纪的政府都会用法律或下达命令或者资金调控来干预国家商贸活动。

16世纪，查理五世首先接受了"重商主义"理论（这种理论在当时还很新潮），并在全国推广。后来，英国的伊丽莎白女王也学着接受这种理论。而法国的波旁王朝，特别是路易十四，更是狂热地拥护重商主义。其财政大臣柯尔贝尔还成了重商主义的"先知"，全欧洲人都想请他来指条明路。

在英国，克伦威尔的外交政策恰好完美地体现了重商主义的思想，而且专门针对富裕的对手荷兰。大部分欧洲商品的运输几乎都被主张自由贸易的荷兰垄断了。面对这种强劲的对手，英国必须全力以赴消灭它。

这种主张会对海外殖民地造成什么后果，可想而知。重商主义之下，殖民地完全成为宗主国肆意掠夺的资源库，黄金白银和香料源源不断地输出。哪个国家要是掌控了亚美非的贵金属和原材料产地，就相当于垄断了这一原料的国际贸易，其他国家无法涉足此处，就算是当地人也不能与挂着外国国旗的船只私下贸易。

在某些地区，重商主义促进了制造业的诞生和兴旺，这是毋庸置疑的，它使原来的欠发展地区修了路架了桥，开通了运河，运输条件得到了改善，工人技能水平提高，商人的社会地位也得到了提升，贵族地主的旧势力被大大削弱。

可是，事情总有相反的一面，殖民地百姓却也因此饱受折磨，他们被宗主国无耻、残忍地剥削，但就算是宗主国的百姓也好不到哪里去，同样生活得很痛苦。在很大程度上，重商主义助长了国家之间的军事竞争，让世界分为许多独立的军事势力，所有国家只顾自己的利益，时刻想着要削弱邻国的实力，以便侵占对方的金银财宝。财富被认为是最重要的东西，"有没有钱"成了衡量一个人是否有价值的标杆。但是，就像女人的时尚一样，经济思潮也是回环往复的。19世纪时，人们已经抛弃了重商主义，开始推崇自由竞争的经济体系了。

第五十二章

美国革命

18世纪末，从遥远的北美大陆传来的消息令欧洲如坐针毡。曾经弑君的清教徒后裔们为人类无尽的独立斗争史添上了浓墨重彩的一页。

现在，为了便于理解，我们回到几个世纪以前，讲一讲欧洲诸国在最开始是如何抢占殖民地的。

三十年战争后，许多新生的王朝和民族国家在欧洲诞生。这些欧洲的君主在国内的贸易集团以及利益团体的财力支持下，变本加厉地在亚非和美洲争夺殖民地。

西班牙人和葡萄牙人开拓印度洋和太平洋一百多年后，英国人和荷兰人才开始加入到竞技场上来。有趣的是，后来者反而占据了优势。因为最初艰难的开创工作已经由别人先完成了。意外之喜是，早期的航海探险家们多半因暴力手段受到殖民地土著居民的抵触，后来的英国人和荷兰人便受到了如救世主和朋友一般的优待。当然，这两个国家不一定就比前者高尚多少。不过是因为他们的商人身份，所以不想让宗教事务干涉他们的生意。但总体看，所有欧洲人都是如此，在初次面对弱小民族的时候，往往都是凶恶的。英国人和荷兰人之所以受到善待，是因为他们知道分寸。源源不断的香料、金银和岁贡才是他们看重的，如果土著居民随心所欲地过日子会让他们更容易达成目的，那不妨就随他们去吧。

所以，他们没用多少力气便扎根在世界上资源最丰富的地区。不过刚刚占据领地，英国和荷兰便开始为争夺更多的领地而引发了战争。有趣的是，争夺殖民地的战争从来不会在殖民地上燃起战火，而总是发生在三千英里外的海上。尽管对于历史来说，规律并不多，但是这个共识却一直存在，即"谁掌控了海洋，谁就能称霸陆地"。现在看来，这条法则依旧没有失效。也许，现代飞机的出现能改变这种法则。不过在飞行器还未出现的18世纪，英国依靠强大的海军力量最终赢得了美洲、印度及非洲广阔的殖民地。

英国与荷兰之间的抢夺殖民地之战，并非我们聚焦的重点。它像所有实力悬殊的战争一样，结果不难猜测。不过英国与法国的战争却更具有历史意义。在实力强劲的英国皇家海军对战法国舰队之前，它的前战在北美大陆爆发。英国人和法国人不仅为自己发现的陆地而进行征战，更是热情地去抢占还没有被占领的新地盘。1497年，卡波特在美洲北部登陆；二十七年之后，乔万尼·韦拉扎诺再度造访这块区域。卡波特打着英国的旗号，韦拉扎诺则举起了法国国旗。为此，英国和法国都宣称自己才是北美大陆的主人。

17世纪，十多个小型英国殖民地在缅因州与卡罗来纳之间被兴建起来。当时的殖民者往往是一些不信奉国教的难民，比如1620年来到新英格兰的新教徒和1681年移民宾夕法尼亚的贵格会教徒。在紧靠海岸的地方形成了一些小型的聚集地。难民们在此兴建自己的新家园，在远离王权控制与干预的宽松氛围下，他们生活得十分幸福快乐。

而法国的殖民地却常常是处于国王严厉的看管下的。法国不允许胡格诺教徒或新教徒在这些殖民地自由进出，以防他们向印第安人传播邪恶的新教教义或阻碍耶稣会传教士的传教工作。所以，和邻居兼对手的法国殖民地相比，英格兰殖民地发展的基础更为健康。英国殖民地是岛国中产阶级实力的延展，而法国的殖民地却是一些流亡来此的暂住民。他们怀念故土，想方设法希望能早日回到法国。

不过相较而言，英国殖民地的状况却远远不如它的竞争对手。早在16世纪，法国人已经发现了圣劳伦斯河口。从大湖地区开始，他们又一路向南，抵达密西西比，还沿墨西哥湾建立起数个要塞。经一百年的探索，一条由六十个法国要塞构成的防线将大西洋沿岸的英国殖民地和地域广阔的北美腹地阻隔开来。

当初英国赐予许多殖民公司的土地许可证，包括上面写着的"从东岸到西岸全部土地"，有可能会成为一纸空文。因为，大不列颠的领地在拓展到法兰西要塞前以后，没法再向前了。当然，要突破这条防线是有希望的，但是这需要花费大量的人力财力，由此导致边境经常燃起战火，那是他们借助印第安人的帮助，屠杀了许多白人邻居。

只要英格兰继续由斯图亚特王朝统治，英法之间就不可能正式开战。为加强自己的君主专制统治，斯图亚特王朝需要波旁王朝的全力帮助以对抗国会。1689年，斯图亚特王室最后一位成员从不列颠的土地上消失，英国国王变成了路易十四最强劲的敌人——荷兰的威廉。从此，英法两国为争夺印度与北美殖民地展开了旷日持久的激战，直到1763年《巴黎条约》签订才平息战火。

就像我之前讲到过的，英国海军在数次海战中不管战斗规模如何，总是能不断地击败法国海军。法属殖民地由于无法通过海路取得宗主国的帮助，纷纷落入英国人的手里。到《巴黎和约》签订时，整个北美大陆都成了英国的囊中之物。卡蒂兰、尚普林、拉塞里、马奎特等一代代法国探险家辛苦工作的成果都被英格兰人截取。

广袤的北美大陆人口十分稀少。北部的马萨诸塞生活着1620年到达此地的清教徒们（他们在信仰上十分狭隘，无论英国的国教还是荷兰的加尔文教义都不能使他们满足），南边是卡罗来纳和弗吉尼亚（一块纯粹为了种植烟草赚钱的地区），这里也是人烟稀少。不过在有着明媚阳光的新土地上生活的人们，与居住在国内的同胞们性格全然不同。荒原贫瘠，他们在这种环境下逐渐培养出靠自己的信念。他们个个勤奋耐劳，充满着斗争精神。毕竟，那个年代里，闲人和懒惰者是不会冒着生命危险移居海外的。以前在国内，拥挤、压迫让人透不过气来，他们不愿意过这种没趣的生活。他们决心要主宰自己的人生。而英国的统治阶级好像没办法体会他们的感受。官方对殖民者大为不满，殖民者也同样厌恶政府的诸多干涉。

不满情绪的加深最终导致了矛盾的爆发，不过冲突发生的具体细节我们就没必要详尽描述了。当然，如果当时在位的是一位比乔治三世明智的国王，或者乔治能够稍稍约束一下他的首相诺思勋爵，或许历史就会走向另一个轨迹。当然，历史不容假设，当北美殖民者发觉和平谈判于事无补以后，他们便举起了武器。以前温良的顺民变成了暴民，他们面临着两种道路，要么赢得独立，要么被乔治国王的日耳曼雇佣兵俘获（当时有个比较流行的军事买卖，条顿王公们经常将整团的士兵出租给出价最高的客人），走上断头台。英格兰与其北美殖民地之间的战争持续了七年之久。大多数时间，叛乱者毫无胜利的希望。毕竟，有大量的殖民者，特别是城市居民，他们依然是国王忠实的子民。他们偏向妥协态度，总想和宗主国重修旧好。好在华盛顿拥有独特的领袖精神，才让殖民地的独立事业坚持下去。

在一些勇敢者的全力帮助下，华盛顿带领着装备落后但却坚忍不拔的军队不断地削弱国王的实力。一次次，在几乎没有取胜希望的时候，华盛顿总能运筹帷幄，在关键时刻反败为胜。他手下的士兵经常缺衣少食，只能在环境恶劣的壕沟里相拥取暖。虽然条件很艰苦，但是他们却坚守着对自己的领袖的信任，终于赢得了最后的胜利。

不过，不管是华盛顿指导的胜利之战，还是去欧洲游说法国政府和阿姆斯特丹银行家的本杰明·富兰克林所取得的外交方面的成就，这都是之后的事情了。在革命初期还有一件重大事件值得我们去关注。当时，费城聚集了来自不同殖民地的代表们，共同商议革命计划。那是独立战争的第一年，整船的援兵和物资正从英国源源不断地送达，北美沿海地带的大部分重要城镇都还控制在英国人手中。在这个紧要关头，只有那些对自己的理想信念特别坚定的人，才有勇气聚齐在一起，做出了1776年6月和7月那个具有历史纪念意义的决定。

1776年6月，弗吉尼亚的理查德·亨利·李向大陆会议提出："这些联合起来的殖民地是有权而且应当是自由而独立的州。它们不再属于英国王室，并且不应与大不列颠帝国再有任何政治上的联系。"

马萨诸塞的约翰·亚当斯附议了这项提案，在7月2日正式实行。1776年7月4日，大陆会议正式发表《独立宣言》，起草人为托马斯·杰斐逊。他谨慎严肃，熟悉政治学，精通管理，注定将成为美国青史留名的总统。

《独立宣言》发表的消息传遍世界各地后，随之而来的是殖民地人民的最终胜利及1787年《宪法》（美国的第一部成文宪法）的通过。这一系列的事件在欧洲引起了相当大的轰动和关注。在欧洲，高度中央集权的王朝制度在17世纪的宗教战争终结的时候，达到了它权力的顶峰。国王的宫殿越来越宏伟，可宫墙外的贫民窟也在不断增多。百姓的日子没有盼头，已经开始暗潮汹涌。而上等阶层——贵族与专业人员，也开始怀疑现存社会的经济和政治制度。北美殖民者的胜利恰好告诉了他们，欧洲人想都不敢想的事情，其实是完全有可能实现的。

一位诗人曾经这样形容：莱克星顿的枪声"响彻了全球"，当然这有些夸大其词了。至少中国人、日本人、俄国人（更别说澳大利亚人，他们刚刚被库克船长重新发现，但不久后当地土著就处决了库克船长）根本就没听见。不过，这枪声确实越过了大西洋，正好落在欧洲人民满腹牢骚的火药桶中。它在法国引起了轰动性的爆炸，震动了从彼得堡到马德里的整个欧洲，陈旧的国家制度与外交政策全被埋葬在顷刻之间砸下来的民主巨石之下。

第五十三章

法国资产阶级革命

法国大革命向全世界传扬了自由、平等、博爱的原则。

当讨论"革命"时，我们最好先聊一聊"革命"一词的具体含义。根据一位伟大的俄国作家的定义（俄国人对这方面倒是很有体会），革命就是"在短短几年之内，迅猛地推翻过去几个世纪以来根深蒂固的旧制度。尽管这些制度一度显得那么天经地义、坚不可摧，甚至连最激进的改革者也不敢在理论上进行抨击。然而革命却让国家原有的社会、宗教、政治与经济的根基在短时期内便崩塌了"。

在18世纪的法国，古老的文明开始腐坏，法国大革命应运而生。在路易十四长达七十二年的专制统治中，国王成了无上权力的代表，甚至可以代表国家本身。曾为封建国家服务的贵族阶级，竟然沦为无事可做的凡尔赛宫的装饰品。

18世纪的法国奢华糜烂，花钱如流水，而这钱完全来自各种名目的税收。很不幸，法国国王的权势还没有强大到让贵族和神职人员也来交税，所以，都是贫苦的农民阶级来承担这巨额的税收压力。封建地主无法顾及住在破旧的茅屋草棚里的法国农民，地方官吏残忍地剥削他们，生活变成了无尽的炼狱。就算有好收成，可那代表着要交更多的赋税，自己得不到丝毫的好处。那他们还辛勤劳作干什么呢？荒废田地，这就是他们最终的选择。

因此，这样一种局面便产生了：一位法国君主在奢靡的宫殿里享乐，身后跟着的是一群溜须拍马、阿谀奉承的小人，所有这些人全部靠着生活得和畜生没什么两样的农民来过活。这样的景象多么让人难过，但却没有一丝一毫夸张。当然，我们也要承认，所谓的"天朝旧制"不仅有阴暗面，还有积极的一面。

富裕的中产阶级会通过联姻的方法来和贵族攀亲（通常某个富有银行家的女儿嫁给某个穷男爵的儿子），宫廷里都是一些生活得最有滋味的人，他们把优雅的生活艺术提高到了一个新的水平。有着智慧头脑和超凡才华的人没有办法实现自己在经济政治方面的抱负，那只能转而把精力花费在这些抽象的概念上了。

思想方式和个人行为的潮流和所谓的时尚前沿一样容易走向极端。同样的，那个时代最矫揉造作的上流社会也对所谓的"简单生活"有着极大的热情。管辖着全法兰西国土和广袤的殖民地及属国的法国国王王后，带着一些王公贵族，穿上挤奶女工和牧民的衣服，或者假装自己是古希腊时期的牧羊人，住进那些简陋又搞笑的乡村小屋里。国王与王后身边自然还有宫廷弄臣滔滔不绝的好听话，有宫廷乐师创作出来轻快灵动的舞曲，有宫廷理发师不断创新的昂贵而精致的发型。然而，时间一长，再舒适的享乐也有厌烦的一天，无所事事的忧愁让凡尔赛宫（路易十四不想听见巴黎的喧嚣，于是住在郊区修建的专供享乐的宫殿）的人们开始谈论一些和现实生活比较远的高深话题，就像一个饿极了的人只会想到吃食一样。

当同时身为哲学家、剧作家、历史学家、小说家的伏尔泰开始在他的《风俗论》里对法兰西的社会秩序进行批判，对一切宗教和政治的专制制度予以抗击的时候，整个法国都为之拍手叫好。他的戏剧公演时大受欢迎，从来都是一票难求，站票都很难买到。让-雅克·卢梭点燃了法国人的感伤情怀，为他的读者们描绘出一幅原始社会的纯真美好的图景（其实卢梭并不了解原始社会的生活，而且他同样对儿童成长所知不多，却并不影响他在儿童教育方面的权威性）。全法国都对《社会契约论》爱不释手，在君主专制重压下抬不起头来的人民读到卢梭"将权利还给人民，君主应是人民公仆"的呼声时，流下了辛酸感慨的泪水。

伟大的孟德斯鸠也出版了他的《波斯人信札》。在书中，两个波斯旅行者揭开了那时法国社会醉生梦死的遮羞布，并嘲讽了上至国王下至六百个宫廷糕点师傅的众生百相。这本小册子马上流行起来，短时间内接连出了四版，并为孟德斯鸠下一本著作《论法的精神》积累了数万名读者。在这一本书中，一位虚构的男爵将优秀的英国政治制度与当今法国的体制进行了比较，宣扬以行政、立法、司法三权分立的先进制度来取代法国的绝对君主专制。当巴黎出版商布雷东宣布，他将邀请狄德罗、德朗贝尔、蒂尔戈及其他一系列优秀的作者，来合编一本"包罗所有新思想、新科学、新知识"的百科全书时，观众的呼声一浪高过一浪。二十二年过后，当二十八卷百科全书全部出版发行之后，警察好像特意来迟的干预已无法压制公众对百科全书的热情。它对整个法国社会所做的评论十分重要却也异常危险。

在这里，我想请你们注意，当你阅读某本叙述法国大革命的小说或观看某部与之相关的影视作品或戏剧时，你会很容易有一个主观的判断：这次革命基本就是一群出身巴黎贫民窟的刁民所为。不过事实可不是这样的。虽然革命的舞台上经常有乱民的存在，但法国大革命的起义者却是在那些中产阶级的鼓舞与领导下进行抗争的。这些领导者将饥饿贫苦的大众用作抵抗王军的盾牌。然而，革命的基本思想最初是由几个智慧超群的人提出的。接着，宫廷的书房里人们开始讨论这种新思想了，进而成了绅士淑女们茶余饭后的甜点。这些优雅迷人但幼稚可笑的上流阶层把"社会批评"的焰火当作玩具，星星之火意外从老旧的地板裂缝里掉了下去，不幸落到了堆满怨声的地下室里，顿时燃起了漫天火光。一片救火的喊声响起。房主也就是国王，他对所有事物都感兴趣，唯独不会处理国家大事。因为他没能及时采取措施，所以火势蔓延开来，导致整座建筑都在漫天大火中被烧为灰烬。这就是接下来要讲的法国大革命。

为叙述的条理性，我们分两个阶段来说法国革命。第一阶段从1789年到

1791年，是人们多少还努力为法国引进君主立宪制度的阶段。不过这样的努力却失败了，部分是因为国王本人的无知和不守信用，部分是由于局势的发展已经没有人能够控制了。

第二阶段是从1792年到1799年，这一阶段一个共和国和第一个民主政府产生了。不过，法国大革命最后却变成了暴力流血冲突，这是由于多年的混乱和多次温和渐进的改革皆以失败告终。

法国当时还承担着四十亿法郎的巨额债务，国库也是大唱空城计，再没有什么征税名目可以用来增加收入，连国王路易（这位手巧的锁匠和优秀猎手，在政治方面就是个白痴）也模糊地感觉到，应该做点什么来改善现状了。于是他任命安尼·罗伯特·雅克·杜尔哥（又称杜尔哥男爵）作为首席财政大臣。他刚刚六十岁多一点，是一个正处于消失边缘的贵族阶层的优秀人物。他任外省总督时政绩突出，还是一个颇有能力的业余政治经济学家，为了挽救这种岌岌可危的局面，他可以说是竭尽全力了。可惜，他与奇迹无缘。因为再也不可能从衣不蔽体的农民身上榨取更多的钱财了，因此必须让从未出过一分钱的贵族与神职人员也多少为国家出一点儿力。不过，此举让杜尔哥沦为了凡尔赛宫最招人厌的人。更糟的是，这位不幸的财政大臣还需要面对皇后玛丽·安东奈特的排斥，王后不希望听到任何关于"节俭"两个字的话语。很快，杜尔哥便被人们戴上"不切实际的幻想家"和"理论教授"的绰号，官位自然难保。1776年，他被迫辞职。

紧随其后的，是一个实事求是的生意人。这位勤勉扎实的瑞士人是内克尔，通过做粮食投机生意以及合伙创办银行而大发横财。他的妻子极有野心，硬把他推上这个政府官员的宝座，好让她的宝贝女儿能够攀龙附凤。后来，她的女儿果真如她所愿嫁给了瑞士驻巴黎大使德·斯特尔男爵，成为19世纪初期文学界的新贵。

和杜尔哥一样，内克尔新官上任，自然热情高涨。1781年，他递交了一份关于法国财政状况的报告书。可路易十六看了之后，一头雾水，弄不清楚。他刚刚派遣了一支军队去北美，帮助当地的殖民者反抗老对头——英国。事实证明，国王显然并没料到这场战争耗资巨大，他要求内克尔马上筹集急需的资金。可是他非但没办成事情，反倒给了国王一大堆令人头疼的数据和报告。然后，他竟然也开始用起"必要的节俭"这样扎眼的字眼来了，这意味着他作为财政大臣的日子没几天了。1781年，他因"无能"被国王解职。

在纸上谈兵型的"教授"和"生意人"相继下台后，继任者是一位使人愉快的人物。他向所有人承诺，只要他们信任他完美的政策，他保证每月付给每个人百分之百的投资回报。他名叫查理·亚历山大·德·卡洛纳，一个急功近利的官员。他靠着自己的工厂和颇有手段的欺诈行为，在仕途上混得顺风顺水。

他十分清楚国家已经负债累累，可是圆滑的他却不会得罪人。于是，他发明了一个快捷补救办法：拆东墙补西墙。这个做法并不新鲜，可它带来的效果却是前所未有的灾难。不到三年的时间里，他又给法国添加了八亿法郎的欠款。可这位讨人喜欢的财政大臣好像并不会为此忧心。他总是温和地笑着，在国王和王后的开支账单上签上自己的大名。毕竟，路易十六的奥地利籍王后年轻时在维也纳就大手大脚惯了。

最后，甚至连对国王极度忠诚的巴黎议会（一个高级的司法机构而非立法机构）也坐不住了。而卡洛纳还想着再借八千万法郎的外债。那一年刚好收成不好，法国的乡村饿殍遍野。如果再不采取有效措施，法国将完全破产。国王还是照旧不明白事态的严重性。有人提议，征询人民代表意见不是很好吗？自从1614年被取消以来，全国性的三级会议就从来没召开过。不过，以路易十六犹豫不决的性格，他还是不肯轻易做出这种决定。

路易十六为平息众怒，在1787年召开了一个所谓知名人士的集会。不过，这只是全国的达官贵人们聚集在一起，在确保封建地主和神职人员的免税特权不会失效的保证下商议举措罢了。要让他们为了平民百姓的生计来牺牲自己的利益，就好像在政治和经济上自戕，这当然不现实。最后，参与会议的一百二十七名知名人士拒绝放弃他们的任何一项古老特权。于是饥饿的群众便要求重新邀请一心为他们的内克尔做财政大臣。权贵们断然拒绝，暴怒的人们就开始狂砸商铺窗户。知名人士被吓得逃跑了，卡洛纳随后也被解职。

红衣主教洛梅尼·德·布里昂纳，没有过人的才智，却被任命为下一任财政大臣。在饥饿民众暴动的威胁下，路易十六不得不同意"尽可能地"迅速召开三级会议。这一含糊的言辞自然不能让民众满意。

近一个世纪以来，法国第一次遇到这么艰难的冬天。庄稼要么被洪水冲毁，要么在地里冻坏。普罗旺斯省的橄榄树几乎都死光了。虽然有私人慈善机构能略尽绵力，可在一千八百万饥民面前，实在是不够。全国各地饥饿的民众走出家门，开始哄抢粮食。在一代人之前，这些骚动本来可以靠军队的武力镇压下去。但是，新的哲学思想现在已经结出累累果实。人们开始意识到，暴力不能解决饥荒的问题。况且，士兵们同样来自群众，他们不愿意效忠国王了。在这紧要时刻，国王必须果断采取措施来挽回民心。可路易十六再一次发挥了他的优柔寡断。

在外省的许多地区，新思想的信徒们纷纷建立起一些独立的共和国。中产阶级也发出二十五年前北美殖民者发出的呐喊："没有代表权便拒不交税"。法兰西濒临全国大崩溃的边缘。为消解民众的怨气，挽回王室声誉，政府出人意料地放松了异常严厉的出版审查制度。一时间，印刷品的浪潮像洪水一般席卷了法国。全国人民都在忙于批评或接受批评。超过两千种各式各样的小册子在市面上流通。洛梅尼·德·布里昂纳在一片斥责与叫骂声中下台。内克尔临危受命，重任财政大臣，竭尽全力安抚民心。消息传出之后，巴黎股市暴涨了百分之三十。于是，人民暂缓了对专制王权的最终判决。1789年5月，三级会议定在凡尔赛宫召开，全法兰西最杰出的头脑将聚齐在一起，他们一定能卓有成效地解决问题，将古老的法兰西王国重新变成快乐的家园。

这种浅薄的看法不仅导致了灾难性的后果，还在最关键的时期约束了个人能力的发挥。内克尔不仅没能将政府权力牢牢把握，反而放任自流。此后，关于如何改造旧王权又爆发了一场激烈的论争。在法国各地，警察的权力被削弱得厉害。经过职业煽动家启发的巴黎郊区居民们，开始察觉到自己与生俱来的力量。他们公然扮演起在动荡不安的岁月里该扮演的特殊角色——用暴力手段实现革命目的的强大力量。

为了表示让步，内克尔代表国王和贵族同意他们在三级会议里获得双倍名额的代表权。西厄耶神父还专门为讨论这个问题写了一本著名的小册子《何为第三等级》。他认为，第三等级（就是中产阶级）应该高于一切等级。他们过去即使地位低下，现在理应获得承认。他的观点表达了当时真心关心国家利益的人的情感。

最后，选举在让人难以置信的混乱中进行。一共有三百零八名神职人员代表、二百八十五名贵族代表和六百二十一名第三等级代表将前往凡尔赛宫。不过，第三等级还要携带被称为"备忘录"的长篇报告，这个额外的行李内容是选民们即将表达的种种抱怨。舞台终于搭建好了，为拯救古老法国的终极大戏即将开幕。

1789年5月5日，三级会议在凡尔赛宫召开。国王态度并不好，神职人员和贵族们也不甘示弱，公开宣称他们不愿意放弃任何一项特权。国王命令三个等级的代表在不同的房间里各自讨论。第三等级的代表们拒绝按陛下的命令行事。1789年6月20日，他们在一个网球场（为这个非法集会所匆忙找的一个会场）庄严宣誓。他们坚持要求三个等级应该在一起开会，并将他们的决定通知了陛下。国王只好听从。

作为"国民会议"，三级会议不免要讨论法兰西王国的体制。国王怒不可遏，但又无可奈何。他宣称宁死也不会放弃自己的君权。随后，他便出去打猎了，想把这些烦心的国家大事统统抛诸脑后。陛下满载归来，他又屈服了。他总是这样，喜欢选择错误的时间用错误的方法来做一件正确的事情。当人民抗议，提出A要求，国王不仅大声呵斥他们，还不予批准。之后，当抗议的穷苦百姓把陛下的宫殿包围起来以后，国王便屈服了，应允了他们的要求。不过此时，人民要求的已经是A加上B了。这样为时已晚的情形总在重复上演。当陛下正准备答应把A和B都给人民时，人民又要求加上C要求，如果国王不答应，就会让王室毁灭。就这样，人民的要求越来越多，他们最后的要求是把国王送上断头台。

可惜，国王陛下总是比形势落后半拍，他至死不明白事情为何发展到这一步了，他究竟犯了什么错。一直到他将自己的头颅搁放在断头机上，他依旧想不通，满肚子的委屈。他觉得自己已经竭尽所能地来照顾自己的臣民了，可这些人为什么用天下最没良心的做法来对待他呢？

就像我常说的，历史不容假设，我们自然不能"假设"路易十六是一个精明干练、铁石心肠的人，那么法国的君主专制也许还会继续。但我们也不能将所有的错误都归于他。就算他拥有拿破仑那样冷酷的个性，在那时，他的江山也很可能被他的妻子葬送。王后玛丽·安东奈特是奥地利皇太后玛利亚·泰利莎的女儿。她的身上有着中世纪宫廷女子所具备的全部美德与恶习。面对三级会议的威胁，玛丽·安东奈特决定采取行动，策划了一个反革命阴谋。内克尔被突然解职，忠于国王的军队也被调往巴黎。人民一得到消息，盛怒之下开始攻打巴士底狱。1789年6月14日，起义的人们把这座经历漫长时光且遭到怨恨象征着君主专制暴政的监狱捣毁了。以前曾是关押政治犯的监狱，现在就是一个关押小偷和轻微刑事犯的关押所。许多贵族大感不妙，纷纷逃出境。但国王和平常一样无所事事，在巴士底狱被攻占那天，他还悠闲地去打猎，因为收获颇丰，打回来几只野鹿，他心情还挺不错。

8月4日，国民议会开始运行。在巴黎群众的呼喊中，国民议会废除了王室、贵族及神职人员的一切特权。8月27日，他们发表了著名的《人权宣言》，法国第一部宪法就是在这个基础上演化而来的。到目前为止，局面还相对稳定，但王室依然还没幡然悔悟。人民严重怀疑，国王会再次阻挠这些改革措施。10月5日，巴黎发生了第二次暴动，这次凡尔赛未能幸免，人们要求国王一定要搬回巴黎市内的宫殿才行。路易不能待在凡尔赛，他们希望能在看得见的地方随时监视他，以防他与在维也纳、马德里及欧洲其他王室的亲戚们悄悄谋划串通。这时候，国民会议在第三等级领袖米拉波的领导下，开始收拾这种混乱的局面。不幸的是，没等挽救到国王的性命，他便突然在1791年4月2日去世了。他的死使路易开始真正担心起自己的安危来。6月21日傍晚，国王悄悄出逃。不过国民自卫军在瓦雷内村附近发现了他的马车，因为他与一枚硬币的头像是如此相像。于是路易又灰溜溜地被押送回了巴黎。

1791年9月，法国第一部宪法通过，国民议会成员顺利完成了神圣的使命，并各自返乡。1791年10月1日，立法会议召开，继续国民议会未完成的事业。在这群新聚集起来的立法会议代表中，有许多是激进的革命党人。其中雅各宾党最为极端，他们因常常在古老的雅各宾修道院举行政治聚会而得名。这些年轻人（他们中的大部分属于专业人士）喜欢发表一些血腥暴力的演说。当报纸将这些言论传到柏林与维也纳，普鲁士国王和奥地利皇帝感到必须要有所作为了，好保护他们在法国的兄弟姐妹们的性命。当时，他们正忙于瓜分波兰。那里的不同政治派别争斗不休，使整个国家成了别国刀俎上的鱼肉。不过，在争夺之余，两位好心的君主还是设法派出了一支军队入侵法国，打算营救路易十六。

于是，恐慌突然席卷了整个法国。多年的贫苦压抑所积攒下来的仇恨，此时达到了一个恐怖的高峰。巴黎的民众对国王居住的杜伊勒里宫发动了迅猛的攻击。王室忠诚的瑞士卫队拼死保卫他们的国王，可一生都游移不定的路易十六此时犯了一个致命的错误。当冲击王宫的人潮正准备退去时，国王下达了"停止射击"的命令。喝足了酒的民众不管不顾地冲进王宫，杀光了瑞士卫队的士兵。随后，路易十六被擒，他的王位被剥夺，而后被关进了丹普尔老城堡。

奥地利和普鲁士军队还在前进。恐慌演变成了歇斯底里，温良的市民变成了凶恶的野兽。1792年9月的第一个星期，民众冲进监狱，杀死了所有的在押囚犯。政府任由民众施暴不加干预。由丹东领导的雅各宾党人明白，这场危机是革命的最终战，成败即将见分晓。只有采取最极端的方式，才能在危机之中保住自己的性命。1792年9月21日，立法会议闭会，新的国民公会成立。所有成员差不多都是激进的革命者。路易十六被正式以最高叛国罪，在国民公会面前接受判决。他的罪名成立了，他的表兄奥尔良公爵投了关键的一票，因此他被以三百六十一票对三百六十票的表决结果处以极刑。1793年1月21日，路易十六面容平和、高昂着头颅走上了断头台。他到死都不明白所有这些暴力动乱产生的真正原因。他自视甚高，自然也不会请教别人。

随后，雅各宾党将矛头转向国民公会中的吉伦特党，他们一向以温和著称。之所以起这样的名称是因为其成员大部分来自南部的吉伦特地区。特别革命法庭成立之后，二十一名领头的吉伦特党人被处死，其余成员不得已只能自尽。他们都是一些宽厚善良的人，只因过于理智平和，在恐怖的时代中很难保住性命。

1793年10月，雅各宾党人宣布"在和平恢复以前"，暂且停止实施宪法。由丹东和罗伯斯庇尔领导的一个小型"公安委员会"掌管一切，他们还废除了基督信仰与公元旧历。一个"理性的时代"（美国革命期间，托马斯·潘恩曾大力宣扬）伴随着它的"革命恐怖"终于来临。在一年多的时间里，善良的、邪恶的、中立的人们被大批屠杀，死于这场革命动乱的人数平均每天高达七八十人。国王的专制统治被少数人的暴政取代。他们狂热地爱着民主，所有与他们观点相悖的人统统都要杀死。法兰西俨然成了一所屠宰场，人们自顾不暇，猜忌不断。几名老国民议会的成员很清楚下一个就会是自己魂断断头台。出于对死亡的恐惧，他们只能联合起来反抗已经将自己的大部分伙伴处死的罗伯斯庇尔。这位"唯一真正的民主战士"试图自杀，但没能成功。人们简单包扎一下他受伤的下颚，将他拖上了断头台。1794年6月27日（根据革命新历，这一天是第二年的热月九日），恐怖统治终于落下帷幕，全巴黎市民这才放下心来，尽情欢乐。

不过，法兰西当前的紧急形势导致政权必须控制在少数几个有强大手段的人物手中，直到革命的敌人被一一驱逐出法国。当衣不蔽体、受饥渴折磨的革命军队在莱茵、意大利、比利时、埃及等各条战线奋力战斗，打垮大革命的每一个敌人时，一个由五人组成的督政府成立了。法国接下来的四年由他们统治。之后，大权被一个叫作拿破仑·波拿巴的军事将领取得，他在1799年担任了法国的"第一执政"。接下来的十五年，古老的欧洲大陆变成了他的个人政治实验室。这在历史上可是空前绝后的。

第五十四章
法兰西第一帝国缔造者

野心驱使他不断向前。

拿破仑生于1769年，是科西嘉岛阿佳肖克市的公证员卡洛·玛利亚·波拿巴的第三个儿子。拿破仑的母亲叫莱蒂西亚·拉莫利诺。事实上，拿破仑并非法国公民，而是一个实实在在的意大利人。他所出生的科西嘉岛（曾先后是古希腊、迦太基及古罗马帝国在地中海的殖民地）为争取独立还在坚持着顽强斗争。刚开始，他们处于热那亚人的统治之下，不过18世纪中期以后，他们开始和宗主国法国开战。法国曾在科西嘉人反抗热那亚的战斗中好心地帮忙，后来为了利益占据了该岛。

二十岁之前，拿破仑是一位忠诚的科西嘉爱国者——也可以说是科西嘉的"新芬党徒"，他日夜盼望自己深爱的祖国能脱离法国的禁锢。不过法国大革命竟然满足了科西嘉人的种种要求，因此在布里纳军事学院受到良好的军事教育之后，拿破仑竟然成了法国军队的一员。尽管他法语很差，正确的拼写都不会，还去不掉浓重的意大利口音，但他最终还是变成了一名法国公民。让人始料未及的是，日后他还会成为法兰西精神的象征。一直到今天，他仍然被视为高卢天才的代表。

拿破仑是那种典型的把生命活得灿烂耀眼的伟人。他的全部政治与军事生涯加起来还不到二十年。可就是在这段短短的时间里，他指挥的战争、赢得的胜利、征战的路程、征服的土地、牺牲的人命、推行的革命，不仅将欧洲大地搅得面目全非，还创下了空前绝后的历史纪录，连伟大的亚历山大大帝和成吉思汗也不能与他比肩。

拿破仑身材矮小，少年时期身体并不算好。从外貌来看，他也平平无奇，而且每次都会在社交场合出丑。他出身并不高贵，也没有什么优雅的谈吐和教养，更没有巨额的财富。他在贫寒中度过了青年时代，经常填不饱肚子，为赚点小钱而绞尽脑汁。

他在文学方面也没有天分。有一次参加里昂学院举办的有奖作文竞赛，十六名候选人他排名第十五位。不过凭着对自己的命运和前程坚不可摧的信念，他克服了这一切不利的条件，让野心成为驱动力。他这样强大的自信体现在对签署的信件上以及他匆匆建起的宫殿里的装饰物上那个大写字母"N"上，他决心让"拿破仑"成为世界上仅次于上帝的名字，这强烈的成功欲将他带上了从未有人攀登过的荣誉高峰。

年轻的拿破仑还是一个领半饷的陆军中尉时，就对古希腊历史学家普卢塔克所写的《名人传》爱不释手。不过，他从未打算在德行上遵从这些古代英雄。使人类区别于兽类的那些细腻情感是他所欠缺的。我们无法评断，他一生中除了自己，是否还爱过其他人。他对母亲倒是十分有礼貌。不过莱蒂西亚本身就具有高贵女性的气度，所有意大利母亲都是这样。她对管教自己的孩子很有一套方法，自然能获得尊重。可能有几年，拿破仑确实爱过他美貌的妻子约瑟芬。拿破仑的岳父是马提尼克岛的一名法国官员。约瑟芬的前夫为德·博阿尔纳斯子爵。博阿尔纳斯在对战普鲁士军队的战争中失败，被罗伯斯庇尔处死，约瑟芬便成了寡妇，后来嫁给了拿破仑。不过因约瑟芬不能给已登帝位的拿破仑生儿育女，拿破仑便坚决地与她离了婚，另娶了奥地利公主为妻。在拿破仑眼里，这次婚姻是一桩不亏的政治交易。

在围攻土伦的著名战役中，年轻的拿破仑指挥一个炮兵连一举得胜，从此声名鹊起。空闲时，拿破仑还悉心研究了马基雅弗利的著作。他遵照这位佛罗伦萨政治家的建议行事。在此后的政治生涯中，如果违背承诺对他有帮助，他就会照做，没有丝毫犹豫。在他的个人字典里，从来找不到"感恩图报"这个字眼。不过，他也从不指望别人回报他。人类在他眼中十分渺小。在1798年的埃及战役中，他本来答应饶过那些可怜的战俘，但后来又下令处死他们。在叙利亚，当他发现伤兵们没法运上船只时，便暗许手下人将他们悄无声息地毒死。他下令让一个怀有偏见的军事法庭判处昂西恩公爵死刑，在完全没有法律根据的情况下将之枪决，他的理由是"必须给波旁王朝一个警告"。他下令将那些为祖国独立浴血奋战的被俘德国军官就地枪决，丝毫不尊重他们高尚的人格。当蒂罗尔英雄安德烈斯·霍费尔经过抵抗，最终落入法军之手后，拿破仑把他当成普通的叛徒一样处死了。

简单来说，从拿破仑的一生，我们就会明白为什么那些焦虑的英国母亲在催促孩子们入睡时会说："如果你们再不听话，专拿小孩当早餐的拿破仑就要来抓人了！"这个性情古怪的暴君如果被我们细数缺点的话，恐怕说也说不完。比如他可以细心地顾及所有部门，却单单不重视医疗服务；比如因为难以忍受士兵们身上散发的汗臭，他就往身上喷洒许多科隆香水，以至于将自己的军装都毁了……这样令人讨厌的缺点我甚至可以一直说下去，但其实，说实话，我心里怀着一种相反的情绪。

现在，我正安逸地坐在一张堆满书本的写字台旁，一边操作打字机，一边用余光观察着我的爱猫利科丽丝——它喜欢玩我的复写纸。而这时，我正在写着，拿破仑皇帝是一个卑鄙可耻的人物。但是，如果这时我刚好看向窗外的第七大道，发现大街上来来往往的卡车和小汽车突然静止，随着一阵威武的鼓声，一个小个子穿着他破旧的军装，骑着白马在街头出现。老天！

谁知道我还会不会如此蔑视他！我多半会心潮澎湃，不管不顾地扔下我的书本、我的猫、我的公寓以及我的一切，去追随他的脚步，天涯海角我都随他去。我的祖父其实就这样做了，老天知道他并非生来就是英雄。成百万人们的祖父也跟着这个小矮个儿走了。他们不能得到任何回报，他们也不要求任何回报。他们兴奋地追随这个科西嘉人，为他浴血奋战，背井离乡，甚至缺胳膊少腿、牺牲性命也无所谓。他们跟随着他，在俄国人、英国人、西班牙人、意大利人、奥地利人的漫天炮火中战斗，平静地面对死亡。即使，他们的领袖可以冷漠地看着满地死尸的战场。

假如你要我解释这是为什么，我确实无话可说。我只能猜出其中的一个原因——拿破仑是一位最有感染力的演员，而整个欧洲大陆都是他的舞台。在任何时候、任何地方，他总能恰如其分地感染他的观众，说出的话语总能触动人的心灵。无论是在埃及的荒漠，背对着雄伟的狮身人面像和金字塔，还是在湿冷的意大利平原上对着士兵们演讲，他一样充满激情和魅力。无论逆境或是顺境，他都能牢牢把握一切，守住尊严。甚至到了生命的尽头，他已经是大西洋的一个荒岛上的流放者，一个垂死挣扎，被面目可憎的英国总督摆布的病人，拿破仑还是占据着舞台的中心。

滑铁卢败北之后，除少数几个可信赖的朋友，这位伟大的皇帝没有见任何人。欧洲人都知道他被流放到由一支英国警卫部队日夜看守的圣赫勒拿岛上，而且还有另一支英国舰队在密切关注着看守皇帝的那支警卫部队。不过，无论是敌是友，他们都不曾忘记过他。当疾病与绝望最终夺去他的生命，拿破仑平静的双眼依旧注视着整个世界。即便今日，他依旧存在于法国人的生活中，一百多年的时光并不能抹去他留下的身影。那时，人们就算只是看一眼这个面色不佳的小个子，就会因极度的兴奋或恐惧晕过去。正因为如此，他才能在神圣的克里姆林宫放养他的马匹，他才能让教皇和世上最有权势的大人物们成为他的奴仆。

即便只对他的政治生涯进行一个概述，就要写上好几本书。要想说明白他在法国实施的政治变革，说清楚他颁布的、成为大多数欧洲国家典范的新法典以及他在政事上的种种成就，几千页纸都写不尽。不过，我能用几句话来说明，为什么他的前半生所向无敌而最后十年却惨败？从1789年到1804年，拿破仑是法国革命的伟大领袖，他并非是为了一己之私去战斗。为什么他能够一一将奥地利、意大利、英国、俄国打得溃不成军？那是因为他和他的士兵们那时都接受了"自由、平等、博爱"原则，他们是王公贵族的敌人，是人民大众的朋友。

可是在1804年，拿破仑自封为法兰西的世袭皇帝，还请来教皇庇护七世为他加冕，就像查理曼大帝在公元800年邀请教皇利奥三世来为他加冕一样。拿破仑盼望已久的帝王美梦终于成真了。

皇帝的王座让原来的革命首领变成了哈布斯堡君主的失败翻版。拿破仑忘记了他的精神之母——雅各宾政派的政治信念。他不再是被压迫人民的保护者，反而成了最大的压迫者。他的行刑队时刻都准备听命去杀掉那些胆敢违抗皇帝意旨的人。当神圣罗马帝国被拿破仑于1806年扫进历史的垃圾堆后，古罗马荣誉的最后遗迹也被这个意大利农民的孙子彻底摧毁了，而这种行为欧洲人民居然也默默忍受了。可当拿破仑的军队攻入西班牙，逼迫西班牙人民承认这个他们极度反感的国王，并残忍地杀害仍然忠于旧主的马德里市民时，公众立刻开始反对过去那个在上百场战役中取得胜利的伟大英雄了。于是，此时的拿破仑就从革命的英雄变成旧制度的化身，英国伺机在一旁煽风点火，使所有正直善良的人民变成拿破仑的敌人。

当英国人从报纸上读到法国大革命那些恐怖的细节时，他们便深深地鄙视起了法国人。在一个世纪前的查理一世统治时期，他们也曾发动过革命。可相对于激烈动荡的法国大革命，英国的革命实在是轻松温和。在大多数英国老百姓眼里，雅各宾党人就是嗜血的狂魔，而拿破仑是当之无愧的妖魔首领。从1798年开始，法国港口便被英国舰队重重封锁，使得拿破仑经埃及入侵印度的计划破产了，因此他虽然在尼罗河沿岸取得了一系列辉煌胜利，但却不得不屈辱地撤退。到1805年，英国人翘首期盼的战机终于来临了。

在西班牙西南海岸靠近特拉法尔加角的地方，内尔森将军彻底摧毁了拿破仑的舰队，使法国海军备受打击，元气大伤。这代表拿破仑只能在陆地上活动了。就算是这样，如果拿破仑能看清时局，接受欧洲列强提出的优厚的和平条件，他仍然可以毫不费力地稳坐自己欧洲霸主的位子。可惜拿破仑被自己过去的光荣战绩冲昏了头脑，他不能容忍任何人和他处在同等尊贵的地位，如果有，一定要消灭掉。于是，他将矛头转向了俄国那片神秘而广袤的国土。

只要俄国还处在凯瑟琳女皇的傻儿子保罗一世的统治之下，拿破仑就很清楚对付俄国的办法。可是保罗的性情古怪，他的臣民不得已将他杀了，这样才能避免所有人都被流放到西伯利亚的铅矿。保罗的儿子因此成为亚历山大沙皇。亚历山大和他父亲不同，他对拿破仑没有好感，而是将他视为人类的公敌与破坏和平的罪魁祸首。他是一位虔诚忠实的人，认为自己是上帝挑选的解放者，他有将世界从邪恶的科西嘉人手中解放出来的责任。他毅然加入了普鲁士、英格兰、奥地利组成的反拿破仑同盟，却失败了。他尝试了五次，均以失败告终。1812年，他又一次高声大骂了拿破仑，气得拿破仑发誓要攻占莫斯科去签订城下之盟。于是，从西班牙、德国、荷兰、意大利等广大的欧洲地域，一支支部队被迫前往遥远的北方，去帮这位目空一切的皇帝赢回面子。接下来的故事大家都知道了。经过两个月漫长艰难的跋涉，拿破仑终于到达了俄国的首都，并在神圣的克里姆林宫建造他的军事大营地。可他攻占的只是一座空城。1812年9月15日深夜，莫斯科突然发出耀眼的火光。四个昼夜，大火不熄。到第五天黄昏，拿破仑才下达了撤退的命令。两周之后，大雪弥漫，森林和原野白茫茫一片。法军在雪地和泥泞中艰难前进，11月26日终于到达别列齐纳河。这时，俄军发起反攻。哥萨克骑兵团团包围了"皇家军队"，将这些被寒冷击败的士兵砍杀殆尽。法军遭受了沉重打击，直到12月中旬，才有一些穿着破烂衣衫的幸存者出现在德国东部的城市。

随后，起义的谣言就这样传扬开来。"到时候了，"欧洲人纷纷奔走疾呼，"把我们从难以忍受的法兰西枷锁下解放出来的日子已经到了！"他们把法国间谍没能没收的枪支弹药纷纷拿出来，做好了战斗的准备。不过没等他们搞清楚到底情况如何，拿破仑带着一支全新的部队回来了。原来皇帝陛下丢下了溃败的军队，乘坐自己的轻便雪橇，秘密返回了巴黎。他发出最后的征召军队的命令，以便保卫神圣的法兰西领土免遭外国的入侵。

一大批十六七岁的孩子跟随着他去东边迎击反法联军。1813年10月16日、17日、18日，恐怖的莱比锡战役打响了。整整三天，身穿绿色军服和蓝色军服的两大帮男孩殊死搏斗，埃尔斯特河都被血水染红了，鲜艳可怖。10月17日下午，奔涌而来的俄国后备部队突破了法军的防线，拿破仑再度丢下部队逃跑。

他返回巴黎，宣布由他的幼子继承皇位。但反法联军坚持让死去的路易十六的弟弟继承法国的王位。在哥萨克骑兵和普鲁士枪骑兵的拥戴下，眼神呆滞的波旁王子胜利地入主巴黎。

而拿破仑，他成了地中海厄尔巴岛上的君主。他的马童们被组织成一支微型军队，在棋盘上模拟一场场战役。

而拿破仑才离开法国，法国人就开始回忆过去的美好。在过去二十年，尽管消耗了大量的国力，可那毕竟是一个满是荣誉的年代。那时的巴黎是世界之都，而现在这个肥胖的路易十八在流放期间没有任何长进，完全不知悔改，很快就遭到巴黎人的嫌弃。

1815年3月1日，反法同盟的代表们正准备重新厘清欧洲版图时，拿破仑却突然出现在戛纳。不到一星期的时间，法国军队就背叛了波旁王室，纷纷前往南方去效忠"小个子"皇帝去了。拿破仑于3月21日抵达巴黎。这一次，他变得谨慎多了，发出求和的呼吁，可盟军却用战争来回答他。整个欧洲都联合起来反对这个"背信弃义的科西嘉人"。拿破仑迅速挥师北上，力争在敌人们集结起来之前将他们逐个击破。不过如今的拿破仑已经不比从前了。他不时地发病，经常感觉疲劳。在本应打起十二分的精神指挥他的先头部队进行奇袭时，他却躺下睡觉了。另外，他的许多旧部已经去世而无法再去辅助他了。

6月初，拿破仑率兵进入比利时。同月16日，他击败了布吕歇尔率领的普鲁士军队。不过一名下属并未遵照命令将撤退中的普鲁士军队彻底消灭。

两天后，拿破仑在滑铁卢与惠灵顿统率的军队相遇。6月18日下午2点钟，法军看起来似乎胜利在望。然而一小时后，一股烟尘出现在东方的地平线上。拿破仑以为那是自己的骑兵部队，按照原定计划击败了英国军队的法军现在应该前来接应他了。到四点的时候，他才弄清真实情况。原来是老布吕歇尔驱赶着精疲力竭的部队杀回来了。这样的举动瞬间打乱了拿破仑卫队的部署，他已经再没有余力应付了。他吩咐部下尽可能保住性命，自己又一次逃跑了。

他第二次打算让位于他的儿子。到他逃离厄尔巴岛刚好一百天的时候，他再次离岸而去，这一次他打算去美国。1803年，拿破仑为了一首歌，将法国殖民地圣路易斯安那（当时正处于被英国占领中）卖给了新生的美利坚合众国。所以他说："美国人会感激我，他们会给我一小片土地和一座安身之所，让我在那里安度晚年。"可英国舰队密切监视着所有的法国港口。夹在盟国的陆军和英国的海军之间，拿破仑没法前行，进退两难。普鲁士人决心实行枪决，似乎英国人可能会采取更温和的态度。拿破仑在罗什福特焦急等待着，期望局势能有扭转的希望。最终，在滑铁卢战役一个月后，法国新政府的命令传达到了拿破仑那里，限他一日之内离开法国境内。这位以悲剧收场的伟大英雄只好给英国摄政王（国王乔治三世精神失常被关进了疯人院）写信，告知陛下他准备"将自己像地米斯托克利一样交到敌人手上，希望能在贵国的壁炉旁找到一块温暖的地方……"

6月15日，拿破仑登上英国战舰"贝勒罗丰"号，将自己的佩剑交给霍瑟姆海军上将。在普利茅斯港，他被转押到"诺森伯兰"号上，前往他最后的流放地——圣赫勒拿岛。在这里，他度过了生命中的最后七年。他开始用文字写下回忆，也会和看守人员争吵，他不断地陷入对往昔光辉岁月的回忆之中。有意思的是，他回忆最多的（至少在他的想象中）是他事业开始的日子，那段为革命浴血奋战的岁月。他试图说服自己相信，他一直都是"自由、平等、博爱"这些伟大原则的真正拥护者，这些信念由那些贫苦的士兵传到了整个世界。他不断地讲述自己作为总司令和首席执政的日子，很少提到帝国。有时，他会想起他的儿子雷希施塔特公爵。现在，他钟爱的"小鹰"住在维也纳，被他的哈布斯堡表兄们当成一个"穷亲戚"轻视着。从前，这些表兄的父辈只要一听到拿破仑的名字，就会吓得战栗不止。临死之前，他陷入了幻境，他正带领着他的军队走向胜利。他发出一生中的最后一道军令，让内伊率领卫队出击。然后，他的双眼再也没有睁开过。

不过，如果你想为他神奇的一生找到一种合理的解释，如果你真希望弄清楚为何一个人只用其过人的精神力量就可以统治如此之多的人这么长的时间，请你一定不要去阅读他的传记。这些书的作者要么对他极度厌恶，要么就是狂热崇拜。你也许能从这些书籍中了解到一些史实。可比起生硬的真相，必要的时候，你要去"感觉历史"。所以，假如你有机会听到那首《两个掷弹兵》的歌曲，请不要去读什么史书。这首歌的歌词是由拿破仑时代的伟大德国诗人海涅创作的，曲作者是著名的音乐家舒曼。舒曼的岳父是一位

拿破仑被流放

法国王室成员，舒曼曾站在很近的地方，多次窥见这位德国的仇敌——伟大的拿破仑。所以，这首歌是出自两位最有理由憎恨这位暴君的敌国人之手。

听听这首歌，你会感悟到成百上千本史书都无法传递的东西。

第五十五章

神圣同盟

当拿破仑最终被流放圣赫勒拿岛，那些屡败于"可恶的科西嘉人"的欧洲统治者便齐聚维也纳，企图扼杀法国大革命带来的多项变革成果。

欧洲各国的皇帝国王、公爵首相、特命全权大臣以及一般的大使总督主教们，还有跟着他们的大群秘书、仆役和听差又回来了，因为拿破仑早已远离欧洲。他们的工作日程曾因可怕的科西嘉人的突然返回（如今，他只能整日在圣赫勒拿岛的烈日下经受暴晒）而被粗暴打断。现在，他们纷纷返岗。为庆祝胜利，他们举行了各种晚餐会、花园酒会和舞会。在舞会上，追逐潮流的人士跳起了新式"华尔兹"，引起了那些还停留在小步舞曲时代的女士先生们的非议。在整整一代人的时间里，他们被拿破仑吓得不敢吭声。当危险终于过去，谈起革命期间所遭受的种种磨难，他们不免大发感慨。他们期望捞回损失在可恶的雅各宾党人手里的每一分钱。这些野蛮革命者居然敢处死上帝恩准的国王，还废除假发，拿巴黎贫民窟的破烂马裤来取代凡尔赛宫廷式样优雅的短裤。

你们一定会觉得奇怪，我竟会写到这些无聊的小事。让人难以理解的是，著名的维也纳会议的主题就是这些可笑的小事。有关"短裤与长裤"的问题让与会代表们讨论了长达数月之久，相比较而言，萨克森的处理安排或西班牙问题的解决方案反倒成了无关紧要的事情。普鲁士国王陛下最会顺应潮流，他特

237 ◀

意定制了一条短裤，以便向公众显示陛下对一切革命事物的深切反感。

另一位德国君主在表现他对革命的仇恨方面也不甘示弱。他严正颁布了一条敕令：凡是在那位法国篡位者统治期间缴纳过税款的属民，必须重新向自己的合法统治者再次缴纳一遍。因为当他们在遭受科西嘉魔王的折磨时，他们的国王正在他乡牵挂着他们。就这样，维也纳会议上的荒唐事情一件接着一件。直到有人开始质疑道："看在上帝的份儿上，老百姓为什么不抗议、不反抗呢？"是啊，为什么不反抗呢？因为人民已经被战争和革命弄得精疲力竭。他们完全绝望了，根本不在乎接下来会怎样，或者谁在哪里怎样统治他们。只要能得到和平，就满足了。战争、革命、改革已经让他们感到疲倦了。

18世纪80年代，人人都曾围着自由之树欢舞。王公们给他们的厨子以热情的拥抱，公爵夫人拉着她们的仆役跳起了卡马尼奥拉舞（法国革命期间流行的舞蹈）。他们真诚地相信，一个自由、平等、博爱的新纪元已经取代了这个充满邪恶的人世，不过他们迎来的不是新的时代，而是闯进他们客厅的革命委员，以及紧随其后的十几个脏乱不堪的士兵。他们不仅大摇大摆地坐在客厅的沙发上，在主人的餐桌前白吃白喝，还顺手牵走了主人家传的银盘子。吃饱了饭的革命委员返回巴黎向政府报告，"被解放国家"的人民都热情地接受了新宪法。

当听说有一个叫"波拿巴"或"邦拿巴"的青年军官用枪炮打击暴民，镇压了巴黎骚乱时，他们长长地呼出一口气。这种所谓的自由、平等、博爱越少越好。可没过多久，这位波拿巴就成了法兰西共和国三位执政官之一，后来又成为唯一的执政，最后终于变成法兰西皇帝。由于他比此前的任何统治者的效率更高，他的属民就过上了悲惨的日子。他强征他们的男孩子入伍，他把他们的女儿嫁给手下的将军，他夺走他们的油画古董去充实博物馆。他将欧洲变成一个大兵营，让整整一代年轻人在战火中丧命。

现在，他终于被送出法国了。除了少数职业军人之外所有人只剩一个愿望：能够好好过过安稳日子。曾经，他们拥有了自治权，选举自己的市长、市议员和法官，可这套体制在实践中却惨告失败。新统治者不仅胡乱指挥，且生活得糜烂不堪。绝望之下，人们转向旧制度的代理人。他们说："你们像过去一样统治我们吧。告诉我们欠你多少钱，我们全部都给，别再不住地折腾了，我们正忙于恢复革命的创伤。"

操纵维也纳会议的大人物们，便利用了人们期求和平、安宁的期待。会议的主要成果缔结了神圣同盟。它使警察机构变成国家事务的主要力量。只要有人胆敢对国家政策提出任何批评，等待他的将是最严厉的惩罚。

欧洲终于得到了和平，不过却是笼罩在墓地之上的死气沉沉的和平。

出席维也纳会议的三位重要人物分别是俄国的亚历山大沙皇、代表奥地利哈布斯堡家族的梅特涅首相及前奥顿地区主教塔列朗。在几番法国政府危机四伏的动荡中，塔列朗完全凭自己的圆滑市侩，不可思议地生存了下来。现在他代表法国来到奥地利首都，决议尽量挽救遭拿破仑手下破败的法国。就像打油诗里描写的总是傻笑的小子对白眼视而不见一样，塔列朗闯到了宴会上开心地吃吃喝喝，好像他真是被邀请的宾客。不久之后，他便坐上了主位，邀请各国宾客，给宾客们讲故事，以自己的风采赢得了大家的好感。

在抵达维也纳的第一天，塔列朗就知道盟国被分裂成两个敌对的阵营。一方是妄图吞并波兰的俄国和想要占领萨克森的普鲁士；另一方是想阻止兼并的奥地利与英国。但无论是让普鲁士还是俄国获得主宰欧洲的霸主地位，都会有损于英奥两国的利益。塔列朗打算渔翁得利，极其巧妙地让双方两败俱伤。由于他的努力，法国人民避免了其他欧洲人的不幸遭遇，没像他们一样在奥地利政府手下遭受十年之久的压迫。他在会议上争辩道，法国人民无法选择，是拿破仑强迫他们按自己的旨意行事。现在篡位者已一去不返，路易十八登上了王位。塔列朗请求各国给法国一次机会。而盟国正乐于看到一位合法君主端坐在革命国家的王位上，便好心放过了法国。波旁王朝终于得到机会，但由于滥用权力，以致十五年后被再度赶下台。

维也纳三巨头中的另一位是奥地利首相梅特涅，哈布斯堡外交政策的首席制定者，全名文策尔·路德·梅特涅·温斯堡亲王。人如其名，他是一位大庄园主，是个风度翩翩的绅士，家财万贯，十分有才。不过，他良好的出身让他不了解城市和农庄里百姓的艰难生活。青年时代，梅特涅曾在斯特拉斯堡大学求学，正值法国大革命的爆发。斯特拉斯堡是《马赛曲》的诞生地，雅各宾党人的活动中心。对梅特涅来说，青年时代愉快的社交生活被革命党人粗暴打断了，一大群才能平平的市民去从事他们无力承担的工作，暴民们以谋杀无辜生命来迎接新自由的曙光。可梅特涅感受不到人民大众发自内心的热爱，对妇女和儿童将面包和水塞给衣衫褴褛的国民自卫军视而不见，不相信人民真诚地感谢这些为国献身的将士。

大革命的一切给这位年轻的奥地利人留下的只有糟糕。它太野蛮，太不文明。他所受的教育让他认为，如果真的需要一场战斗，那也应该由穿着漂亮制服的年轻人，骑上精心装扮的高头大马，在田野上进行搏斗。可将整个国家变成一个发臭的军营，流浪汉转眼被提拔为将军，这不仅愚蠢，而且邪恶。他常常会对在数不清的小型晚餐会上遇到的法国外交官说："看看吧，你们那些乱七八糟的思想都带来了什么？你们喊着要自由、平等、博爱，可最终却迎来了拿破仑。如果你们能够满足于传统，你们的情况就不会这样了！"随后，他就会照例大肆宣扬回到大革命前的旧制度，那时幸福安定，也没人胡说什么"天赋人权"或"人人生而平等"。他的态度是真诚的。他意志坚强、才能卓越，有说服他人的才能，因此他也成了一切革命思想最危险的敌人。梅特涅一直活到1859年，他目睹了1848年的欧洲革命将自己苦心经营的政策扫进历史垃圾堆，惨遭失败。突然间，他发现自己变成了全欧洲人最憎恶的家伙，好几次险些丧命于愤怒市民的私刑。不过直到生命终结，他依然不认为自己做的有什么错误。

他觉得，相较自由，人民更需要和平。他则尽己所能将最符合人民利益的东西赐予了他们。公正地看，他维持世界和平是相当成功的。列强们有四十年时间没有再短兵相接。直到1854年，俄国、英国、法国、意大利、土耳其才为争夺克里米亚爆发了一场大战。这么长的和平时期已经刷新了欧洲大陆的纪录了。

这个"华尔兹"会议上的第三位英雄是亚历山大皇帝。他成长于其祖母凯瑟琳女皇的宫殿中。这位精明的老妇人教他将俄国的荣耀看作最重要的事情，除此之外，他还有一位瑞士籍的私人教师，一位伏尔泰和卢梭的狂热崇拜者。这位教师灌输给他人文主义的思想。于是，亚历山大长大后，他的身上奇怪地混合了自私的暴君与忧愁的革命者两种气质，他十分矛盾。在他疯癫的父亲保罗一世在位期间，亚历山大备受屈辱。他被迫目睹了拿破仑战场上的大屠杀，俄军的溃败。直到他的军队为盟国赢得了胜利。俄国从荒僻的边陲之国摇身一变为欧洲的救世主，这个伟大民族的沙皇也被奉为医治世界创伤的半个神明。

可亚历山大本人却远不及塔列朗和梅特涅那样了解人性，对外交这一有着奇妙规则的游戏，也不太会玩。当然，亚历山大爱慕虚荣（在某些情形下谁能禁受住诱惑呢），喜欢群众的掌声与欢呼。很快，他便成为维也纳会议的"聚焦点"，而梅特涅、塔列朗、卡斯雷尔（精明干练的英国代表）则一边惬意地呷着匈牙利甜酒，一边策划着具体该做的事情。他们需要俄国，因此对亚历山大恭恭敬敬。不过他们希望亚历山大本人尽量少参与实质性工作。为此他们交口称赞亚历山大提出的组织神圣同盟计划，好让他自顾不暇，不会妨碍他们。

亚历山大热衷于社交，各种各样的晚会都有他的身影，因此结交了形形色色的人物。在这些场合，沙皇显得既轻松又快活。不过他的性格中还有相反的一面。他努力想忘掉某些可怕的、难以忘怀的事情。1801年3月23日夜晚，他焦急地坐在彼得堡圣米歇尔宫的一间房间里，等待着他父亲退位的消息。可保罗一世拒绝签署退位的相关文件。喝得醉醺醺的官员一怒之下用围巾缠住老沙皇的脖子，将他活活勒死了。随后他们下楼去告诉亚历山大，他已经成了俄国的新皇帝。

亚历山大生性敏感，这个恐怖夜晚的记忆一直在他脑海中挥之不去。他曾经受过法国哲学家们的伟大思想的熏陶，这些人相信的不是上帝而是人类的理性。不过，单单理性并不足以让这位年轻的沙皇从心灵困境中解脱出来。他开始出现幻听幻视。他想找到一个避难所，使自己不安的良心平静下来。他变得异常虔诚，对神秘主义产生了兴趣。对如巴比伦的神庙这样的未知世界有了一种奇特的崇拜和热爱。

大革命期间的过激行为让人们的性格产生了变化。经历了二十年恐惧与焦虑折磨的男男女女，都变得有些神经兮兮。每听到门铃声响，他们会大叫着跳起来。因为这响声可能意味着，他们唯一的儿子"光荣战死"了。革命期间所大肆宣扬的"兄弟之爱"或"自由"等等观念，在历经磨难的农民耳里，无非是一些无意义的口号。他们只想抓住任何能救其脱离苦海的东西。这时神棍和骗子们便顺应时代潮流而生。这些人伪装成先知的样子，四处传播他们从《启示录》的某些少有人知的章节里挖出来的新奇教义，饱受折磨的人民最容易被诓骗了。

1814年，多次占卜问灵的亚历山大听说了一个新的女先知的事情。据说她预言世界末日即将到来，正告诫人们早点儿悔悟。此人就是冯·克吕德纳男爵夫人。这位俄国女人的丈夫是保罗沙皇时代的一名外交官。有关她的年龄和声誉，议论纷纷，可都不确定。听说她把丈夫的钱财挥洒殆尽，还因涉及桃色事件，使他颜面无光。她过着过度放荡的生活，最终心理崩溃，一度精神失常。后来，一位朋友的突然死亡让她皈依了宗教，从此厌弃了生活中的一切快乐。她向一位鞋匠忏悔自己从前的罪恶。这位鞋匠是一位虔诚的摩拉维亚兄弟会成员，也是被1415年的康斯坦茨宗教会议处以火刑的老宗教改革家约翰·胡斯的信徒。

接下来的十年，男爵夫人待在德国，一心一意地从事劝说王公贵族们"皈依"宗教的工作。感化欧洲的救世主亚历山大皇帝，使他认识到自己犯下的错误，这是男爵夫人平生最大的愿望。而亚历山大正处忧伤之中，任何能给他一丝慰藉的会面他都很乐意，会面很快被安排妥当。1815年6月4日傍晚，男爵夫人走进沙皇的营帐。她第一眼看见这位大人物时，他正在读自己随身携带的《圣经》。我们搞不清楚男爵夫人与亚历山大之间的交流。可当她三小时后离开后，陛下泪流满面，发誓说"我的灵魂终于得到了安宁"。从那天开始，男爵夫人便成了沙皇忠实的伙伴及灵魂的导师。她随他四处出访，然后又到维也纳。只要不出席舞会，克吕德纳夫人就同亚历山大一起祈祷。

你也许会问，我为什么要如此详细地向你们讲述这个离奇的故事？难道19世纪的种种社会变革不比一个精神失常的女先知的生涯更具重要性吗？她有什么特别的呢？社会变革当然重要，不过现在已经有够多的历史书，它们能准确地告诉你那些历史大事。而我希望你们不要把历史当成一堆史实的串联。我要你们带着一颗好奇心去感受历史，绝不要仅仅满足于"何时何地发生了什么"这样简单的描述。去发掘隐藏在每个历史行为背后的动机，接着你对世界的了解就会更深入，你也将会更好地去帮助别人。归根结底，这才是唯一真正令人满意的生活方式。

别把神圣同盟仅仅看作1815年签署的一纸空文，它也许从诞生起就注定要被遗忘在国家档案馆里，可它绝非是一纸空文。神圣同盟直接导致了门罗主义的产生，而门罗主义很大程度上改变了普通美国人的生活。所以，我希望你们了解这一文件为何出现，因为在它貌似忠诚的基督教责任宣言背后有着不少猫腻。

一个是遭受了可怕精神打击，试图寻求心灵安慰的皇帝，另一个是人老珠黄，只能冒充新时代的弥赛亚来满足虚荣心与欲望的阴险女人。他们的真面目早就被人们看破了。像卡斯雷尔、梅特涅、塔列朗这等睿智的人物，他们当然知道这位男爵夫人的手段。梅特涅可以轻而易举地把她打发回德国，给神通广大的帝国警察局首脑写一纸便条就能解决问题。

可法国、英国、奥地利正需要俄国的合作，他们不敢惹怒亚历山大。只能暂时容忍这位演技拙劣的老女人。虽然他们全都认为神圣同盟根本什么都不是，甚至不值得为它浪费纸张，可当沙皇向他们朗诵以《圣经》为基础创作的《人类皆兄弟》的初稿时，他们只能装出耐心倾听的样子。签字国要申明"在管理各自国家的事务及处理与别国政府的外交关系时，应以神圣宗教的戒条，即基督的公正、仁慈、和平为唯一指导。这不仅适用于个人，且应对各国的议会产生直接的影响，并作为加强人类制度，改进人类缺陷的唯一途径，体现在政府行动的各个步骤中"之后，他们还相互承诺，将保持联合，"本着一种牢不可破的兄弟关系，彼此以同胞相待，在任何情况、任何地点相互施以援手"，等等。

尽管不知所谓，甚至一个字都读不懂，奥地利皇帝还是在神圣同盟誓约上签署了自己的名字。法国的波旁王室也签了字，形势使然，它很需要拿破仑旧敌的友谊。普鲁士国王也加入了，他迫切希望亚历山大支持他的"大普鲁士"计划。受俄国摆布的所有欧洲小国自然都签了字，他们只能选择听话。英国拒绝签字，因为卡斯雷尔认为该条约不过是一派胡言。教皇没有签字，他对一个希腊东正教徒和一个新教徒来插手他的事务深感愤恨。土耳其的苏丹当然没签，因为他根本不知道有这回事。

而欧洲的老百姓不久后就被迫正视这一条约。隐藏在神圣同盟空洞言辞的背后，是梅特涅集结起来的五国盟军。惹恼了这些军队可不是闹着玩儿的。他们的存在无疑在警告世人，欧洲的和平是绝不容许所谓的自由主义者破坏的。这些自由主义者其实就是雅各宾党，他们唯一的目的就是使欧洲重返大革命的动乱年代。欧洲人对1815年之前四年的伟大解放战争的热情开始慢慢消退，只剩下对幸福安定生活的盼望。饱受战乱之苦的士兵也希望和平，他们开始坚定地拥护和平。

不过，人们并不需要神圣同盟和列强会议来赐予他们那种所谓的和平。他们很快惊觉自己被维也纳会议愚弄了。可他们不敢出声，以免自己的话被秘密警察听见。欧洲列强对革命的反攻是卓有成效的。策划这一反动的人真诚地相信他是在为人类造福。可动机虽然好，却像使坏一样让人难以忍受。它不仅制造了许多本该避免的痛苦，而且大大阻碍了政治改革的正常进程。

第五十六章

反攻时刻

　　欧洲君主国家用压制所有新思想的办法来维持一个和平的世界，它们使秘密警察成为最有效率的国家机构，不久，所有国家的监狱都人满为患。那些宣称老百姓有权自治的人都受到了监禁。

　　要完全清除拿破仑洪水所带来的祸害几乎无法完成。古老制度的防线被一扫而空，十几个朝代的宫殿被毁坏，根本无法居住。其他的王公趁着邻国遭难扩张地盘。革命的洪水虽然退去，却留下了点点滴滴革命思潮的遗迹，强行清除它们势必给整个社会带来危险。不过维也纳会议的政治工程师们将自己的重建能力发挥到极限，依然取得了种种成就。

　　多年以来，法国一直是世界和平的"祸害"。人们不免对这个国家产生了本能的恐惧感。虽然波旁王朝借塔列朗之口，答应以后会好好作为，但"百日政变"却让欧洲国家见识到，一旦拿破仑第二次脱逃将会出现什么可怕的情况。在其他欧洲国家中，荷兰共和国又被改为王国，比利时变成了这个新尼德兰王国的一部分（由于比利时没有参加16世纪荷兰人争取独立的战争，它一直都是哈布斯堡王朝的领地，开始由西班牙统治，后又归属奥地利）。无论是信奉新教的北欧，还是天主教徒主导的南欧，没人希望看到这种联合，但也没人提出反对意见，因为它似乎有利于欧洲的和平，这就是最重要的。

　　波兰人对未来的独立怀有极大的憧憬，因为他们的亚当·查多伊斯基王子是亚历山大沙皇的密友，而且在整个反拿破仑战争及维也纳会议期间一直担任沙皇的常务顾问。但波兰却被划为俄国的半独立属地，由亚历山大出任国王。这引起波兰人民极大的愤怒，直接导致了后来的三次革命。

丹麦作为拿破仑最忠诚的盟友，因而受到了非常严厉的惩罚。七年前，一支英国舰队突然驶到了卡特加特附近海域，在没有宣战、没有警告的情况下，炮轰了哥本哈根。为了避免丹麦军舰被拿破仑所用，他们就将其全部掠走。维也纳会议认为这样的惩罚还是太轻了，于是将挪威从丹麦划出（根据1397年的《卡尔马条约》，挪威和丹麦一直是联合在一起的），将它交给瑞典的查理十四，作为他背叛拿破仑的奖赏。想当初，还是拿破仑帮助查理登上王位的。更让人觉得奇怪的是，这位本名贝纳多特的瑞典国王，原来竟然是一名法国将军。他以副官长的身份被拿破仑指派前往瑞典，恰好当时的瑞典统治者未留下子嗣就去世了，于是瑞典人就请贝纳多特登上了瑞典王座。从1815年至1844年，他全心全意地统治着这个第二祖国（尽管他从未学会瑞典语）。他聪明干练，治国有方，不管是瑞典子民还是挪威子民都十分尊重他。可他也不能将两个有截然不同的历史与文化的国家完美融合起来。这两个斯堪的纳维亚民族始终不能维持和平。1905年，挪威以一种最平和稳健的方式脱离瑞典，独立建国，而瑞典也乐得祝愿挪威"一路顺风"，明智地放弃了这片土地。

意大利人自文艺复兴以来一直饱受入侵者的践踏，他们本来对拿破仑寄予厚望，可做了皇帝的拿破仑却让他们大失所望。拿破仑非但没有实现人民的愿望让一个统一的意大利出现，相反，意大利居然被划分为一系列小公国、领地、共和国及一个教皇国。教皇国位于那不勒斯旁边，是整个意大利半岛最混乱的国家，人们生活极其悲惨。维也纳会议废除了几个拿破仑时期的小共和国，在它们的旧址上恢复了之前的封建领地，分别奖赏给哈布斯堡家族的几个功臣，其中还有女性。

可怜的西班牙人也发动过反抗拿破仑的伟大民族起义，为他们的国王献出了宝贵的生命。可当维也纳会议支持国王复位后，西班牙人却遭到了严厉的惩罚。斐迪南七世极为恶毒，被拿破仑关押在监狱的四年时光中，他给自己信奉的守护神像织了一件又一件的外套。他一复位就恢复了在法国大革命期间被废除的宗教法庭和刑房。于是他不仅遭到人民的鄙夷和厌恶，连他的四个妻子也很讨厌他。可神圣同盟却坚持要维护他的合法王位，正直的西班牙人民为清除这个邪恶的暴君、建立君主立宪制国家做出了不懈努力，可最后都以被屠杀和迫害告终。

自1807年王室成员逃到巴西后，葡萄牙便一直没有国王。在1808年至1814年的半岛战争期间，葡萄牙一直被惠灵顿的军队用作后勤补给基地。1815年后，葡萄牙继续做了几年英国的非正式行省，直到布拉冈扎王室重返王位，只留有一位布拉冈扎王室成员在里约热内卢当了巴西皇帝，这是美洲大陆唯一一个维持了许多年的帝国，直到1889年巴西才建立共和国。

在东欧，维也纳会议并未采取任何行动来改善斯拉夫人和希腊人的悲惨境遇，他们依然是土耳其苏丹的属民。1804年，一位外号叫黑乔治（卡拉乔戈维奇王朝的奠基人）的塞尔维亚猪倌发动反抗土耳其人的起义，但不幸失败，最后被他好像是朋友其实是敌人的另一塞尔维亚领袖杀害，这位领袖名为米洛什·奥布廉诺维奇，他是奥布廉诺维奇王朝的创始人。这样，土耳其人继续在巴尔干半岛称王称霸。

希腊人失去独立已经整整两千年了。他们先后受到过马其顿人、罗马人、威尼斯人、土耳其人的奴役。现在，他们只能寄希望于自己的同胞，科俘岛人卡波德·伊斯特里亚，还有查多伊斯基（他是亚历山大的密友），也许他能为希腊人争取到一些应有权益。可惜维也纳会议对希腊人的要求根本置若罔闻，满脑子想着的只是如何让所有"合法"的君主，不管是基督教的、伊斯兰教的或其他宗教的，都各自稳坐自己的王位。因此，希腊人的愿望根本没能实现。

维也纳会议做的最后的、也可能是最大的错事，就是对德国问题的处理。宗教改革和三十年战争不仅完全摧毁了这个国家的繁荣与财富，而且将它变成了一盘看不到希望的政治散沙。它被分裂成两三个王国、四五个大公国、十几个公爵领地以及数百个侯爵领地、男爵领地、选帝侯领地、自由市和自由村，由一些奇奇怪怪的政治小丑分别治理着。腓特烈大帝用他创立的普鲁士改变了这一局面，遗憾的是，这个国家在他死后便衰落了。

拿破仑虽然满足了大多数德意志小国的独立愿望，但总数三百多个的国家里，只有五十二个存续到了1806年。这些年来，许多德国人都梦想着建立一个统一而强大的新国度。可没有强劲得力的领导人，就不可能实现统一大业。谁又能担当这一领导的重任呢？

在欧洲地域上一共有五个国家讲德语。奥地利与普鲁士的国王位置都是上帝授予的。而其余三个国家，巴伐利亚、萨克森和维腾堡的国王却是由拿破仑授权的。他们一直把法兰西皇帝陛下当成最忠诚的信仰，因此在其他讲德语的人民眼里，他们的爱国信誉非常不好。

维也纳会议建立了一个新日耳曼同盟，由三十八个主权国家组成，被奥地利国王（现该称呼为奥地利皇帝）领导。这种临时的解决办法当然不尽如人意。新同盟成员国代表大会在古老的加冕城市法兰克福召开，目的是讨论"共同政策及重大事务"。可三十八名代表分别代表不同的利益团体，而做出任何决定都需要全票通过（几个世纪前毁掉强大波兰王国的就是这项荒唐的国会程序）。这使得本次著名的日耳曼大会很快沦为了欧洲人的笑柄，他们的治国政策变得越来越像19世纪四五十年代的中美洲国家。

这对于为民族理想牺牲了一切的德国人来说，无疑是一个巨大的侮辱。可维也纳会议的议题可不包括什么民族感情，因此没什么值得商量的。

难道没有哪个欧洲人对这些决定提出不同的想法？当然有。随着最初人们对拿破仑的仇恨情感渐渐平复，当反对拿破仑发起战争的热情开始冷静下来的时候，人们开始意识到借"维护和平与稳定"之名所行的种种罪恶，开始了无休止的抱怨。他们甚至威胁要进行公开的反抗。可赤手空拳的普通百姓能做的却不多，他们所对抗的却是史上效率最高、最残忍的警察组织。

维也纳会议的参与者们真诚地相信，"法国大革命的思想是拿破仑犯下篡权夺位罪行的根源"。他们觉得将所谓"法国思想"的追随者们全部消灭，是上天赐予自己的神圣使命。就像西班牙国王菲利普二世那样为了正义杀尽新教教徒和摩尔人一样。在16世纪初期，教皇拥有随心所欲统治自己属民的神圣权力，任何胆敢质疑这种权力的人都会被视为"异端"分子，诛杀异端是所有忠诚市民的应尽责任。而19世纪初的欧洲大陆，如果有人敢质疑国王或首相统治国民的神圣权力，一样会被看作"异端"，作为忠诚国民有向警察举报的义务。

1815年的欧洲统治者们经受了拿破仑时期的历练，所以做事比起1517年的前辈们更有效率了。1815年至1860年是一个属于政治密探的黄金时期。间谍无处不在，他们出入王公贵族的宫殿，甚至最底层的酒馆也有他们的影子。他们透过钥匙孔窥探内阁会议的进程，他们偷听在公园长椅上休息的人们的闲聊。他们把守着海关和边境，以免任何没有正式护照的可疑分子入境。他们检查所有的包裹行李，防止每一本可能带有"法兰西思想"的书籍在境内传阅。他们和大学生一起听课，任何胆敢对现状提出质疑的教授，马上就会遭到逮捕。他们悄悄尾随在去教堂礼拜的儿童身后，免得他们逃学。

密探们的许多工作都得到了教会的鼎力支持。大革命让教会遭受沉重打击，损失惨重。财产被没收充公，许多教士被杀害。对受伏尔泰、卢梭和其他法国哲学家无神论思想熏陶的那代年轻人来说，"理性的神坛"才是他们敬仰膜拜的对象，公安委员会甚至在1793年10月废除了对上帝的礼拜。教士跟着贵族们一起度过了漫长的流亡生涯。现在，他们随盟军士兵一起重归故里，马上带着一种报复的心理积极投入了工作。

甚至连耶稣会也在1814年回归，继续他们教育下一代的神圣工作。在刚刚成立耶稣会的时候，因为在反击教会敌人的斗争中表现出色，耶稣会的"教区"纷纷建立，遍布世界。不过后来这些分会很快发展成一个正式的贸易公司，不再只是传播天主教的福音，而且开始不断干涉当地政府的内部事务。在葡萄牙伟大的改革家、首相庞博尔侯爵执政时期，耶稣会曾一度被逐出葡萄牙领土。1773年，应欧洲多个天主教国家的强烈要求，耶稣会的活动被教皇克莱门特十四世限制。现在，他们又开始积极工作，对商人的孩子们讲解"顺从"和"热爱合法君主"的道理，以免他们会像他们的爸妈那样大逆不道，遇上玛丽·安东奈特被送上断头台这类情形时，还花钱在刑场附近租用窗口来围观欣赏。

就算在普鲁士这样的新教国家里面，情况也不乐观。曾经号召对拿破仑发起神圣反抗的爱国者们、鼓舞人们反抗压迫的诗人作家们，都被贴上了"煽动家"的标签，成了威胁社会秩序的危险分子。他们的家被搜查，信件被查阅，而且必须定期到警察局报到一次，汇报自己的一举一动。普鲁士教官对年轻人的管教严厉到变态的程度。在古老的瓦特堡，如果一群青年学生以一种喧闹却无害的方式庆祝宗教改革三百周年，普鲁士当局竟会把这当成是山雨欲来的前兆。一名诚实却不够机灵的神学院学生莽撞地杀死了一个隐藏在德国的俄国间谍，普鲁士各大学立即被置于警察的监管之下，并且不经任何形式的审讯，教授们便可能被投入监狱或遭到解聘。

当然，俄国在实施这些反革命行动方面做得更过分。亚历山大已经从他突发的虔诚狂热中醒悟过来，却又患上了慢性忧郁症。他终于明白了自己的愚昧无能，意识到他在维也纳会议期间沦为了梅特涅和克吕德纳男爵夫人的愚弄对象。他变得越来越讨厌西欧，变成一位名副其实的俄国统治者，把大部分精力放在那个曾经给斯拉夫人上过启蒙课的君士坦丁堡。随着统治俄国的时间越来越久，亚历山大工作得越来越努力，可他取得的成就却恰恰成反比。当他在自己的书房里埋头苦干时，他的大臣们已经将整个俄国变成了一个大兵营。

这种画面绝对不算美妙。也许，我可以缩短对这个大反动时期的描述。但是，这段历史时期十分重要，毕竟，人类进行阻碍历史进步的每一次尝试，最后无一例外必遭严惩，自然也包括这一次。

第五十七章

民族独立运动

民族独立的火苗一旦点燃，哪会这么容易就被大反攻扑灭呢？南美洲人民第一个发起对维也纳会议的反动举措的反抗。接着，希腊人、比利时人、西班牙人接踵而至，19世纪，到处都点燃了独立战争的火苗。

历史不容"假设"，我们当然可以设想，"如果维也纳会议采取了这样那样的措施，而非犯下了这些错误，那19世纪的欧洲历史就会是另一个样子"。可这种设想并没有意义。毕竟，参加维也纳会议的是一群刚刚经历了法国大革命，在长达二十年的恐怖与战乱中饱受折磨，至今仍心有余悸的人们。维也纳会议的目的就是确保欧洲的"和平与稳定"，他们认为这才是人民需要和向往的。虽然，他们被我们称作"反动人士"，但却是真心为大局着想的，因为他们认为人民大众欠缺自治能力。他们用自以为最能保证欧洲和谐稳定的方法，重新安排了欧洲地图。虽然他们以失败而告终，但并非出于恶意。相反，他们大多都是旧有的教育模式下培养出来的杰出人物，因此深切怀念"过去的好时光"。可他们没有意识到，革命思想已经在欧洲人民心中牢牢地扎下根来。这是他们的不幸，却也算不上罪恶。法国革命不仅教给了欧洲，同时也教给了美洲一个道理——人民应当拥有"民族独立"的权利。

拿破仑自命不凡，在对待民族感情和爱国主义方面，他显得尤其冷酷无情。可在法国大革命早期，有这样一个信条——"民族并不受政治边界划分的限制，与种族的外貌特征也没多大关系。发自内心和灵魂的感情相近才应是一个民族。"因此当他们向法国儿童宣扬本民族的伟大时，他们也鼓励西班牙人、荷兰人、意大利人做同样的事情。不久之后，这些受卢梭思想影响的人民便开始挖掘历史，在封建城堡的废墟下，发现他们伟大祖先的遗迹，祖辈的丰功伟绩让他们自叹不如。

19世纪上半叶是考古大发现的时代。历史学家们个个都忙着整理中世纪散佚的古典文献及编年史书，结果导致爱国主义热情的浪潮席卷整个世界。虽然，这些民族自豪感很大程度上都来源于对史实的曲解，但在政治范围内，历史真相不重要，重要的是人们愿不愿意去相信。总之，欧洲各国都对其祖辈的光荣史丝毫不怀疑。

不过，维也纳会议可不会考虑什么民族感情。出席的首脑们在商议重新规划欧洲版图时，想的都是几个王朝怎样实现最大利益，"民族感情"在他们眼中就和"法国大革命教义"一样危险，应该被严厉镇压。

可是，历史绝不会对权势留一丁点儿情面。某种原因影响下（可能是历史惯例，但至今仍未受到历史学家的重点关注），"民族国家"的存在有利于人类社会的稳步发展。任何想要阻挡这种历史潮流的，最终都会像梅特涅禁止人们思考一样，以失败而告终。

有意思的是，民族独立的大火是从远离欧洲的南美开始燃烧的。在漫长的拿破仑战争期间，西班牙人无暇他顾，因而南美大陆的西属殖民地安享了一段相对独立的时期。当西班牙国王被拿破仑囚禁之后，南美殖民地人民拒绝效忠拿破仑任命的新任西班牙国王约瑟夫·波拿巴，尽管他是前任国王的兄长。

事实上，唯一深受法国大革命破坏性影响的南美殖民地是哥伦布航海到达的第一站——海地岛。1791年，在一阵无法自抑的博爱与兄弟之情的鼓舞下，法国国民公会宣布给予海地的黑人兄弟此前专属于他们的白种主人享有的一切权利。可他们的后悔与他们的冲动来得一样快，从而导致了海地黑人领袖杜桑·卢维杜尔与拿破仑的内弟勒克莱尔将军之间持续多年的残酷战争。1801年，杜桑维尔应邀和勒克莱尔会面，商讨议和条件。法国人郑重向他保证，绝不会假借和谈的名义加害他。杜桑维尔相信了白人，结果被带上一艘法国军舰，不久便死于监狱。可海地黑人最终还是赢得了独立，并建立起自己的共和国。后来，当一位伟大的南美爱国者试图将自己的国家从西班牙的枷锁中解放出来，海地黑人的胜利给了他支持和勇气。

这个伟大的南美爱国者就是西蒙·玻利瓦尔，他于1783年生于委内瑞拉的加拉加斯城，曾在西班牙接受教育。在大革命时代，他到访巴黎，目睹了当时革命政府的作为。在美国停留一段时间后，玻利瓦尔返回家乡。当时，委内瑞拉人民对母国西班牙的不满情绪正日益蔓延。1811年，委内瑞拉正式宣布脱离西班牙独立，玻利瓦尔也成为革命将领之一。可是不到两个月，起义失败了，玻利瓦尔不得不远走他乡。

在接下来的五年里，玻利瓦尔独立领导着这项毫无希望的事业，一人苦苦支撑着。他将自己的全部财产都献给了革命，如果不是得到海地总统的鼎力相助，他的最后一次远征是毫无获胜希望的。民族独立的烈火从委内瑞拉迅速蔓延到整个南美大陆，使西班牙殖民者难以独自应对，只能求救于神圣同盟。

这样的局面使英国深感忧虑。经过了许多努力，英格兰船队才取代荷兰人，成为全世界主要的海上承运商。他们正筹划着从独立的南美洲国家中获取巨额的利润。因此，英国人希望美国出面干涉神圣同盟的行动。可是美国参议院并没有如英国人所愿，甚至是在众议院里，也有许多人反对干涉西班牙的事务。

而此时，英国内阁发生人事变动。辉格党被迫下台，由托利党人上台组阁。乔治·坎宁担任了国务大臣。他发出暗示，美国政府如果愿意出面反对神圣同盟镇压南美殖民地起义的计划，那么英国将倾尽全力来支援美国。于是，在1823年12月2日，门罗总统对国会发表宣言："美国将把神圣同盟在西半球的任何扩张企图，都视为对美国和平与安全的威胁。"他还进一步警告说，"美国政府将把神圣同盟这样的举动看作是对美国不友好态度的具体表现。"四星期以后，英国报章刊载了"门罗主义"的全文，这就迫使神圣同盟的成员们必须在帮助西班牙或者得罪美国之间站队。

梅特涅犹疑不决，他自己倒是不怕触怒美国（毕竟，从1812年赢得独立战争之后，美国的陆海军就一直荒废着），不过坎宁那种警告的态度以及大陆内部的麻烦，让他不得不小心行事，三思后行。于是，拟议中的远征被无限期延期，南美和墨西哥终于获得了独立。

至于在欧洲大陆，骚乱可谓此起彼伏。1820年，法国军队被神圣同盟派遣进入西班牙，充当和平警察的角色。奥地利军队也被派前往意大利，执行同样的使命，因为当时意大利由烧炭工人组织的秘密会社"烧炭党"为统一的意大利大做宣传，并最终发动了一场反抗那不勒斯的邪恶统治者斐迪南的起义。

俄国方面也传来了不好的消息。亚历山大沙皇的去世引发了圣彼得堡的一场革命。因为这场短暂的流血斗争发生在俄历十二月，所以也被称为"十二月党人起义"，最后导致大批优秀的俄国爱国者被绞杀。他们发动起义的原因只不过是不满于亚历山大晚年的腐朽统治，希望在俄国建立一个立宪政府。

糟糕的情况还在继续。在艾克斯拉夏佩依、在特波洛、在莱巴赫，最后在维罗纳，梅特涅召开了一系列会议，试图继续得到欧洲各宫廷的支持。各国的代表们到达这些风景迷人的海滨胜地（这里是梅特涅夏日避暑的地方），口头上承诺会全力镇压起义，可心里都没底得很。人民的情绪开始变得越来越激动，尤其是在法国，国王的处境十分不妙。

不过，真正的骚动在巴尔干半岛率先展开，自古以来蛮族人都是从此地入侵西欧的。起义最先在摩尔达维亚爆发。该地原为古罗马达西亚行省，于公元3世纪脱离了帝国。从那时开始，这个国度就如亚特兰蒂斯（传说大西洋中一块沉没的大陆）一样成了"消失的国土"。当地人民仍旧讲古罗马语言，自命罗马人，将他们的国家也称为罗马尼亚。1821年，年轻的希腊王子亚历山大·易普息兰梯发动了一场反抗土耳其人的起义。他对自己的追随者扬言，俄国会支持他们的斗争。不过梅特涅的信使率先到达圣彼得堡，沙皇完全为奥地利首相关于维护"和平与稳定"的想法所说服，拒绝帮助罗马尼亚人。易普息兰梯被迫逃亡奥地利，承受了七年的牢狱之灾。

在1821年这个多事之秋，希腊也发生了暴乱。从1815年开始，一个秘密的希腊爱国者团体便一直在谋划起义。他们出其不意地在摩里亚（古时的伯罗奔尼撒）发出独立宣言，将当地的土耳其驻军驱逐了出去。土耳其人照例进行反击。他们逮捕了君士坦丁堡的希腊大主教，并在1821年复活节那天，将这位许多希腊和俄国人心目中的教皇绞死，被同时处死的还有多位东正教主教。为复仇，希腊人屠杀了摩里亚首府特里波利的所有穆斯林。而土耳其人也不甘示弱地袭击了希俄斯岛，杀死两万五千名东正教徒，并将四万五千人卖到亚洲与埃及去做奴隶。

希腊人向神圣同盟请求救援。可梅特涅却满口风凉话，称他们是"自食其果"（这是首相的原话，他对俄国沙皇说"暴乱的烈火应该任其在文明世界外自生自灭"），通往希腊的边界被关闭，以此阻止各国的志愿者前往援救为自由而战的希腊人民。希腊人孤立无援。在土耳其的要求下，一支埃及部队登陆摩里亚。土耳其的旗帜又飘扬在古雅典要塞特里波利的上空。埃及军队以"土耳其方式"维持着当地的治安，而梅特涅密切注视着局势的发展，静待这一"扰乱欧洲和平的举动"成为过去。

可英国人又一次打乱了梅特涅的计划。英格兰最不凡的并不在于它庞大的殖民地、令人艳羡的财富或者天下无敌的海军，而是英国人心中暗藏的英雄主义情结和独立意志。英国人向来循规蹈矩，因为他们明白尊重他人的权利是文明社会与野蛮社会区别的标志，每个自然人的思想自由都是不容他人侵犯的。如果他们认为政府在某件事情上的处理办法有误，他们便马上站出来，毫不迟疑，勇敢地表达自己的观点。而他们所指责的政府也懂得尊重他们自由表达的权利，并会确保他们免遭迫害。自苏格拉底时代开始，那些在思想、智慧及勇气上超越他人的杰出人物往往会成为恶人施加迫害的对象。只要这项事业是正义的，不管路途遥远，抑或条件艰苦，热情的英国人总会积极地参与这项事业。总的来说，英国人民还是更喜欢安宁闲适的生活，不喜欢"多管闲事"，不过对那些敢于抛下一切去为并不熟识的人战斗的"古怪"的人，他们还是十分敬佩的。若这个人不幸战死异乡，英国人会为他举行庄严盛大的葬礼，并以他为榜样教育自己的孩子们要具有勇气和骑士精神。

就连神圣同盟的密探也无法动摇英国人这种深深扎根于心底的国际主义精神。1824年，英国的拜伦勋爵扬帆起航，驶往南方去援助希腊人民。他是一位年轻的英国富家子弟，曾用自己的诗歌感动欧洲。三个月后，一个噩耗传遍全欧洲：他们的英雄死在了最后一块希腊阵地迈索隆吉。英雄之死唤醒了欧洲人的激情与正义。欧洲人都自发成立了援助希腊人的团体。美国革命的老英雄拉斐特在法国为希腊人的事业四处奔走呼吁。巴伐利亚国王派遣了上千名官兵前往。钱物和补给源源不断地运到迈索隆吉，援助那里正在挨饿的希腊起义者。

在英国，约翰·坎宁挫败神圣同盟干涉南美革命的企图，并出任英国首相。现在，他看到了打击梅特涅的又一次良机。政府迫于人民支援希腊起义者的热情，派出了军舰，与俄国的舰队一同在地中海待命。自十字军东征后法国便一直自封为基督教信仰的捍卫者，它的舰队也不甘落后地出现在希腊海面。1827年10月20日，英、俄、法三国的军舰袭击了纳瓦里诺湾的土耳其舰队，土耳其舰队被彻底摧毁。在欧洲，从来没有哪场胜利的消息受到过如此热烈的欢呼。西欧和俄国人民在国内深受压抑，不敢追求自由，只能通过关注并分享希腊人民的起义的胜利聊以自慰。1829年，希腊和欧洲人民的努力得到了回报。希腊正式宣布独立，而梅特涅的"欧洲稳定论"政策又一次被击溃了。

如果我试图在短短一章里向你们详述发生在各国的民族独立斗争，这肯定是不可能的。关于这一主题，市面上流通着大量优秀的书籍。我之所以用一定篇幅来描述希腊人民的起义，是因为面对维也纳会议苦心经营来的"维持欧洲稳定"的防线，它第一次成功突防。虽然压迫的堡垒并未完全废除，虽然梅特涅等人还在继续作威作福，但终结的日子已经不远了。

在法国，波旁王朝却完全无视人民的权益和国家的法律，让警察来竭力破坏一切大革命成果，让人民实在难以忍受。当路易十八于1824年去世时，在他统治期间，不幸的法国人民已经饱受了九年"和平生活"的折磨。而事实上，屈辱的"和平"甚至比帝国时代的十年战争还要更惨。好不容易送走了路易十八，谁料到查理十世又来了。

路易十八所属的著名的波旁王朝，根本不知道什么是前车之鉴，却永远都记得要报仇雪恨。路易十八永远记得听到他兄弟被送上断头台的噩耗的那天早晨，他震惊且愤怒。这一幕一直萦绕在他的记忆里，时时提醒他：一个不能认清形势的君主会落得怎样的下场。可查理却正好相反，他是一个在未满二十岁时就已欠下五千万法郎巨债的浪子，不曾经历当时残酷的大革命，所以他自然不会领悟到革命的教训，对他来说借鉴历史的经验就是一个笑谈。一接替哥哥做了法国国王，他便迅速建立起一个被惠灵顿公爵概括为"为教士所治、为教士所管、为教士所享"的新政府。作为一向敬重既成法律和秩序的王权支持者，惠灵顿公爵都极不认可查理的统治，更何况那些激进的自由主义分子了。查理不仅打压敢于批评政府的报纸，还将支持新闻界的国会解散了，他执政的日子即将结束了。

1830年7月27日夜，巴黎爆发了一场革命。同月30日，国王逃往海岸，乘船去英国。一出"十五年的著名闹剧"就以这样狼狈的方式草草收场了。波旁家族从此被彻底赶下了法国王位。他们的愚昧无知实在是无可救药。此时，法国本可重新建立一个共和制政府，但这样的结果是梅特涅不能容忍的。

欧洲的形势已经岌岌可危。起义的火花越出法国边境，点燃了另一个充满民族矛盾的火药桶。维也纳会议强行将荷兰与比利时合并，可这个新尼德兰王国从来都不是一个正确的选择。比利时人与荷兰人少有共同之处，他们的国王奥兰治的威廉（"沉默者"威廉的一个叔叔的后裔）虽然也算个有些商业头脑、为政勤奋的统治者，可他不太灵活圆滑，不能使两个怀有敌意的民族和睦相处。法国复辟后，大批逃难的天主教士涌入比利时，作为新教徒的威廉举步维艰，无论做什么，都会被激愤的臣民指责为"企图恢复天主教自由"而加以拦阻。8月25日，布鲁塞尔爆发了反对荷兰当局的群众暴动。到了10月，比利时正式宣布独立，推举维多利亚女王的舅舅，即科堡的利奥波德为他们的新国王。两个无法互融的国家就此分离，这并不是一件坏事。在那之后，它们倒能像体面的邻居一样，彼此和睦相处，分开反而是件好事。

在那个年代，欧洲只有几条短铁路，所以消息的传播不是很快。不过当法国和比利时革命者取得成功的消息传到波兰时，立刻引发了波兰人与他们的俄国统治者之间的激烈摩擦，并最终导致了一场持续一年之久的可怕战争。最后，战争以俄国人的彻底胜利而告终。他们以典型的俄国方式"重建了维斯图拉河沿岸地区的秩序"。1825年，尼古拉一世继他的兄长亚历山大成为俄国沙皇，他坚信自己的家族拥有统治波兰的神圣权力。无数远赴西欧的波兰难民以自身经受的磨难证明了神圣同盟在神圣沙皇那里是被切实遵守了的。

意大利同样历经坎坷。拿破仑的前妻帕尔马女公爵玛丽·路易丝被自己的臣民赶出了国土。之所以说是拿破仑的前妻，是因为在滑铁卢战败之后，她便毫不犹豫地离开了那个小个子。而在教皇国，情绪激昂的人们尝试建立一个共和国。可当奥地利军队迅速占领罗马城后，一切都破灭了。梅特涅继续端坐在哈布斯堡王朝的外交大臣官郡——普拉茨宫，秘密警察继续维护陈词滥调的"和平"。又过了十八年后，人们终于成功地发动了革命，彻底将欧洲从维也纳会议的可恶遗产中解放出来了。

法国是欧洲的革命风向标，任何起义都先由法国开始，这一次他们再度起义。继查理十世担任法国国王的是路易·菲利普，著名的奥尔良公爵的儿子。他在法国大革命早期赢得了"平等的菲利普"这一称号。最终，当罗伯斯庇尔打算肃清所有"叛徒"（包括所有持不同政见者）时，奥尔良公爵被处死，他的儿子也被迫浪迹天涯，以此来逃避革命军队的追捕。年轻的路易·菲利普在瑞士当过中学教师，还花了两年时间探索遥远的美国。拿破仑垮台后，菲利普回到巴黎。与他的波旁表兄们比起来，他显得聪明多了。他像一个普通的父亲，夹着一把红雨伞，和子女一起在巴黎的公园散步。可惜路易·菲利普至死都不明白法国已经过了需要国王的时代。1848年2月24日清晨，一大帮群众涌进杜伊勒里宫，赶走了菲利普陛下，宣布法兰西为共和国。

当巴黎发生革命的消息传到维也纳，梅特涅不以为意地说，这只不过是"1793年闹剧"的重演，盟军再度进驻巴黎，就能终止这场无关紧要的民主闹剧了。可只过去了两个星期时间，他自己的家乡也爆发了公开的起义。梅特涅躲开愤怒的民众，从普拉茨宫的后门悄悄溜走了。奥皇斐迪南只能应允臣民们的要求通过一部宪法，宪法内容几乎都是梅特涅在过去三十三年里竭力压制的那些革命思想。

这一次，全欧洲都被革命的地震所震撼。匈牙利毅然宣布独立，在路易斯·科苏特的领导下，展开了反抗哈布斯堡王朝的斗争。这场差距甚大的斗争历经了一年多。最后，沙皇尼古拉一世的军队越过喀尔巴阡山，起义者被镇压，终于使匈牙利保全了君主统治。随后，哈布斯堡王室设立起一个特别军事法庭，大部分他们无法在战场上击败的匈牙利爱国者被绞杀。

至于意大利，西西里半岛上的国家赶走了自己的波旁国王，宣布脱离那不勒斯独立。在教皇国，首相罗西被谋杀，教皇慌忙出逃。第二年，教皇率领着一支法国军队重返自己的国土。直至1870年，法军都驻守在罗马，防范臣民们的袭击，守卫教皇陛下的安全。普法战争爆发的时候，这支军队才被紧急召回去对付普鲁士人，尘埃落定之后罗马成了意大利的首都。在半岛北部，撒丁国王阿尔伯特在米兰和威尼斯鼎力相助下，起兵反抗自己的奥地利统治者。可老拉德茨基率领着一支强大的奥地利军队挺进波河平原，在库拉托扎和诺瓦拉两地击败了撒丁军队。阿尔伯特被迫让位给儿子维克多·伊曼纽尔。几年之后，伊曼纽尔终于成了一个统一的意大利王国的首任国王。

在德国，1848年一场蔚为壮观的全国性示威爆发了。人们齐声呼吁政治统一，建立一个议会制政府。巴伐利亚国王由于过于痴迷一位伪装成西班牙舞蹈家的爱尔兰女士（该女士名为洛拉·蒙蒂茨，死后葬在纽约的波特公墓），最终被一群忍无可忍的大学生赶下了台。在普鲁士，国王被迫站在巷战中战死的难者灵柩前致哀，并承诺组建一个立宪制政府。1849年3月，古老的法兰克福聚集来自全德各地区的五百五十名代表，国民大会召开，普鲁士国王弗雷德里克·威廉被代表们推举成为统一的德意志帝国的皇帝。

可不久之后，风向又转了。奥地利的无道昏君斐迪南让位给他的侄子弗朗西斯·约瑟夫。训练有素的奥地利军队依然尽忠职守。刽子手们的任务一天比一天繁重。哈布斯堡家族就像猫一般命硬，他们再度站稳脚跟，并重新控制东西欧局势。他们以狡猾的外交手腕大玩德国各地区间的猜忌游戏，企图借此阻止普鲁士国王成为帝国的皇帝。接连失败的漫长经历使哈布斯堡家族懂得了忍耐的价值。他们明白如何静待时机。当政治上还很稚嫩的自由主义者们自我感觉良好，夸夸其谈时，奥地利人却在秘密地谋划着，准备发动致命一击。最终，法兰克福国会被突然解散，在奥地利的支持下重建起虚有其表的旧日耳曼联盟，重新掌管这个欠缺革命经验的国家。

出席法兰克福议会的一大群不切实际的爱国人士中，有一位心机深沉的普鲁士乡绅俾斯麦，安静地观察着整个局势。他是一位厌恶空谈，崇尚行动的强人。他深知（其实每一个行动力强的人都知道），光说不练最后的结果就是一事无成。他有着自己独特的爱国方式。俾斯麦接受的是传统外交教育，无论是玩手段，还是装腔作势，绝对不输任何对手。俾斯麦坚信，要想德意志成功跻身欧洲列强之林，目前许多小国组成的松散联盟必须由一个统一而强大的日耳曼国家来取代。然而封建效忠思想早已在他的心中深深扎根，他支持自己依靠的霍亨索伦家族，而不是无能的哈布斯堡家族，来做这个新德国的掌舵者。为达到这一目的，他必须首先消除奥地利对德意志世界的强大影响力。于是，他开始施行这一痛苦的分离手术。

此时，意大利已经完成自救，摆脱了万恶的奥地利统治者。意大利的统一工程是由三位杰出人士携手完成的。他们分别是加富尔、马志尼和加里波第。三人之中，加富尔这位戴钢丝边眼镜的建筑工程师担当了殚精竭虑的政治领航员角色。为躲避奥地利警察的追捕，马志尼在欧洲各国之间穿梭。他出任激发民众热情的首席演说家。而加里波第和他那群穿红衬衣的骑士则负责执行民意。

马志尼与加里波第本是共和制政府的忠实信徒，可加富尔却倾向于君主立宪。由于两个同伴都认为加富尔向来在把握政治方向上有过人的能力，为了给祖国谋取更加远大而幸福的未来，他们放弃了自己的政治理想，接受加富尔更为现实的主张。

就像俾斯麦效忠霍亨索伦家族一样，加富尔则对意大利的撒丁王族忠心不贰。他以百倍的耐心和高超的手段，一步步扶助撒丁国王担起意大利统治的重任。欧洲其他地区的动荡局势为加富尔的伟大计划创造了有利条件。其中，对意大利统一帮助最多的，莫过于它最信任的（常常也是最不可信任的）老邻居法国。

在混乱动荡的法国，1852年10月，执政的共和政府突然垮台了，这结果并不让人震惊。前荷兰国王路易斯·波拿巴的儿子，那位伟大叔叔拿破仑的小侄子拿破仑三世重建起帝国，并自认为是"得到上帝恩许和人民拥戴的"皇帝。

这位年轻人曾在德国接受教育，因此他的法语中带着一股浓浓的条顿腔（和叔叔拿破仑一样，他一辈子都没改掉乡音）。他费尽心思运用着叔叔拿破仑的声望来稳固自己的地位。不过他树敌太多，只能非常忐忑地戴上了那筹备已久的皇冠。他只是赢得了英国维多利亚女王的好感。可女王毕竟是一位不够出色且爱慕虚荣的老好人，想讨她的欢心算不上一件难事。至于其他的欧洲君主，他们心底都十分鄙视这位法国皇帝，甚至想用一些新鲜有创意的方法惩罚这个扬扬得意的小人。

因此，拿破仑三世软硬兼施地来提高自己的地位。他知道，法国人依然留存着对于"荣誉"的渴望。既然他无论如何都得为自己的皇位赌上一把，那不如放手一搏，将自己的全部赌资押上去。恰好，俄国对土耳其发动了攻击，因此他找到了借口，与英国一同以苏丹的名义发动了克里米亚战争，共同对抗俄国。这是华而不实的冒险，无论是俄国、英国、法国，都没能得到什么好处。不过克里米亚战争还是做了一件好事。它使得撒丁国王趁机站在了胜利者一边。当战争结束后，加富尔便凭借这份战功向英法两国索取回报。

利用国际局势，撒丁王国得以位列欧洲列强的圣殿，聪明的加富尔在1859年6月又挑起了一场与奥地利的战争。他用萨伏依地区和原本属于意大利的尼斯城作为交换条件，谋得了拿破仑三世的帮助。法意联军先后在马真塔和索尔费里诺击败了奥地利军队，意大利王国由此又增加了几个前奥地利省份及公国。这个新意大利的首都为佛罗伦萨。到1870年，原本驻守在罗马的法国军队应召回国，对付普鲁士人。他们离去的背影仍清晰可见，意大利人就踏进了这座永恒的名城。撒丁王族立刻入住了历史悠久的奎里纳尔宫——一位教皇在康士坦丁大帝浴室的废墟上修建起来的行宫。

原主人教皇早先就渡过台伯河，入住梵蒂冈的深宅大院。1377年那位古代教皇从流放地阿维尼翁返回之后，他的历代继任者一直居住于此。教皇陛下对于意大利人抢占居所的行为发出强烈抗议，并向那些同情他的忠诚天主教徒发出求援信。但是，信奉天主教的国家本来就很少，并且还在不断减少。一旦教皇从世俗的国家事务中脱离，他便能将更多的时间放在指导当代人的精神生活上。摆脱欧洲的国际纷争，教皇反而赢得了一种新的尊严，这明显对教会事业大有裨益，也使罗马天主教会成了一股推进社会与信仰进步的国际力量，并且能够比大多数新教教派更为明智地看待当代社会所面临的种种经济问题。维也纳会议将整个意大利半岛变为一个奥地利省份的企图就这样落了空。

不过德国问题依然未能得到解决。事实证明，它是所有国家问题中最不好办的一个。1848年革命的失败导致了大规模的人口迁移，大批精力充沛、思维活跃的德国人都流失了。这些年轻人移民去美国、巴西及亚非的新兴殖民地重新开始生活。他们未完成的事业由另一派德国人接手过来。

自由主义者所组成的议会解散了，表明建立一个统一国家的努力失败了。不过，在法兰克福又召开了新一届议会。其中代表普鲁士利益的是我们在前几页里讲到过的冯·奥托·俾斯麦。现在，他已获得了普鲁士国王的充分信任，他终于得以大展身手了，至于普鲁士议会或人民的意见，他根本不在意。他曾亲眼见过自由主义者的失败，深信只有发动一场战争，才能完全摆脱奥地利。于是，他悄悄加强普鲁士的军队。他的强硬手段激怒了州议会，他们拒绝向他提供必要的资金，可俾斯麦根本不屑和他们讨论，他自行用普鲁士皮尔斯家族及国王提供的金钱来扩军备战。准备好以后，他开始四处寻找一项用以激发所有德国人爱国热情的战争机会。

　　他找到了机会。在德国北部有两个公国，石勒苏益格与荷尔斯泰因。它们自中世纪起便是著名的是非之地。两个国家都住着一定数量的丹麦人和德国人，虽然一直由丹麦国王统治，可又不属于丹麦的领土。这种奇怪的情形导致了无穷无尽的纷争。我不是故意在此提出这个早被遗忘的问题，最近签署的《凡尔赛和约》似乎已彻底解决了这个难题。但是在那时，荷尔施泰因的德国人当众诋毁丹麦人，而石勒苏益格的丹麦人则拼命维护他们的丹麦传统。一时间，整个欧洲都在关注这个话题。当许多内阁大臣还在试图调查当地究竟发生了什么时，普鲁士已经动员它的军队去"收复失去的国土"。作为日耳曼联盟的传统领袖，奥地利当然不允许普鲁士在如此重大的问题上一枝独秀。哈布斯堡的士兵也被调动起来，和普鲁士军队一道闯进了丹麦的国土。丹麦人的抵抗异常激烈，无奈势力单薄。他们本想向欧洲诸国求援，怎奈别人也在忙自己的事情，顾不上他们。

　　随后，俾斯麦开始进行他大德意志计划的第二步。他利用瓜分战利品的机会，有意挑起与奥地利的争执。哈布斯堡家族毫无防备地跳进了俾斯麦设好的陷阱。新普鲁士军队借机侵入波希米亚，只用了不到六个星期的时间，最后一支奥地利军队被全军覆没在了萨多瓦和柯尼格拉茨。普鲁士军队进逼维也纳的道路已经被扫清了。不过俾斯麦不想把事情做得太过分，他在欧洲政治舞台上的表演还需要邻居的相助。他向战败的哈布斯堡家族开出非常大方的议和方案，让他们放弃日耳曼联盟的领袖地位。俾斯麦毫不留情地处置了那些帮助奥地利的德意志小国。他一口气将它们全部并入了普鲁士。这样，大部分的德意志北方小国组成了一个新的组织，即所谓的北日耳曼联盟。得胜的普鲁士毫无疑问地成了德意志民族的非正式领袖。

面对俾斯麦一连串快如闪电的扩张与吞并,欧洲人吃惊不已。英国显得漠不关心,但法国人却流露出不满情绪。拿破仑三世对人民的控制已经开始动摇,因为克里米亚战争耗资巨大,伤亡惨重,可什么也没得到。

1863年,拿破仑三世进行了第二次冒险行动。他派出军队,试图强制性让墨西哥人民接受一位名为马克西米安的奥地利大公做他们的皇帝。可当美国内战以北方的胜利而告终,拿破仑三世先前的努力便全部白费了。华盛顿政府迫使法军撤出墨西哥,使墨西哥人有机会清理敌人,最终枪毙了那个不受欢迎的外国皇帝。

面对糟糕的局势,拿破仑三世必须再找机会为自己的皇冠添上荣耀的光芒,才能稳定国人的情绪。北日耳曼联盟势头正足,看来用不了几年,便会成为法兰西的危险对手。因此,法国皇帝觉得发动一场对德战争能避免日后的威胁。于是他竭力找寻开战的借口,在经受革命煎熬的西班牙,正好出现了一个大好机会。 当时,西班牙王位碰巧空缺,正期待着继承人。本来,一直信奉天主教的霍亨索伦家族成员被邀请坐上王位。由于法国极力反对,霍亨索伦家族便礼貌地谢绝了。不过此时的拿破仑三世已显出患病的迹象,他美貌的妻子欧仁妮·德·蒙蒂纳趁机捞到了不少权力。欧仁妮是一位西班牙绅士的爱女,其祖父威廉·基尔克帕特里克是驻马拉加的一位美国领事。尽管天资聪颖,可像当时大多数西班牙妇女一样,她并没有接受什么良好的教育。她完全受到一帮宗教顾问的摆布,而这些人对普鲁士的新教徒国王深为憎恶。在那些人的洗脑下,这位皇后做出了自己也不知所谓的事情。"要大胆",皇后对她的丈夫如是说,可她却忽略了这句著名的普鲁士格言的后半句,"要大胆,但绝不要莽撞。"极度相信自己的军事能力的拿破仑三世写信给普鲁士国王,要求国王向他保证,"国王本人绝不允许再有一位霍亨索伦王族的候选人竞逐西班牙王位。"由于霍亨索伦家族刚刚放弃了这一荣耀,提出这一要求其实很多余,俾斯麦如此回复了法国政府。可拿破仑三世仍不满意。

1870年，德国的威廉国王正在埃姆斯海边度假。一天，一位法国外交官觐见了国王，又提起了往事。可国王愉快地回答说，今天天气不错，西班牙问题已经解决了，没有必要再说了。作为一种例行公事，这次会面的谈话被整理成报告，通过电报发给负责外交事务的俾斯麦。为方便普鲁士和法国新闻界，俾斯麦对这则消息进行了"编辑"。许多人责备了这种行为。但俾斯麦是应该获得谅解的，自古以来，篡改事实一直是任何文明政府的权力。当这则经过"编辑"的电报发表之后，善良的德国人觉得他们留着白胡须的国王受到了矮小自负的法国外交官的欺辱，而好心的法国人同样怒不可遏，认为他们彬彬有礼的外交使节竟被他们的普鲁士鹰犬扫地出门，丢尽颜面。

　　这样，双方不约而同地选择了战争。在不到两个月的时间里，拿破仑三世和他的大部分士兵都成了德国人的俘虏。法兰西第二帝国就此垮台了，紧接着上场的第三共和国号召人民做好准备，打一场抵御德国入侵者的巴黎保卫战。巴黎坚守了漫长的五个月。在该城陷落的10天前，普鲁士国王在巴黎近郊的凡尔赛宫——它由德国人当年最恐惧的敌人路易十四所建，正式登上德意志皇帝的宝座。一阵震天的枪炮声告诉饥肠辘辘的巴黎市民，一个新的日耳曼帝国取代了以前和平的条顿国家联盟。

　　以这种粗鲁草率的方式，德国问题最终获得了解决。到1871年年末，即著名的维也纳会议召开五十六年之后，它所精心建构的全部政治工程已经被彻底摧毁。梅特涅、亚历山大、塔列朗本想赐予欧洲人一个持久稳固的和平，可他们所采用的方法却招致了无休止的战争。紧随"神圣兄弟之情"而来的，是一个激烈的民族主义时代，它的影响至今也没有结束。

第五十八章

机器时代

　　欧洲人正忙于民族独立运动时，当时的世界因为一连串的科技发明而飞速进步。18世纪，笨拙的蒸汽机成了人类忠诚而辛勤的奴隶。

　　人类最大的恩人是生活在五十多万年前的一种低眉毛、凹眼睛，长着粗宽的下颚和虎牙般尖利牙齿的长毛动物。如果出现在一个现代科学家的聚会上，他这种长相一定是另类、奇异的。可我敢保证，科学家们会争先恐后地围上去，敬他为科学的祖先。因为他是第一个用石块砸开坚果，用长棍撬起巨石的人。他发明了人类最早的工具——锤子和撬杠。他为人类造福，贡献远超过后人，让人类拥有了远超其他动物的优势。

　　从那时开始，人类就通过使用更多的工具来便利自己的生活。当世界上第一只轮子（在一棵老树上切下来的圆盘）在公元前十万年发明出来的时候，它所引起的轰动肯定不亚于几年前飞行器的问世。

　　在华盛顿，流传着一个故事，讲的是19世纪30年代初的一位专利局长，他建议取消专利局，因为"一切可能发明的东西都已被发明出来"。当第一张风帆升起在木筏上，人们无须划桨、撑篙或拉纤便能从一个地方到另一个地方的时候，史前世界的人们的想法与这位专利局长不谋而合。

　　事实上，人类历史中最有趣的章节之一，就是关于人们如何想尽办法让别人或别的东西替他工作，自己则快活地享受着闲暇的乐趣，坐在草地上晒太阳、去大岩石上画画或者耐心地将小狼小虎训练成乖巧顺从的宠物。

　　当然在历史早期，奴役一个弱小的邻居，逼迫他去做那些苦累活，这是很容易办到的事情。古希腊人、古罗马人拥有智慧的头脑，丝毫不亚于我们，可他们却未能造出有趣的机械，原因之一就是由于奴隶制的大面积施行。当一个18世纪的科学家能够去附近的市场，以最低价格买到所需的全部劳动力时，他又何必在线绳、滑轮、齿轮等乱糟糟的东西上浪费时间，而把自己的屋子弄得到处都是烟尘和噪声呢？

在中世纪，温和的农奴制取代了奴隶制，但手工行会不赞成使用机器，它认为此举会导致大批行会兄弟丢掉饭碗。另外，中世纪的人们并不需要大批量生产商品。裁缝、屠户和木匠只为满足当地人民的生活需要而工作。他们不想与同行们竞争，也不愿出产超出本地需求的商品。

到文艺复兴时期，教会对科学探索的偏见已经不能像以往一样严格强加给世人了。许多人开始研究数学、天文学、物理学及化学。在三十年战争开始的前两年，苏格兰人约翰·内皮尔出版了一本小册子，论述对数的理解。在战争期间，莱比锡的戈特弗里德·莱布尼茨完善了微积分体系。战争的第二十二年，即《威斯特伐利亚和约》签订的前八年，伟大的英国自然科学家牛顿诞生，而意大利天文学家伽利略于同年去世。随着三十年战争将中欧地区化为一片废墟，当地突然兴起一股"炼金术"热潮。炼金术是一门源于中世纪的伪科学，人们希望通过炼金术将普通金属变成黄金。这当然是不符合科学常理的。可当炼金术士们做实验的时候，却偶然发现了一些新的科学现象，为日后的化学家们带来了许多启发。

所有这些人共同为现代科学打下了牢固的基础，使复杂机器的发明成为可能。早在中世纪，人们已经开始用木头制作一些必要的机器部件。不过木头极易磨损，铁这种材料就实用多了，可在整个欧洲，只有英格兰出产铁矿，其他地区比较缺乏。于是，冶炼业最早在英国兴起。熔化铁矿石需要高温猛火。最初，人们用木材做燃料。可随着英格兰的森林被砍伐殆尽，人们开始使用"石炭"（史前森林的化石——煤）。可是，煤必须从很深的地面下挖出来，运送到冶炼厂。而且，矿坑必须保持干燥，防止渗水。

这是当时必须克服的两大难题。解决运输问题，人们还可以用马拉煤，可解决抽水的问题不得不使用特制的机器。好几个发明家都为攻克这个难题而忙碌起来。他们都知道可以借助蒸汽做新机器的动力。很早以前就有科学家提出了"蒸汽机"的构想。生活在公元前1世纪的英雄亚历山大，曾向我们描述过几种蒸汽推动的机器。文艺复兴时期的人们曾设想"蒸汽战车"。与牛顿同时代的渥斯特侯爵在他的一本发明手册里，详细讲述过一种蒸汽机。1698年，伦敦的托马斯·萨弗里为他发明的一种抽水机申请了专利。同一时期，荷兰人克里斯琴·海更斯正在努力改良一种发动机，其内部用火药引发连续不断爆炸，类似我们今天用汽油内燃机来驱动汽车引擎。

欧洲各地，人们纷纷致力于实现"蒸汽机"这一构想。法国人丹尼斯·帕平曾是海更斯的密友兼助手，他先后在几个国家进行过蒸汽机实验。他发明出用蒸汽推动的小货车和小蹼轮。可正当他壮志满怀，准备驾着自己的小蒸汽船试航时，船员工会却担心这种新"怪物"的出现会抢走船员们的生计，于是向政府提出了控告。帕平的小船被没收了。他倾尽家财从事发明，最后因贫穷死于伦敦。不过当他去世时，另一位名为托马斯·纽科曼的机械迷正在深入研究一种蒸汽气泵。五十年之后，一位格拉斯哥机器发明者詹姆斯·瓦特改进了纽科曼的发明，于是，在1777年，全世界终于迎来了第一台真正具有实用价值的蒸汽机。

不过就在人们争相研制"热力机"那几个世纪里，世界政治局势早已今非昔比。英国人取代荷兰人，成为海上贸易的新霸主，他们开拓了许多新殖民地，将当地出产的原材料运回英格兰加工，然后将制成品出口到全世界的各个角落。17世纪，佐治亚州和卡罗来纳州的人们开始种植一种出产毛状物质的新灌木，即所谓的"棉毛"（棉花）。棉毛采摘下来后就会被运往英国，经兰开夏郡工人之手织成布匹。起初，这些布匹由工人们在家手工织成。不久后，纺织工艺有了大的改进。1730年，约翰·凯发明出"飞梭"。1770年，詹姆斯·哈格里夫斯为他发明的"纺纱机"申请了专利。一位名为伊利·惠特尼的美国人发明了能够自动将棉花脱粒的轧花机，以前手工脱粒时每天只能产出一磅棉花，这样就大大地提高了加工效率。最后，理查德·阿克赖特和埃德蒙·卡特赖特发明了水力推动的大型纺织机。到18世纪80年代，当法兰西三级会议召开，代表们忙于讨论那些将彻底变革欧洲政治秩序的重大议题时，人们将瓦特发明的蒸汽机和阿克赖特的纺织机装在一起，用蒸汽机的动力来带动纺织机工作。这一创举引起经济与社会生活的重大变革，极大地改变了全世界人与人之间的关系。固定式蒸汽机取得成功后，发明家们马上开始关注利用机械装置推动车、船的问题。瓦特本人曾设计过"蒸汽机车"的草图，不过没等他这一设想成形，1804年，一辆由理查德·特里维西克制造的火车便载着二十吨货物在威尔士矿区的佩尼达兰顺利通车。那时，一位名为罗伯特·福尔顿的美国珠宝商兼肖像画家，正在巴黎四处游走。他试图说服拿破仑采用他的"鹦鹉螺号"潜水艇以及他发明的汽船，这样法兰西海军便能一举摧毁英格兰，夺得海上霸权。

福尔顿的"汽船"设想并不新鲜，他很明显借鉴了康涅狄格州机械天才约翰·菲奇的创意。早在1787年，菲奇建造的小巧汽船便在德拉维尔河上进行了首航。可拿破仑和他的科学顾问们完全看不出这种汽船的使用价值。虽然眼看着装配着苏格兰引擎的小船正喷着雾气在塞纳河上欢快地来回行驶，可皇帝陛下竟未加以重视，因此与这一威力无比的武器擦肩而过。要知道，也许它能为他报特拉法尔加海战之仇也说不定呢！

失败后的福尔顿回到美国。他是一名实事求是的商人，很快便和罗伯特·R.利文斯顿合伙组织起一家声名显赫的汽船公司。利文斯顿是《独立宣言》的签字人之一，当福尔顿在巴黎推销其发明时，他正担任当时的美国驻法大使。合伙公司的第一条汽船"克莱门特"号装配着伯明翰人的博尔顿与瓦特制造的引擎。该公司于1807年开通了纽约与奥尔巴尼的定期航班，并垄断了纽约州所有水域的航运业务。

至于可怜的约翰·菲奇，最初就是他主张将"蒸汽船"用于商业运营的，最后却死得很惨。当他建造的第五条螺旋桨汽船不幸被毁后，菲奇已经落到一贫如洗的境地。他的健康也每况愈下。邻居们毫不留情地嘲笑他，这情形与一百年后人们嘲笑兰利教授制造的滑稽飞行器何其相似。菲奇一直希望可以为自己的国家开辟一条通往中西部大河的捷径，可他的同胞们却更情愿乘平底渡船或徒步旅行。1798年，菲奇于极端绝望之中，服毒自杀了。

二十年后，载重一千八百五十吨的"萨瓦拉"号汽船以每小时六节（"毛里塔里亚"号的速度是它的四倍）的速度从萨瓦纳驶达利物浦，创造了二十五天横渡大西洋的新纪录。此时此刻，公众的嘲笑声终于平息。在对新发明的热情和追捧中，他们又将发明的荣誉安放在错误的人身上。

六年后，英国人乔治·斯蒂文森制造出著名的"移动式引擎"。多年以来，他一直致力于研制一种将原煤从矿区运往冶炼炉和棉花加工厂的机车。现在，他的发明不仅使煤价下跌百分之七十，还使得曼彻斯特与利物浦之间的第一条客运线路开通了。终于，人们能够以闻所未闻的每小时十五英里的高速，从一个城市飞速奔向另一个城市。十几年过后，火车速度渐渐提高到每小时二十英里。今天，任何一部运转良好的廉价福特（19世纪80年代的戴勒姆及莱瓦莎小型车的直系后裔）都能让这些"喷气小船"望尘莫及。当工程师们正一心一意地琢磨着他们的"热力机"时，另一群搞"纯理论"的科学家们（就是那些每天花十四个小时研究"理论性"科学现象的人，没有他们，任何机器的进步都是不可能的）正沿着一条新线索的指引，深入到大自然最秘密与最核心的领域。

两千年前就有一群希腊与罗马哲学家（最著名的有梅里塔斯的泰勒斯及普林尼，公元79年爆发的维苏威火山淹没了罗马古城庞培和赫库兰尼姆，前往观察的普林尼也不幸遇难）已经发现了一个奇特的现象：用羊毛摩擦过的琥珀能吸附小片的稻草和羽毛碎屑。中世纪的经院学究们对此神秘的"电"力现象兴趣不大，研究因此中断。可文艺复兴后不久，英国女王伊丽莎白的私人医生威廉·吉尔伯特便写出他那篇著名的论文，探讨磁的特性及表现。

在三十年战争期间，玛格德堡市长及气泵的发明者奥托·冯·格里克造出了世界上第一台电动机。在紧接着的一百年里，神秘的电吸引了大批科学家的研究。1795年，由三名教授共同发明了著名的"莱顿瓶"。与此同时，仅次于本杰明·托马斯的（他因同情英国而逃离新罕布什尔，后被称为朗福德伯爵）世界闻名的美国天才本杰明·富兰克林，将注意力转向这一领域。他发现闪电与电火花属于同一性质的放电现象。此后，到忙碌而成果累累的一生终结时，富兰克林还一直在对电进行研究。随后出现的是伏特和他的"电堆"，还有迦瓦尼、戴伊、丹麦教授汉斯·克里斯琴·奥斯忒德、安培、阿拉果、法拉第等耳熟能详的名字。他们一生都在不懈努力，竭力探求电能的奥秘。

这些人将自己的发现公之于世，从不求回报。塞缪尔·摩尔斯（像福尔顿一样最初是艺术家）觉得他能利用这种新发现的电流，将信息从一个城市传递到另一个城市。他准备采用铜线和他发明的一个小机器来完成他的想法。人们忍不住嘲笑他的异想天开。摩尔斯不得不自掏腰包做实验，很快积蓄所剩无几。人们对他的嘲笑更大声了。摩尔斯请求国会提供帮助，一个特别财务委员会答应为他提供所需的资金。但是，议员们对摩尔斯的天才想法其实不感兴趣，他苦苦等了十二年，才拿到一小笔国会拨款。随后，他在纽约和巴尔的摩之间建造了一条"电报线"。1837年，在纽约大学一个讲演厅里，摩尔斯第一次成功地演示了"电报"。1844年5月24日，人类历史上第一个长途电报从华盛顿发至巴尔的摩。今天，整个世界都布满电报线，我们将消息从欧洲发到亚洲只需短短几秒钟的时间。二十三年后，亚历山大·格雷厄姆·贝尔利用电流原理发明了电话。又过去半个世纪，意大利人马可尼更进一步，发明出一套完全不依赖老式线路的无线通信系统。

当新英格兰人摩尔斯为他的"电报"忙碌时，英国的约克郡人迈克尔·法拉第制造出第一台"发电机"。1831年，当时的欧洲还处在法国七月革命的强大震惊之中，维也纳会议的梦想却被彻底颠覆，这毫不起眼的小小发电机就这样问世了。自此以后，发电机不断改进，到今天，它已能为我们提供热力、照明（你知道，爱迪生于1878年发明的小白炽灯泡就是在同世纪四五十年代英国及法国的实验基础上改进而来的）和发动各种机器的动力。如果我的推想没错，那么电动机将很快彻底取代热力机，就如同更高等的史前人类取代他们生存效率低下的邻居们一样。

就个人而言（本人对机械一窍不通），我将非常乐意见到这种情形。因为电机由水力驱动，是人类清洁而健康的帮手。可反观作为十八世纪最大奇迹的"热力机"，它原本是个喧闹且肮脏的怪物，让我们的地球竖立起无数滑稽的大烟囱，日日夜夜地倾吐着浓浓的灰尘与煤烟。并且，要源源不断地用煤来满足它的胃口，成千上万的人们不得不艰难地向矿坑深处挖掘，还有可能因此丧生。

如果我不是一名必须尊重事实的历史学家，而是可以随意发挥想象力的小说家，我将会描写把最后一部蒸汽机车送进自然历史博物馆，放置于恐龙、翼手龙及其他已灭绝动物的骨架旁的情景，那是多么令人愉快啊！

第五十九章

社会变革

不过，新机器造价不菲，只有富人们才买得起。旧日在小作坊里独立劳作的木匠和鞋匠们被迫出卖劳力，去帮大机器拥有者做事。虽然他们挣的钱比过去更多，可他们同时也失去了昔日宝贵的自由生活。他们生活得并不开心。

以前，端坐在屋前小作坊里的手工业者，他们拥有工具，可以自由使唤自己的学徒。只要不违反行会的规定，他们完全能按照自己的意愿来工作。他们过着简朴的生活，尽管他们每天必须工作很长时间才能维持生计。不过他们是自己的主人，可以自己做主。如果他们某天一早醒来，发现这是一个适合钓鱼的好天气，他们便出外钓鱼。他不需要向任何人"请假"。

可是，机器的使用使这一切都变了。事实上，机器不过是放大的工具。一辆以每分钟一英里的速度载着你飞驰的火车其实就是一双快腿，一台把沉重铁板砸平的气锤也不过是一副力气出众的铁拳。

可尽管我们每个人都能拥有一双好腿、一副铁拳，可一辆火车、一台气锤或一个棉花工厂却是特别昂贵的机械，普通人是没有财力拥有的。通常，它们由一伙人各出一定的金额合伙购买，然后按投资的比例分得他们赚取的利润。

因此，当机器改进到可以实际使用并赢利时，这些大型工具的生产商便开始寻找能够以现金支付的买主。

在中世纪初期，土地是财富的唯一量度，因此只有贵族才被视为有钱人。可正如我前面几章告诉过你们的，当时采用的是古老的以物易物的制度，以奶牛交换马、以鸡蛋交换蜂蜜，所以贵族们手中的金银其实没有多少。到十字军东征时期，城市的自由民们从东西方之间再度复兴的贸易中聚集了大量财富，成为贵族与骑士们的重要对手。

法国大革命彻底摧毁贵族的财富，极大提高了中产阶级（所谓的"布尔乔亚"）的地位。紧随大革命而来的动荡年代为许多中产阶级人士提供了发财的好机会。教会的地产被国民公会没收殆尽，并尽数拍卖，拍卖过程中的贿赂数额高得令人咋舌。土地投机商窃取了许多优良土地。在拿破仑战争期间，他们利用自己的资本囤积谷物和军火，牟取暴利。到机器时代，他们拥有的财富已经远远超出他们日常生活所需，能够自己开设工厂，并雇用男女工人为他们操控机器了。

此举导致无数人的生活发生了翻天覆地的变化。在短短几年内，许多城市的人口成倍增长。市民们的"家园"从市中心转移，郊区粗糙而简陋的建筑才是他们真正的家。这里就是那些每天在工厂工作十一到十三个小时的工人下班后的居所，当一听到催着上工的汽笛响起，他们又得从这里赶紧奔回工厂。

在广大的乡村地区，人们口口相传去城里挣大钱的消息。于是，习惯野外生活的农家子弟们奔涌到城市。他们在那些通风不畅、满布烟尘的车间里苦苦挣扎，昔日健康的身体迅速垮掉，最后不是在医院就是在贫民院里悲惨死去。

当然，从农村到工厂的转变，并非没有遭遇任何反抗。既然一台机器能抵一百个人的工作，那因此失业的九十九人肯定会满心怨恨。袭击工厂、焚烧机器的情形经常出现。可早在17世纪，保险公司就已出现。因此，厂主们通常没什么损失。

不久后，更新更先进的机器被安装好，越来越高的墙围住了工厂，暴乱随之停止了。在这个充满蒸汽与钢铁的新世界里，古老的行会毫无生存之地。随着它们的接连消失，工人们想要组织新式的工会。可厂主们凭借他们的财富，面对各国的政要更有话语权。他们借助立法机关，以妨碍工人们的"行动自由"为借口，通过了禁止组织工会的法律。

请一定不要因此认为，通过这些法律的国会议员们全是些见利忘义的恶棍。他们是大革命时代的忠实后裔。这是一个人人谈论"自由"的时代，人们甚至常常因邻居们不够"热爱自由"而杀死他们。因为"自由"是人类的最高德行要求，那么工会就没有权力决定会员该工作多长时间、该赚取多少报酬。必须保证工人们能随时"在市场上自由地出售自己的劳动力"，而雇主们也能同样"自由地"经营他们的工厂。由国家控制全社会工业生产的"重商主义"时代早已被淘汰。新的"自由经济"观念认为，国家应该完全不加干预，让商业按自己的自然发展轨迹运行。

18世纪下半叶不仅是一个知识与政治的改革时代，而且新观念更是淘汰了不够顺应时势的旧有的经济观念。在法国革命发生的前几年，路易十六的不断遭受失败的财政大臣杜尔哥曾宣传过"自由经济"的新教义。他生活在一个有着太多官僚形式、太多规章制度、太多大小官僚的时代。"取消这些政府监管"，杜尔哥说出了自己的想法，"让人民按自己的心意去做，而一切都会顺利运转的"。不久之后，他著名的"自由经济"理论便成为当时的经济学家们一致呼喊的口号。

在同时期的英国，亚当·斯密正在写作那本厚厚的《国富论》，为"自由"和"贸易的天然权利"再一次发出呼吁。三十年后，当拿破仑下台，欧洲的反动势力欣然聚首维也纳时，他们在政治上拒绝赋予人民自由，在经济生活上也限制了欧洲老百姓的生活。

正如我在本章开头提到的，事实证明，机器的普遍使用对国家大有益处，使社会财富迅速增长。机器甚至使英国凭一己之力就能负担反拿破仑战争的庞大费用。资本家（那些出钱购买机器的人）赚取了无数的利润。他们的野心逐渐滋长，从而开始关注政治。他们试图与仍控制着大多数欧洲政府的土地贵族们抢夺权力。

在英国，国会议员依然按照1265年的《皇家法令》选举产生，大批新兴的工业中心在议会中无法获得代表席位。1832年，资本家们设法通过了修正法案，改革选举制度，使工厂主阶级获得了对立法机构的更大影响力。不过，此举也引发了成百万工人的愤懑，因为政府中根本就没有他们说话的余地。工人们发动了争取选举权的运动。他们将自己的要求写在一份文件上，即被我们所熟悉的《大宪章》。有关这份宪章的争论越来越激烈，到1848年欧洲革命爆发时还未平息。由于害怕爆发一场新的雅各宾主义的暴力冲突，英国政府召回年逾八旬的惠灵顿公爵指挥战斗，并开始征召志愿军。伦敦被封锁，时刻准备着镇压即将到来的革命。

最终，因领导者的无能，宪章运动自行夭折了，暴力革命并未爆发。新兴的富裕工厂主阶级（我不喜欢使用鼓吹新社会秩序的信徒们滥用的"资产阶级"这个词）对政府的控制权力逐步增加，大城市的工业生活环境继续蚕食着广大的牧场和麦田。阴暗拥挤的贫民窟像病毒蔓延，渐渐遍布欧洲每一座城市。

第六十章

解放奴隶

　　机器的大规模使用并未如亲眼见证铁路取代驿车的那一代人所想的一样，带来一个幸福与繁荣的新世纪。人们提出了几项补救办法，可依然效果不佳。

　　1831年，就在第一个修正法案通过之前，英国杰出的立法家，一位注重实效性的政治改革家杰里米·本瑟姆在给一位朋友的信中写道："要想自己过得舒适就必须让别人过得舒适，要让别人过得舒服就必须表现出对他们的喜爱，要想表现出对他们的喜爱就必须真心实意地爱他们。"杰里米是一位诚实的人，他说出了自己认为是真实的东西。他的观点得到了许多国人的认可。他们觉得有责任使那些不幸的邻居也得到幸福，准备倾尽全力去帮助他们。这时，便到必须采取行动的时候了！

　　"自由经济"（杜尔哥的"自由竞争"）的理想在那个工业力量仍被中世纪的规则缚住手脚的时代，本是必要的。可将"行为自由"视为经济生活的最高准则，从而出现非常可怕的情形。工厂的工时长短仅以工人们的体力为限。只要一位女工仍能坐在纺织机前，未因过劳而晕厥，厂主就有权要求她继续工作。五六岁的儿童被送到棉纺厂劳动，以免他们遭遇街头的危险或沾染上游手好闲的习性。政府通过了一项法律，强迫穷人的子女去工厂做工，否则将用铁链锁在机器上以示惩罚。作为辛苦劳动的报酬，他们可以得到足够的粗食劣菜和猪圈般的过夜之所。常常，他们因极度劳累而在工作时昏昏欲睡。为让他们清醒，监工们拿着鞭子四处巡视，遇到有必要让他们打起精神来干活儿时，便抽打他们的指关节。当然，这样的恶劣环境造成了成千上万儿童的死亡，让人觉得心痛。而雇主也是人，当然有着人人都有的同情心，他们也真诚地希望能取消"童工"制度。可既然人是"自由"的，儿童们同样也可以"自由"地工作。并且，如果琼斯先生的工厂不用五六岁的童工，他的竞争对手斯通先生就会将多余的小男孩统统招到自己的工厂，琼斯先生便会遭到破产的打击。因此，在国会颁布法令禁止所有雇主使用童工之前，琼斯先生是不可能一意孤行地停用童工的。

可如今的国会已不再是老派土地贵族们（他们倨傲地打量着暴发户厂主们，以公开的蔑视之情回敬他们满满当当的钱袋）的天下了，而转由来自工业中心的代表们把持。只要工人的工会无法组织起来，情形便不可能出现好转。当然，那个时代的智者与道德家们并非对种种可怕的情景无动于衷，他们只是无可奈何。机器以令人震惊的速度征服了世界，要让它真正变成人类的仆人而非主宰，还需要漫长的时间和许多高尚男女的共同努力。

神奇的是，对这个遍布世界各国的野蛮雇佣制度发起的第一次冲击，为的倒是非洲和美洲的黑奴。奴隶制最初是由西班牙人引入美洲大陆的。当时，他们曾试图用印第安人做田庄和矿山的劳工。可一旦脱离了野外的自由生活，印第安人接连病倒死去。为使印第安人免遭整体灭绝的危险，一位好心的传教士建议从非洲运送黑人来做工。黑人身强体健，耐得住恶劣的环境。并且，与白人的日夜相伴还可以给他们一个认识基督的机会，使他们能够拯救自己的灵魂。因此，这可以说是一个双赢的局面，这对仁慈的白人和他们蒙昧落后的黑人来说，都是一个挺好的安排。可随着机器的大规模使用，棉花的需求量逐渐增多，黑人们必须承担更为繁重的劳作。像当初的印第安人一样，他们开始大批死在监工的虐待之下。

有关这些令人发指的消息传回欧洲，激起了许多国家的废奴运动。在英国，威廉·维尔伯福斯和卡扎里·麦考利（他的儿子是一位伟大的历史学家，没读过他写的英国史，你就无法体会到历史原来可以写得如此妙趣横生）组织起一个禁止奴隶制度的团体。首先，他们努力通过一项法律，使

"奴隶贸易"不再合法。1840年后，所有英属殖民地都杜绝了奴隶制的存在。在法国，1848年革命使各属地的奴隶制也被废除。葡萄牙人于1858年通过了一项法律，承诺在二十年内给予所有奴隶自由。荷兰在1863年正式废除了奴隶制。同年，沙皇亚历山大二世也将被强行剥夺了两个多世纪的自由归还了他的农奴。

美国更是因为奴隶问题危机重重，并最终导致了一场旷日持久艰苦的内战。虽然《独立宣言》开宗明义，写下了"人人生而平等"的原则，可这条原则对那些长着黑色皮肤、在南部各州种植园内做牛做马的人却是个例外。随时间推移，北方人对奴隶制的反感逐渐积累，而且南方人认为，奴隶制度是他们能维持棉花种植业的根本原因。将近半个世纪的时间里，众议院和参议院一直为此问题在激烈争论着。

北方固执己见，南方毫不相让。当双方僵持不下时，南方各州以要退出联邦作为威胁。这是美利坚合众国历史上一个异常危险的时刻，有许多糟糕的事情都可能发生，而它们之所以并未发生，主要归功于一个异常杰出且富于仁爱之心的伟人。

1860年11月6日，自学成才的伊利诺伊州律师亚伯拉罕·林肯当选美国总统。林肯属于强烈反对奴隶制的共和党人，深明人类奴役的罪恶性质。他过人的直觉告诉他，北美大陆绝对容不下两个敌对国家的存在。当南方的一些州退出合众国，组织起"美国南部联盟"时，林肯义不容辞地接受了挑战。北方各州开始征召志愿军，几十万热血青年响应政府号召入伍。随之而来的残酷战争进行了四年之久。战争伊始南方人有备而来，又在李将军和杰克逊将军的出色指挥下，打得北军措手不及。尔后，新英格兰与西部的雄厚工业实力开始发挥决定性影响。一位籍籍无名的北方军官一鸣惊人，成了这场伟大废奴战争中的查理·马特尔。此人就是格兰特将军。他向南军发起了持续攻势，不给对手喘息的机会。在他的重击之下，南方苦心经营的防线接连崩塌。1863年初，林肯发表了《解放黑人奴隶宣言》，使所有奴隶重获自由。1865年4月，李将军率最后一支骁勇善战的南军在阿波马克托斯向格兰特投降。几天后，林肯总统在剧院被一名疯子刺杀。不过他的事业已经完成。除仍在西班牙统治之下的古巴以外，奴隶制被彻底剔除在了文明世界。

可正当黑人们享受着日益增长的自由时，欧洲的"自由"工人却在"自由经济"的束缚下毫无喘息的机会。事实上，工人大众（所谓的无产阶级）在极其悲惨的处境中竟没有整体灭绝，这在许多当代作家和观察家眼里简直是一个奇迹。他们住着贫民窟肮脏阴暗的房子，吃着无法下咽的粗劣食物。他们仅有的教育是必需的岗位培训。一旦发生死亡或意外事故，他们的家人将失去顶梁柱。可是酿酒业（凭借它们对立法机构施加的极大影响力）却在一个劲地向他们提供源源不断的廉价威士忌和杜松子酒，鼓励他们用酒精灌醉自己，忘却忧愁。

从19世纪三四十年代开始发生的巨大进步，得益于大家的齐心协力。机器时代的突然到来给人类带来了灾难，两代人的杰出智慧被凝聚起来，尽力地去挽救这个世界。相对于试图摧毁整个资本主义体系的愚蠢做法，他们无疑是明智的，因为如果合理运用部分人积累的财富，完全能使它对全人类有帮助。不过，改革真正的宗旨是，使拥有产业和财富、可以随意将工厂关闭而不致挨饿的厂主与不计工资多少都必须接受工作、否则便面临全家受饿的劳工都能享受相同的权利和待遇。

他们努力确立了一系列法律，规范工人与工厂主的关系。各国的改革者不断地取得胜利。到今天，大多数劳动者已能得到充分的保护：他们的工作时间被减至平均每天八小时的上佳水平；他们的子女不再被送去矿坑和梳棉车间做工了，而是到学校接受教育。

然而，还有些人面对黑烟滚滚的高大烟囱，倾听火车夜以继日地轰鸣，看着被各种剩余物资塞满的仓库，不禁开始反思。他们想弄清楚，这种巨大的能量究竟要把人类引向何方？他们记得，人类曾经在完全没有贸易和工业竞争的环境中生活了几十万年。难道就不能改变现存秩序，取消那种以人类幸福为代价的竞争制度吗？

对一个更美好世界模糊的憧憬，不止一个国家的人民会有这种想法。在英国，拥有多家纺织厂的罗伯特·欧文建立起一个所谓的"社会主义社区"，并取得了初步成功。不过当欧文死后，他的"新拉纳克"社区的繁荣便就此告终。法国新闻记者路易斯·布兰克也曾尝试在全法国组织"社会主义车间"，可效果很不理想。事实上，越来越多的社会主义知识分子开始认识到，仅凭在常规的工业社会之外组织与世隔绝的小社团，是永远不可能取得成功的。在提出切实可行的补救措施之前，有必要先研究支撑整个工业体系和资本主义社会运行的基本规律。

继罗伯特·欧文、路易斯·布兰克、弗朗西斯·傅立叶这些实用社会主义者之后，是卡尔·马克思和弗里德里希·恩格斯这样的理论社会主义研究家。两人之中，马克思名气更大。他是一位杰出的学者，曾与家人长期定居德国。马克思在听说欧文与布兰克所做的社会实验后，开始对劳动、工资及失业等问题产生出非同一般的兴趣。可他的自由主义思想遭到了德国警察当局的仇视，他被迫逃往布鲁塞尔，后辗转到伦敦，在那里做了《纽约论坛报》的一名记者，过着捉襟见肘的生活。

当时，他的经济学著作并没有得到大多数人的重视。不过在1864年，马克思组织了第一个国际劳工联合组织。三年之后，他又出版了著名的《资本论》第一卷。马克思认为，人类的全部历史就是"有产者"与"无产者"之间的漫长斗争史。机器的引进及大规模使用创造出一个新的阶层，即资本家阶级。他们利用自己的剩余财富购买工具，然后雇用工人进行劳动以创造更多的财富，再用这些财富修建更多的工厂，回环往复，永不止息。同时，据马克思的观点，第三等级（资产阶级）将越来越富，而第四等级（无产阶级）将越来越穷。因此他大胆预言，这种资本的恶性循环发展到某一天，世界的所有财富将被一个人占有，而其他人都将沦为他的雇工，依赖他来生活。为防止这种情况的发生，马克思号召所有国家的工人联合起来，为争取一系列政治经济措施而斗争。在1848年，即最后一场伟大的欧洲革命发生那一年，在所发表的《共产党宣言》中，马克思曾详细列举了这些措施。

毫无疑问这些观点受到政府的憎恶。许多国家（尤其是普鲁士）制定了严厉的法律，来对付社会主义者。它们授命警察驱散社会主义者的集会，逮捕演说分子。可迫害与镇压并不能带来丝毫益处。对一桩人单力薄的事业来说，殉道者反而会成为最好的宣传。在欧洲各地，信仰社会主义的人数越来越多。而且不久人们便清楚了，社会主义者没有试图发动暴力革命，而是利用他们在各国议会里日渐成长的势力来为劳工阶级争取更多的利益。社会主义者甚至担任起内阁大臣，与进步的天主教徒及新教徒进行合作，共同消除工业革命的危害，把由机器的引进和财富的增长所带来的利润更合理地加以分配。

第六十一章

步入科学新时代

然而，世界还经历了一场比政治和工业革命更深刻、更重大的变革。在饱受长期迫害之后，科学家们终于赢得了研究的自由。现在，他们试图探索宇宙的基本规律。

埃及人、巴比伦人、迦勒底人、希腊人、罗马人，他们都曾对早期科学的模糊观念及科学研究做出过自己的一份贡献。可公元四世纪的大迁移摧毁了地中海地区的古代文明，随后被大家认可的基督教忽视俗世生活而重视精神世界，将科学视为人类狂妄的表现之一。因为教会认为它想要探求全能上帝才有权知道的事，属于七宗罪之一。

文艺复兴在有限的程度上触及了中世纪的偏见藩篱。然而，在16世纪初期取代文艺复兴的宗教改革运动对"新文明"的理想却不太友好。科学家们如果胆敢逾越《圣经》所划下的狭隘界限，他们将再度面临极刑。

我们的世界充斥着伟大将军的塑像，他们跃马扬鞭，血战沙场。可在不少地方，也矗立着一些沉静而不起眼的大理石碑，默默宣示着某位科学家在此找到了长眠之地。一千年之后，我们可能会以截然不同的方式来看待这个问题。那一代幸福的孩子们将懂得尊重科学家的勇气和献身精神。他们是抽象知识领域的先驱，而正是因为有了他们的努力才有了此刻这个现代化的世界。

这些科学先驱中的许多人一生经受了贫困、辱骂和磨难。他们住在破旧的阁楼，死于阴暗的地牢。他们不敢把名字印在著作的封面上，也不敢在活着的时候将自己的研究结果公之于众。常常，他们不得不将手稿偷运到阿姆斯特丹或哈勒姆的某家地下印刷所去偷偷印制发行。如果暴露在教会的敌意面前，无论天主教徒还是新教徒都不会对他们心怀慈悲。布道者永远以他们为攻击的对象，并煽动教区民众以暴力去对付这些"异端分子"。

他们到处找避难所。荷兰崇尚思想自由，虽然普通市民对这些神秘的科学研究没兴趣，但他们不愿去干涉别人的思想自由。于是，荷兰成了自由思想者的一个小型庇护所，法国、英国、德国的哲学家、数学家及物理学家们纷纷来到这里，享受短暂的安宁，以及自由的空气。

在此前的章节里，我们已知晓13世纪最杰出的天才罗杰·培根如何被迫长年禁笔，以免教会当局再找他的麻烦的事情。五百年过后，伟大的哲学《百科全书》的编写者们仍然处于法国宪兵不间断的监视之下。又过去半个世纪，达尔文因大胆地质疑《圣经》所描述的创世故事，被所有的教会抨击为人类的公敌。甚至到今天，对那些冒险闯入未知科学领域的人的迫害还时有发生。就在我写关于科学的这一章时，布莱恩先生正在对群众大力宣讲"达尔文主义的威胁"，并提醒听众们去反击这位伟大的英国博物学家的谬论。

不过，这些统统是旁枝末节。到最后该做的工作还是会被完成。科学发明终会为大众做出贡献，虽然正是他们将这些具有远见卓识的人看作不切实际的理想主义者。

17世纪，科学家们纷纷将注视的目光投向辽远的星空，研究我们身处的行星与太阳系的关系。不过，教会从来不会赞同这种不正当的好奇心。第一个证明太阳是宇宙中心的哥白尼直到临死前才敢发表他的著作。伽利略一生中的大部分时间生活在教会的密切监视之下，但他坚持不懈地透过自己的小望远镜观察星空。当英国数学家艾萨克·牛顿日后发现存在于所有落体身上的、被称为"万有引力定律"的宇宙定律时，正是伽利略的研究成果给了他不少帮助。

这一定律的发现至少在一段时期内暂缓了人们对星空的热情，他们开始转而研究地球。17世纪中期，安东尼·范·利文霍克发明了便于操作的显微镜，这使得人们有机会研究导致人类患上多种疾病的"微"生物，为"细菌学"打下了坚实的基础。多亏有这门科学的建立，人们才能在过去的40年陆续发现多种引起疾病的微生物，幸免于疾病。显微镜还使得地理学家能够仔细研究不同的岩石和从地层深处挖掘出来的化石（史前动植物的遗体）。这些研究证明，地球的历史比"创世纪"所描述的要久远得多。1830年，查理·莱尔爵士出版了他的《地质学原理》。它否认了《圣经》讲述的创世故事，并对地球缓慢的发展过程做出了一番颇有趣味的描述。

而在同一时期，拉普拉斯正沉醉在宇宙形成的新学说中，在这个学说中地球不过是在行星系的浩瀚星云中的一块小斑点而已。此外，邦森与基希霍夫通过分光镜观测我们的好邻居太阳的化学构成，而首先注意到它表面的奇异斑点（太阳耀斑）的是老伽利略。

同时，在与天主教和新教国家的神职当局进行过一场艰难而持久的斗争后，解剖学家与生理学家最终获得了解剖尸体的许可。他们终于能够以对于我们的身体器官及特性的正确知识来取代中世纪江湖医生的胡乱猜想了。

自人类遥望星空并好奇地思索开始，几十万年的时间缓慢流淌过去。而在不到一代人的时间里（从1810年到1840年），科学的各学科所取得的进步超过了此前几十万年的总和。对于那些在旧式教育下长大的人来说，这无疑是一个非常可悲的年代。我们可以理解他们对拉马克和达尔文等人怀有的恨意。虽然此二人并未明确宣告，人类是"猴子的后裔"（我们的祖父辈惯常将其当成人身攻击来痛加控诉），可他们确实暗示了骄傲的人类是由长长的一系列祖先进化而来，其家族的源头可以追溯到我们行星的最早居民——水母。

主宰19世纪的兴旺发达的中产阶级建立起自己充满尊严的世界。他们欣然使用着煤气、电灯，以及伟大科学发现所带来的全部实用成果。可那些纯粹的研究者，那些致力于"科学理论"（没有这些理论任何进步都不可能取得）的人却饱受怀疑和迫害。直到前不久，他们的贡献才最终被承认。今天，以往将财富捐献出来修建教堂的富人们开始捐资修建大型实验室。在这些没有硝烟的战场里面，那些不为人知的英雄正在与人类隐蔽的敌人进行着殊死搏斗。他们常常为未来的人们能享受到更幸福健康的生活，不惜牺牲自己的生命。

事实上，许多曾被认作是"上帝所为"而无法治愈的疾病，已被证明仅仅是出于我们自身的无知与疏忽。今天的每一个儿童都知道，只要注意喝清洁的饮水，就能避免感染和伤寒。可医生们是在历经多年努力之后，才使得人们相信这一简单事实。对口腔细菌的研究，使我们有可能预防蛀牙。如果非拔掉一颗坏牙不可，我们无非是深吸一口麻醉剂，然后牙医十分轻松地就解决了这一问题。1846年，美国报纸报道了利用"乙醚"进行无痛手术的新闻，欧洲的好人们不禁对这一消息大皱眉头。在他们看来，人类居然试图逃脱所有生物都必须承受的"疼痛"，此举近乎对上帝意志的公然违背。此后又经过了多年，在外科手术中使用乙醚和氯仿才被普遍接受。

可见人类在追求进步的战役量取得了初步胜利。偏见之墙摇摇欲坠。随着时间的流逝，古代的愚昧之石终于彻底崩溃，一个新的、更幸福的社会制度的追求者们冲出了包围圈。可突然之间，他们发现自己面前又横亘着一道新的障碍。在旧时代的废墟中，另一座反动堡垒陡然出现。为摧毁这最后一道防线，成百万的人们在未来的日子里献出了自己的生命。

第六十二章

艺术历程

艺术怎样起源？

一个体质健康的婴孩，在吃饱睡好以后，通常会轻哼着不成调的曲子，告诉这个世界自己舒服极了。在大人看来，这些咿咿呀呀的声音没有意义。但在婴孩眼中，这就是世界上最美妙的曲调，是对艺术的初体验。

一旦他（或她）长大一点，能够坐起身子，捏泥饼的时代便开始了。这些泥饼当然引不起大人多大的兴趣。这个世界上有成百上千万的婴孩，他们同时在捏成百上千万的泥饼。对小宝贝们说来，这代表他们迈向艺术的欢乐王国的又一次尝试。现在，小婴孩就是雕塑家了。

到三四岁的时候，小孩的双手可以精确地接受大脑的指令后，他便成了一名画家。快乐的妈妈给他一盒彩色画笔，不久之后，每一张纸片上便布满了奇怪的笔画，有的歪歪斜斜，有的弯弯曲曲，分别代表房子、马、可怕的海战，等等。

可好景不长，这种恣意发挥的幸福时期便被迫终结了。学校生活开始了，孩子们的大部分时间被功课占据。生活的事情，更准确地说是"忙生计"的事情，变成了每个小男孩小女孩必须承担的重量。在背诵乘法表和学习法语不规则动词的过去时以外，孩子们与"艺术"接触的机会非常少，除非这种不求现实回报，仅仅出于纯粹的快乐而创造某种东西的欲望非常强烈。等到这孩子长大成人后，他会完全忘掉自己生命的头五年是徜徉在艺术中的。

民族的经历其实和孩子的成长过程很相似。当穴居人在漫长冰川纪幸存下来，将家园收拾好，他便开始创作一些自己觉得好看的东西，虽然这些东西对他与丛林猛兽的搏斗并无什么实际的帮助。他在岩洞四壁画上许多他捕猎过的大象和鹿的图案，他还把石头砍削成最爱的女人的形象。

当埃及人、巴比伦人、波斯人以及其他东方民族沿尼罗河和幼发拉底河两岸建立起自己的小国，他们便开始为他们的国王修筑华美的宫殿，为他们的女人打制漂亮的首饰，并种植奇花异草，用花花绿绿的颜色来装点他们的花园。

我们的祖先是来自遥远中亚草原的游牧民族，也是热爱自由生活的猎人与战士。他们谱写过许多歌谣来赞颂部族领袖的伟大业绩，还发明了一种沿用至今的诗歌形式。十个世纪后，当他们在希腊安家，建立起自己的"城邦"，他们又通过修建古朴庄严的神庙、制作雕塑、创作悲剧和喜剧等艺术形式来表达心中的欢乐和悲伤。

罗马人和他们的迦太基对手一样，由于过分忙于治理其他民族与经商赚钱，对"既无用处又无利润"的精神冒险不感兴趣。尽管他们征服过大半个世界，修筑了无以计数的道路桥梁，可他们的艺术却是整个从希腊照搬过来的。他们只创造出满足当时的实际需要的几种实用的建筑形式。而他们的雕塑，他们的历史，他们的镶嵌工艺，他们的诗歌，统统是模仿希腊原作的。如若缺乏那种模糊而难以定义的、世人称之为"个性"的素质，便不可能产生出好的艺术。而罗马世界正好是不相信"个性"的。帝国需要的是训练有素的士兵和精明高效的商人，像写作诗歌或画画这种东西都留给外国人去做。

随后是"黑暗时期"的来临。野蛮的日耳曼部族就像闯进西欧瓷器店的一头公牛。只要是他不理解的东西对他就毫无用处。拿1921年的标准来讲，他拿起印着漂亮封面女郎的通俗杂志爱不释手，反倒将自己继承的伦勃朗名画随手扔进了垃圾箱。不久，他幡然悔悟，想弥补自己几年前造成的损失。

可垃圾箱已经不见踪影，伦勃朗的名画也早已回不来了

　　不过到这个时期，他自己从东方带来的艺术得到发展，成长为非常优美的"中世纪艺术"，补偿了他过去的愚蠢与疏忽。至少就欧洲北部来说，所谓的"中世纪艺术"主要是一种日耳曼精神的产品，基本没有借用希腊和拉丁艺术，与埃及和亚述的古老艺术形式相差甚远，更不用提印度和中国了（对于那个时代的人们来说，他们根本不知这二者的存在）。事实上，北方日耳曼民族极少受他们南方邻居们的影响，以致他们自己发展的建筑完全不被意大利人理解。

　　"哥特式"你们肯定听过，这个词会让你脑中立刻浮现出高高矗立的古老教堂的尖顶的画面。可是，它代表的是什么样的风格呢？

　　它其实意味着"不文明的""野蛮的"东西——某种出自"不开化的哥特人"之手的事物。在欧洲南方人眼里，哥特人是一个落后民族，对古典艺术的既定规则没有心怀崇敬。他们只知道造起一些"恐怖的现代建筑"去满足自己的低级趣味，而根本看不见古罗马广场和雅典卫城所树立的崇高典范。

　　可在好多个世纪里，这种哥特式建筑形式却是艺术真情的最高表现，一直激励着整个北部欧洲大陆的人民。读过前面的章节，你一定记得中世纪晚期的人们的生活状态。他们是"城市"的"市民"，而在古拉丁语里，"城市"即"部落"的意思。事实上，这些住在其高大城墙与宽深护城河之内的善良自由民是实至名归的部落成员，凭借着整个城市的互助制度，有难同当，有福共享。

　　在古希腊和古罗马的城市，庙宇坐落在市场上，那里是市民生活的中心。在中世纪，教堂，即上帝之屋，成了新的中心。我们现代的新教徒仅仅每周去一次教堂，待上几小时，根本难以理解中世纪的教堂对一个社区意味着什么。那时，出生还不到一星期的孩子，便被送到教堂受洗。在孩提时代，就会被要求常常去教堂听讲《圣经》中的故事。长大后会加入教会。假如一个人金钱充裕，便会为自己建一座小教堂，里面供奉自己家族的守护圣

人。作为当时最神圣的建筑，教堂在所有白天及大部分夜晚都对公众开放。从某种意义上讲，它类似一个现代的俱乐部，为市内的所有居民享用。你很可能在教堂与自己心仪的女孩一见钟情，她日后嫁给了你，在高高的祭坛前与你发誓厮守终身。最后，当你走到生命的终点，会被安葬在这座熟悉建筑的石块下。你的孩子、孩子的孩子会不断走过你的坟墓，直到末日审判降临。

由于中世纪教堂不仅仅是"上帝之屋"，还是一切日常生活的核心建筑，因此它的式样理应与此前所有的人工建筑物区别开来。埃及人、希腊人、罗马人的神庙仅仅是一个供奉地方性神祇的殿堂，并且祭司们也不需要在奥塞西斯、宙斯或朱庇特的塑像前布道，因此用不着能容纳大量信徒的空间。在古代地中海地区，各民族的一切宗教活动都在露天举行。可阴湿寒冷的欧洲北部，人们为了躲避恶劣的天气，只好在教堂里面进行大部分的宗教活动。

在许多个世纪里，建筑师们绞尽脑汁地想着如何建造空间足够大的建筑物。罗马的建筑传统告诉他们，要砌沉重的石墙，必须配以小窗，以免墙体承受不住自身重量而垮塌。可到了12世纪，十字军东征开始之后，欧洲的建筑师们见识到穆斯林建筑师造出的清真寺穹顶。他们恍然大悟，构想出一种新风格，使欧洲人第一次有机会造出适合当时频繁的宗教生活所需的那种建筑。随后，他们在被意大利人轻蔑地指为"哥特式"或"野蛮的"建筑的基础上，进一步发展这种奇特的风格。他们发明出一种由"肋骨"支撑的拱顶。可这样一个拱顶如果太重的话，很容易压垮墙壁，个中的道理就如同一张儿童摇椅坐上了一个三百磅重的大胖子，肯定会被压垮。为解决这一难题，一些法国建筑师开始用"扶垛"加固墙体。扶垛不过是砌在边上的大堆石块，以支持撑住屋顶的墙体。后来，为进一步保证屋顶的安全，建筑师们又发明了所谓的"飞垛"来支撑屋脊。这种建筑形式极为简单，相信聪明的你们只要看一眼本书的插图就会明白。

这种新的建筑允许建造大型窗户。在12世纪，玻璃还是非常珍稀的奢侈品，私人建筑少有安装玻璃窗，有时连贵族们的城堡也四壁洞开。这就是当时的房子里面穿堂风长年不断，而人们在室内也和室外一样穿毛皮衣服的原因。

幸运的是，古地中海人民熟悉的制作彩色玻璃的工艺并未完全失传，此时又复兴起来。不久之后，哥特式教堂的窗户上便出现了以长长的铅框固定，用小块鲜艳的彩色玻璃拼成的《圣经》故事。

就这样，明亮辉煌的神圣之堂里，挤满了慕名而来的信众，使信仰显得"真切动人"的技艺，于此达到了无人能及的高峰。为打造这"上帝之屋"或者说"人间天堂"，人们不吝代价，不惜工夫，力求让它尽善尽美。雕塑家们自罗马帝国毁灭后便长期处于失业状态，此时又小心谨慎地重返工作。正门、廊柱、扶垛与飞檐上，满满地刻着上帝和圣人们的形象。绣工们也尽心投入工作，绣出华丽的挂毯装饰教堂四壁。珠宝匠更是贡献自己的绝艺来装点祭坛，使它当得起人们最虔诚的崇拜。画家们也倾力以赴。可因为找不到适当的作画材料，这些可怜的人只能扼腕长叹。

在此，让我先岔开，说个题外话。

在基督教初创时期，罗马人用小块彩色玻璃拼成图案，以此装点他们的庙宇房屋的墙和地。可这种镶嵌工艺并不容易被掌握，同时使画家们很难表现出自己的情感。所有尝试过用彩色积木进行创作的儿童，都体会过与这些画家相同的感受。因此，中世纪在除了俄国以外的国家里镶嵌工艺便失传了。在君士坦丁堡陷落后，拜占庭的镶嵌画家只能逃往俄国避难，继续用彩色玻璃装饰东正教堂的四壁，直到布尔什维克革命后不再有新教堂投入修建为止。

当然，中世纪的画师们可以用熟石膏水调制颜料，在教堂墙上作画。这种"新鲜石膏"画法（通常称为"湿壁画法"）在数个世纪里非常流行。到今天，它就像手稿中的微型风景画一样罕见。几百个现代城市画家中，恐怕只有一两个能够成功调制这种颜料。可在中世纪，没有别的更好的调配材料，画家们成为湿壁画工是别无选择的事情。这种调料法存在着一个致命的缺陷。通常过不了几年，要么石膏从墙壁上脱落，要么湿气浸损了画面，就像湿气会浸损我们的墙纸一样。人们试验了各种各样的介质来取代石膏水。他们尝试过用酒、醋、蜂蜜、粘蛋青等来调制颜料，可是效果都不够理想。试验一直持续了一千多年。中世纪画家能够很顺利地在羊皮纸上作画，可一旦要在大块的木料或石块上作画，颜料就会发黏，这使他们不知如何是好。

15世纪上半叶，这一纠缠画家们多年的难题终于被南尼德兰地区的扬·范艾克与胡伯特·范艾克攻克。这对著名的佛拉芒兄弟将颜料调以特制的油，使他们能够在木料、帆布、石头或其他任何材质的底版上作画。

不过此时，中世纪初期的宗教热情已过去。富裕的城市自由民接替主教大人们，成了艺术的新顾客。由于艺术通常为谋生服务，于是此时的艺术家们开始为这些世俗的雇主工作，给国王们、大公们、富裕的银行家们绘制肖像。没用多长时间，新的油画法风靡整个欧洲。几乎每个国家都兴起了一个特定的画派，以它们创作的肖像画和风景画反映当地人民独有的艺术趣味。

在西班牙，有贝拉斯克斯描绘宫廷小丑、皇家挂毯厂的纺织女工及其他关于国王和宫廷的各种各样的人物与主题。在荷兰，伦勃朗、弗朗斯·哈尔斯及弗美尔却在描画商人家中的仓房、他邋遢不堪的妻子与健康但是肥胖的孩子，还有给他带来巨额钱财的船只。意大利则是别有一番风趣。由于教皇陛下是艺术主要的保护人，米开朗琪罗和柯雷乔仍在全力刻画着圣母与圣人的形象。在贵族有钱有势的英格兰和国王高于一切的法国，艺术家们则倾心描绘着担任政府要职的高官显贵和与陛下过从甚密的可爱女士们。

因教会的衰微及一个新社会阶级的崛起给绘画带来的巨大变化，同时也反映在其他所有形式的艺术中。印刷术的发明，使得作家们有可能通过为大众写作而声名鹊起。不过，有钱买得起新书的，并非那种整夜闲坐在家或望着天花板发呆的人。富裕起来的市民们需要娱乐。

中世纪的区区几个游吟诗人已经不能满足人们对消遣的胃口了。从早期希腊城邦迄今，两千多年过去了，职业剧作家终于再次找到了用武之地。在中世纪，戏剧仅仅是某些宗教庆典的捧场角色。十三四世纪的悲剧讲的都是耶稣受难的故事。16世纪，世俗的剧目终于出现。在最开始，职业剧作家和演员们的地位并不高。威廉·莎士比亚曾被视为某种类似马戏班成员的角色，以他的悲剧和喜剧给邻人逗乐解闷。不过当这位大师于1616年去世时，他开始赢得国人的敬重，而戏剧演员也不再是必须受警察监视的可疑人了。

与莎士比亚同时代的还有洛佩德·维加。这位具有超群创作力的西班牙人一生中共写出了四百部宗教剧和超过一千八百部的世俗剧，是一位受到教皇称许的高贵人物。一个世纪之后，法国人莫里哀不可思议的喜剧才华竟为他赢得了路易十四的友谊。

从此，戏剧日益受到群众的喜爱。今天，"剧院"已经成为任何一座治理有条的城市必不可少的设施之一，而电影院更是随处可见。

当然，还有一种最受欢迎的艺术，那就是音乐。大部分古老的艺术形式都需要足够的技巧训练才能被实现出来。想要我们笨拙的双手听从大脑的使唤，将脑海中的形象准确再现于画布或大理石上，这需要年复一年的苦工。为学习如何表演或怎样写出一部好小说，有些人甚至花费了一生的时间。对作为接受者的公众来说，要想欣赏绘画、小说或雕塑的精妙，同样需要接受大量的训练。可只要不是聋子，几乎任何人都能跟唱某支曲子，或从音乐里享受到一定的乐趣。中世纪的人们虽能听到少量音乐，可它们全是宗教音乐。圣歌必须严格遵守一定的节奏与和声法则，很快便令人感到单调。另外，圣歌也不适合在大街和集市上唱颂。

文艺复兴扭转了这种情况。音乐再次成为可以分享悲喜、抒发情感的好伙伴。

埃及人、巴比伦人及古代犹太人都曾是伟大的音乐爱好者。他们甚至能将不同的乐器组合成正规的乐队。可希腊人对这些野蛮的异域噪音非常反感。他们喜欢聆听别人朗诵荷马或品达的庄严诗歌。朗诵中，他们允许用里拉（古希腊的一种竖琴，所有弦乐器里最简陋的一种）伴奏，不过这也仅仅是在不致激起众怒的情况下才敢使用。可罗马人正相反，他们喜欢在晚餐和聚会中伴以管弦乐。他们发明出我们沿用至今（当然经过了改进）的大部分乐器。早期的教会对罗马音乐十分排斥，因为它带有太多刚被摧毁的异教世界的邪恶气息。由全体教徒颂唱的几首圣歌，这便是公元三四世纪的所有主教们音乐忍耐力的极限。由于教徒们在没有乐器伴奏的情况下，容易唱得非常之走调，因此教会只好允许使用风琴伴奏。这是一种公元二世纪的发明，由一组排箫和一对风箱构成。

接下来是大迁徙时代。最后一批罗马音乐家要么死于兵荒，要么沦为走村串巷的流浪艺人，在大街上表演，像现代渡船上的竖琴手一样讨几个小钱为生。

到中世纪晚期，一个更世俗化的文明在城市里复兴了，这加大了对音乐家的新需求。用作战争和狩猎中的羊角号之类的乐器，此时经过改进，已经能奏出舞厅或宴会厅里的心旷神怡的乐音。有一种在弓上绷马鬃毛为弦的老式吉他，它是所有弦乐器里面最古老的一种，其历史可以追溯到古代埃及和亚述。到中世纪晚期，这种六弦乐器发展成我们现代的四弦小提琴，并在18世纪的斯特拉迪瓦里及其他意大利小提琴制作家手里，发展到如今比较成熟的状态。

最后，现代钢琴山现了。它是所有乐器里流传最广的一种，曾跟随热爱音乐的人们进入丛林荒野或格陵兰的冰天雪地。所有键盘乐器的始祖本来是风琴。当风琴乐手演奏时，需要另一个人在旁拉动风箱（好在这项工作如今已由电力来完成）。因此，当时的音乐家想找到一种简便而不受环境影响的乐器，帮助他们培训众多教堂的唱诗班学生。直到今天还在被使用的乐音注释体系被阿雷佐（诗人彼特拉克的诞生地）的一个名为奎多的本尼狄克派僧侣发明出来。就在同一世纪的某一时期，当人们对音乐的兴趣日益增长，第一件键弦合一的乐器诞生了。它发出的叮叮当当的声音，与现代玩具店出售的儿童钢琴的声音相似。在维也纳，中世纪的流浪音乐家们（他们曾被划为骗子和打牌作弊一类的人）于1288年组织了第一个独立的音乐家行会。小小的一弦琴被改进成现代斯坦威钢琴的直接前身，因为它配有琴键而被称为"击弦古钢琴"。它从奥地利传入意大利，于此被改进成"斯皮内特"，即小型竖式钢琴。其得名源自它的发明者——威尼斯人乔万尼·斯皮内蒂。最后，在1709年至1720年，巴尔托洛梅·克里斯托福里发明出一种能同时奏出强音（piano）和弱音（forte）的钢琴。这种乐器经过数次的改进之后变成了我们的现代钢琴。

这样，世界上第一次有了一种能在几年内掌握的方便演奏的乐器。它不像竖琴和提琴一样需要不断调节，而且拥有比中世纪的大号、单簧管、长号和双簧管更悦耳的音色。如同留声机使成百上千万的人们迷上音乐一样，早期钢琴的出现使音乐知识在更广的社会圈子里普及。很多王子和富商都有了自己的乐队。音乐家从四处流浪的"行吟诗人"，摇身而为社区中备受尊敬的成员。后来，音乐被引入到戏剧演出中，由此诞生出我们的现代歌剧。最初，只有很少的富裕的王公贵族才请得起"歌剧团"，可随着人们对这一娱乐的兴趣日渐增加，许多城市纷纷建起自己的歌剧院。先是意大利人，后是德国人的歌剧，使所有公众在剧院享受到无尽的乐趣，只有为数不多极为严格的基督教教派仍对这一新艺术抱有深刻的怀疑态度，认为歌剧造成的过分欢乐有损灵魂的健康。

到18世纪中期，欧洲的音乐生活迎来蓬勃期。此时，一位最伟大的音乐家出现了。他名叫约翰·塞巴斯蒂安·巴赫，是莱比锡市托马斯教堂的一位淳朴的风琴师。他为各种乐器创作的许多音乐，从喜剧歌曲、流行舞曲到最庄严的圣歌和赞美诗，为我们全部的现代音乐奠定了基础。当他于1750年去世时，莫扎特继承了他的事业。他创作出充满纯粹欢乐的乐曲，常常让我们联想起由节奏与和声织就的精致蕾丝。接着是路德维希·凡·贝多芬，一个充满悲剧性的伟人，他给我们带来现代交响乐，却无缘亲耳聆听自己最伟大的作品，因为贫困岁月的一场感冒导致了他的两耳失聪。

贝多芬亲历了法国大革命时代。满怀着对一个新的辉煌时代的憧憬，他把一首自己创作的交响乐献给拿破仑。可这是个让他后悔的决定。因为当贝多芬于1827年逝去时，昔日无限荣光的拿破仑已病死，令人热血沸腾的法国大革命如浮生一梦。而蒸汽机平地惊雷般地降临人间，这个世界的声音与《第三交响乐》所营造的梦境截然不同。

事实上，蒸汽、钢铁、煤和大工厂构成的世界新秩序根本不需要油画、雕塑、诗歌及音乐。旧日的艺术保护人，中世纪与十七八世纪的主教们、王公们、商人们已经自顾不暇。工业世界的新贵们忙于挣钱，受过的教育又少，根本没有心思去理会蚀刻画、奏鸣曲或象牙雕刻品这类东西，更别提支持那些专注于创造这些东西而对社会毫无实际用处的人们了。车间里的工人们整日淹没在机器的轰鸣中，到头来也丧失了对他们的农民祖先发明的长笛或提琴乐曲的鉴赏力。艺术沦为新工业时代饱受白眼的继子，与现实生活彻底隔离了。幸存下来的一些绘画，无非是在博物馆里苟延残喘。音乐则变成一小撮"批评家"的专利，他们将它带离普通人的家庭，送进虚有其表的音乐厅。可尽管非常缓慢，艺术还是逐渐找回了自己。人们终于开始意识到，伦勃朗、贝多芬和罗丹才是本民族真正的先知与领袖，而一个缺少了艺术和欢乐的世界，就如同一所失去儿童欢声笑语的学校。

第六十三章

殖民扩展和斗争

本来这章要和你们聊聊近五十年里发生的一些大事件，但在此之前请先容许我致歉。

如果早知写一部世界历史如此困难，我是不会轻易开始这项工作的。当然，任何人若具备足够的耐心与勤奋，乐意花上五六年时间泡在图书馆充满霉味和尘土的书堆里面，他都能编出一本大部头的历史书，并巨细无遗地排列每个世纪、每块土地上发生的重大事件。但这并非我写这本书的目的。出版商希望出版一部富于节奏感的历史，故事要荡气回肠而不能缓慢平稳。现在，当这本书行将完成时，我发现有些章节生动流畅，有些章节却如同在时光的枯燥沙漠里艰难跋涉，有时像在原地踏步。我觉得很不满意，我建议毁掉整部手稿，从头开始，可出版商不同意。

因此我觉得换一种解决方法。我将打出的手稿带给几位好心的朋友，请他们阅读之后，帮忙提一些有益的建议。可这种办法同样令人失望。每个人都有自己的偏见、喜好与至爱。他们全都想知道，为什么我竟敢在某处删掉他们最喜欢的国家、最崇敬的政治家或者最有传奇色彩的反派。对他们中的某些人来说，拿破仑和成吉思汗是应该受到最高赞美的伟人。而在我看来，二者比起乔治·华盛顿、居斯塔夫·瓦萨、汉谟拉比、林肯及其他十几个人物远为逊色。这些人更有理由被大书特书一番，可限于篇幅，我只能轻描淡写地一笔带过。至于成吉思汗，我只承认他是大规模屠杀方面的天才，因此我不想在他身上浪费笔墨。

"到目前为止你干得很棒，"另一个批评家说道，"不过你考虑到清教徒问题了吗？我们正在庆祝他们抵达普利茅斯三百周年。他们应该占更多的篇幅。"我的回答是，如果我写的是一部美国史，那么清教徒肯定会占据前十二章的一半篇幅。可本书是一部"人类的历史"，而清教徒登陆普利茅斯的事件直到好几个世纪以后才获得了国际性的重要地位。并且，美利坚合众国最初是由十三个州而非单单一个州组建的；更何况，美国前二十年历史中那些最杰出的人物也有来自弗吉尼亚、宾夕法尼亚、尼维斯岛，而非全部来自马萨诸塞。因此，用一页的篇幅和一幅地图来讲述清教徒的故事，应该足够了。

　　接着是史前期专家的质问。凭着霸王龙的赫赫威名，为什么我就不能多讲讲生活在恐龙时期的那些可敬可叹的克罗马农人呢？要知道他们在十万年前就发展出了高度的文明！

　　是的，为什么没提他们呢？原因并不复杂。我并不像某些最著名的人类学家那样迷信原始初民的完美。卢梭和一些十八世纪的哲学家创造出"高贵的野蛮人"一说，他们构想了这么一群生活在天地初开时的幸福场景中的人类。我们的现代科学家把这些为我们的祖父辈深深热爱的"高贵的野蛮人"扔到一边，代之以法兰西谷地的"辉煌的野蛮人"。他们在三万五千年前结束了矮眉毛、低程度的尼安德特人及其他日耳曼邻居的野蛮生活方式，并向我们展示了克罗马农人绘制的大象和雕刻的人像。于是，我们向他们投以莫大的赞美。

　　我并非觉得科学家们错了。可我坚持认为，我们对这一时期的了解还远远不够，要想精确地描述早期的欧洲社会有很大难度。所以我宁愿对某些事情视而不见也不愿信口开河地胡诌。

　　另外还有一些批评者，他们直接就指责我不公平。为什么我不提爱尔兰、保加利亚、暹罗（泰国的旧称），却硬把荷兰、冰岛、瑞士这样的国家拉扯进来？我回答说，本人并未将任何国家硬拉进来。它们是顺应时势变化而自然出现的，我根本没有办法阻止。为让自己的观点能被更好地理解，请允许我申明这本历史书在选择那些积极成员时所考虑的依据。

原则只有一条，即"某个国家或个人是否发明出一个新观念或实施一个创造性的行为，从而影响到历史的进程"。这并非出于个人好恶。它凭据的是冷静的、几乎是数学般精确的判断。在历史上，从未有哪个种族扮演过比蒙古人更形象化、更富传奇性的角色，可同时也没有哪个种族比蒙古人对人类成就或知识进步的贡献更小。同样地，荷兰共和国的历史之所以有趣，并非因为德·鲁伊特的水兵曾在泰晤士河中钓鱼，而是由于这个北海岸边上的小国曾经为一大批对各式各样不受欢迎的问题抱有各式各样古怪看法的各式各样的奇特人物提供过友善的避难所。

亚述国王提革拉·毗列色的一生充满了戏剧性事件，可对我们来说，他也可能根本就没有存在过。确实，全盛时期的雅典或佛罗伦萨，其人口仅相当于堪萨斯城的十分之一。可如果这两个地中海小城中的任何一个不存在，我们目前的文明就会全然是另一番模样。而对于堪萨斯城这个位于密苏里河畔的大都会，却很难说上同样的中听话（我谨此向堪萨斯城的好人们致以诚挚的歉意，我并不是故意与他们为难）。

难道我写的书就没有一点点个人喜好的表现吗？不是的，请听我向您道来。

当我们准备去看医生的时候，我们必须先搞清楚他到底是外科医生、门诊医生、顺势疗法医生或者信仰疗法医生，因为我们想知道他会从哪个角度为我们诊病。我们在为自己选择历史学家时，也该像选择医生一样慎重。我们常常想，"好呀，历史就是历史"，于是抓起一本历史书就读。可一个在苏格兰偏僻乡村、受长老会教派家庭严格教养长大的作者，和一个从儿童时代就被领去听不相信任何魔鬼存在的罗伯特·英格索尔的精彩讲演的邻居，他们会以截然不同的方式看待人类关系中的每一个问题。到一定的时候，两个人都会忘记他们早年的经历，从此不再踏足教堂或讲演厅。可这些早年的印象会一直跟随他们，在他们所写、所说或所做中无可避免地流露出来。

在本书的前言中，我曾告诉你本人并非一位无懈可击的历史导游。现在本书将近尾声，我乐意再说一遍。我出生在一个老派的自由主义气氛的家庭，每日熏陶的是达尔文及其他19世纪科学先驱们的思想。在幼年，我恰好跟我的一位舅舅度过大量的时光，而他收藏了16世纪伟大的法国散文家蒙田的全部著作。因为我生在鹿特丹，在高达市念书，所以我十分熟悉埃拉斯穆斯。出于某种原因（我自己也没法说明白），这位"宽容"的伟大宣讲者征服了并不宽容的本人。后来，我发现了阿尔托·法朗士，而我与英语的第一次相遇是偶然看到一本萨克雷的《亨利·艾斯芒德》。这部小说给我留下的深刻印象超越任何一本英语著作。

如果我出生在美国中西部一个城市，我也许会对赞美诗怀着某种感情。可我对音乐的最初记忆要追溯到童年的那个午后，我母亲第一次带我去听巴赫的《赋格曲》。这位伟大的新教音乐大师以其高度精密的完美乐章深深地震撼了我，导致我一听到祈祷会上平庸无奇的赞美诗，就仿佛正在遭受煎熬。

如果我出生在意大利，从小就沐浴在阿尔诺山谷温暖和煦的阳光中，我也会热爱色彩明丽的画作。可我现在对它们没感觉，那是因为我最初的艺术印象得自一个阴雨绵绵的国度。少见的阳光一旦穿越云层，近乎残酷地直接照射在雨水浸透的土地上，一切就会呈现出光明与黑暗的强烈对比。

我特意说明我的个人背景，好让你们理解本书作者的个人偏见。

说过这段简短但必要的离题话后，让我们回到最后五十年的历史上。这段时期发生了许多看似无关紧要的事情。大多数强国不再是单纯的政治体，它们还变成了大型企业。它们修筑铁路，开辟并资助通往世界各地的轮船航线。它们设立电报线路，将不同的属地联为一体。并且，它们稳步扩充着在各大陆的殖民地。每一块能够染指的非洲或亚洲土地都被宣布为某个强国所有。法国成为阿尔及利亚、马达加斯加、安南（今越南）及东京湾（今北部湾）的主人。

德国声称对西南及东部非洲的一些地区拥有所有权。它不仅在喀麦隆、巴布亚新几内亚及许多太平洋岛屿上建立了定居点，还借口几个传教士被杀强占了中国黄海边上的胶州湾。意大利人在阿比尼西亚（埃塞俄比亚）跃跃欲试，结果被尼格斯（埃塞俄比亚国王）的黑人士兵打得丢盔弃甲，为了自我安慰只好从土耳其苏丹手里夺取了北非的的黎波里。俄国占领整个西伯利亚后，进一步侵占中国的旅顺港。日本在1895年的甲午战争中击败中国，强占了台湾岛，1905年又将整个朝鲜国变成自己的殖民地。1883年，位居世界第一的殖民帝国英国开始着手"保护"埃及。这个历史悠久的文明古国曾长期遭受世界的漠视，但从1886年苏伊士运河开通之后，它便一直处于外国侵略的阴影之下。英国效果显著地实施着自己的"保护"计划，同时攫取巨大的物质利益。在接下来的三十年里，英国发动了一系列殖民战争。1902年，经过三年的征战，它打败了德瓦士兰和奥兰治自由邦这两个独立的布尔共和国。与此同时，它还鼓励野心勃勃的殖民者塞西尔·罗兹为一个巨大的非洲联邦打好基础。这个国家从非洲南部的好望角一直延伸到尼罗河口，将所有尚无欧洲主人的岛屿和地区收入囊中。

1885年，善于抓住机会的比利时国王利奥波德利用探险家亨利·斯坦利的发现，建立了刚果自由邦。最初，这块幅员辽阔的赤道帝国施行着"绝对君主专制"。经多年的腐朽统治后，比利时人将其吞并，作为自己的殖民地（1908年），并废除了这位肆无忌惮的利奥波德陛下一直容忍的种种滥用权力的可怕行为。只要能获得象牙与天然橡胶，陛下可是顾不上土著居民的命运的。

至于美利坚合众国，他们已经拥有那么广阔的土地，毫无扩张领土的欲望。不过西班牙人在古巴（西班牙在西半球的最后一块领地）的残酷统治，迫使华盛顿政府采取行动。经过一场短暂而平淡无奇的战争，西班牙人被赶出了古巴、波多黎各及菲律宾，后两者则变成了美国的殖民地。

世界经济的这种发展遵循着自然的轨迹。英国、法国、德国的工厂数量的迅速增加，需要不断增长的原材料产地。越来越多的欧洲劳工，也要求稳定地扩大食品的供应。到处都在呼吁开辟更多更丰富的市场；发现更容易开采的煤矿、铁矿、橡胶种植园和油田；增加小麦和谷物的产出。

在那些正计划开通维多利亚湖的汽船航线或修筑山东铁路的人看来，发生在欧洲大陆的单纯政治事件与他们毫无关系。尽管欧洲的许多问题亟待处理，可这与他们无关。就是因为他们的事不关己或者是一时大意，他们的子孙们只能被动地接受这笔夹杂着仇恨与暴力的遗产。自好多个世纪以来，欧洲东南角的巴尔干半岛一直是杀戮与流血之地。在19世纪70年代，塞尔维亚、保加利亚、门的内哥罗（今黑山）及罗马尼亚的人民再次为获得自由而奋起反抗，土耳其人（在许多西方列强的支持下）极力镇压起义。

1876年，保加利亚在经历一段血腥暴力的屠杀后，俄国人民终于忍无可忍。俄国政府被迫出面干涉，就像麦金利总统（美国第25任总统）不得不出兵古巴，制止惠勒将军的行刑队在哈瓦那的暴行。1877年4月，俄国军队越过多瑙河，风卷残云般地拿下希普卡要塞。接着，他们攻克普内夫那，一路向南长驱直入，一直打到君士坦丁堡的城门下。土耳其紧急向英国求援。许多英国人谴责政府站在土耳其苏丹一边。可迪斯雷利决定出面干涉。他刚刚把维多利亚女王扶上印度女皇的宝座，由于憎恨俄国人残酷镇压境内的犹太人，他对土耳其人反倒抱有好感。俄国被迫于1878年签署《圣斯蒂芬诺和约》，同年六、七月的柏林会议议题之一就是巴尔干问题。

迪斯雷利全程主导了这次著名的会议。面对这位留着油光发亮的卷发、态度高傲，却又具有一种讽刺的幽默感和左右逢源的狡猾老人，甚至连俾斯麦都要敬他三分。在柏林，这位英国首相热心地看护着他的土耳其盟友的利益。门的内哥罗、塞尔维亚、罗马尼亚的独立的王国提案被通过。由沙皇亚历山大二世的侄子、巴腾堡的亚历山大亲王担任统治者的保加利亚获得半独立地位。然而，由于英国过分关心土耳其苏丹的命运，想用它来防范俄国，这几个国家均未获得机会充分发展自己的政治和经济。

柏林会议允许奥地利从土耳其手中夺走波斯尼亚及黑塞哥维那，作为哈布斯堡王朝的领地加以统治。诚然，奥地利人的工作做得非常高效。这两块长期被忽视的地区被管理得井然有序，不逊于任何大英殖民地。可这里聚居着大批的塞尔维亚人，早年曾是斯蒂芬·杜什汉创建的大塞尔维亚帝国的一部分。14世纪初期，杜什汉抵御了土耳其人的攻击，使西欧免遭入侵。当时的帝国首府乌斯库勃在哥伦布发现新大陆前一百五十年前就已经是塞尔维亚人的文明中心。昔日的光荣牢牢地驻留在塞尔维亚人心中，谁又能忘记呢？他们憎恨奥地利人在这两个省份的存在。他们觉得从传统的各方面权力来说，两地应该是他们自己的领土。

1914年6月28日，奥地利王储斐迪南在波斯尼亚首都萨拉热窝被暗杀。刺客是一名出于爱国思想的塞尔维亚学生。

不过，这次可怕的灾难——它是引发第一次世界大战的虽非唯一却是直接的导火线，并不能归咎于那个狂热的塞尔维亚学生或他的奥地利受害者。其根源还得追溯到柏林会议的时代，那时的欧洲过分忙于物质文明的建设，而忽略了老巴尔干半岛上一个被遗忘的古老民族的渴望与梦想。

第六十四章

放眼新世界

世界大战其实是为建立一个新的、更美好的世界所进行的斗争。

在少数领导法国大革命的革命者中，德·孔多塞侯爵是人格最高尚的人物之一。他为苦难的人们的事业献出了自己的生命。他还是德·朗贝尔和狄德罗编纂《百科全书》时的助手之一。在大革命爆发的最初几年，他一直是国民公会里的温和派首领。

当国王和保皇分子的叛国计谋让激进分子抓住了时机控制政府并大肆屠杀反对派人士的时候，孔多塞侯爵的宽容、仁慈和坚定使他沦为了受怀疑的对象。孔多塞被宣布为"不受法律保护的人"，任由每一个真正的爱国者随心所欲地处置。他的朋友试图冒死保护他，可孔多塞拒绝接受朋友们的牺牲。他偷偷逃出巴黎，试图回到老家，那里也许是安全的。接连三个夜晚，他风餐露宿，衣衫褴褛，身上被划得伤痕累累。最后，他走进一家乡村小客店要些东西吃。警惕的乡民搜查了他，找出一本他随身携带的古拉丁诗人贺拉斯的诗集。这证明他们的囚犯是一个出身高贵的人，而在一个所有受过教育的人们都被视为革命之敌的时代，他是不应该出现在马路上的。乡民们把被塞住嘴五花大绑的孔多塞扔进乡村拘押所。第二天早晨，赶来把他押回巴黎斩首的士兵们只得到了孔多塞的尸体。

此人为人类的幸福献出了一切，却下场凄惨，他本来是有无数的理由仇恨所有人的。可他写过一段话，到今天仍然与一百三十年前一样铿锵在耳。我把它们抄录下来，与你共享。

"自然把无限的希望赋予人类。现在，人类挣脱枷锁，并以坚定的步伐向真理、德行、幸福的大道迈进。虽然这个世界仍存在着种种错误、罪恶和不公，但光明的前景理应让哲学家们得到莫大的安慰。"

我们身处的世界刚经历了一场浩劫，与之相比，法国大革命不过是一次偶然事件。人们感受到巨大的震惊与幻灭之情，它扑灭了成百上千万人心中最后一线希望之火。他们也曾为人类进步高唱赞歌，可随着他们的和平祈祷而来的，却是四年残酷无比的战争。因此，他们不禁要自问："值得吗？我们为尚未超越穴居阶段的人类所付出的种种艰辛和辛劳，到底值不值得？"

答案只有一个。

那就是"值得"。

第一次世界大战显然是可怕而血腥的，可它并不是世界末日。正相反，它开启了一个新的时代。

要写一部关于古希腊、古罗马或中世纪的历史是非常容易的。在那个早被遗忘的历史舞台上扮演角色的演员们已经逝去，我们可以冷静地品读他们。在台下鼓掌呐喊的观众也已不在了，我们的批评不会伤害到围观者的情感。

可要真实地描述当代发生的事件却不是那么容易的。那些困扰着与我们同一时代的人们的种种难题，同时也是我们自己的难题。它们或者伤害我们太深，或者取悦我们太过，让我们难以用一种写作历史所必需的公正态度进行叙述。然而历史并非故事，应该做到公正。无论如何，我还是要告诉你们为什么我同意可怜的孔多塞对美好明天所持有的坚定信念。

此前，我曾不断提醒你们要注意那些看似有理有据的历史时代划分的方法，即人类的历史截然分为前后四个阶段：古代、中世纪、文艺复兴和宗教改革及现代，而最后一个阶段的称谓是最具危险性的。"现代"一词似乎宣告着，20世纪的人们正处于人类进步的顶点。五十年前，以格莱斯顿为首的英国自由主义者们认为，通过让工人享有与其雇主同等政治权利的第二次"改革法案"，建立一个实至名归的议会制民主政府的问题已经得到彻底解决。当迪斯雷利与他的保守派朋友批评此举是"暗夜中的瞎闯"时，他们回答说："不。"他们对自己的事业深具信心，并相信从今往后，社会各个阶级将通力合作，使他们共同的政府朝着良性的方向前进。此后发生过许多不尽如人意的事情，而一些依然在世的自由主义者也终于开始意识到当年的过分乐观。

对于任何历史问题，都没有一个绝对的答案。

每一代人都必须重新奋斗，否则就会像史前期那些懒惰动物一样灭绝。

一旦你掌握了这一伟大的真理，你将获得一种新的、更宽广地看待生活的视野。然后，你不妨更进一步，设想你处于公元一万年时你的子孙们的位置。他们同样要学习历史，可他们对于我们用文字记录下来的短短四千年的行动与思想将如何看待呢？他们会把拿破仑当成亚述征服者提革拉·毗列色的同时代人物，还可能把他混淆成成吉思汗或马其顿的亚历山大。刚结束的这场世界大战会被他们误为罗马与迦太基为争夺地中海霸权所进行的长达一百二十八年的商业战争。而在他们眼里，19世纪的巴尔干争端（塞尔维亚、保加利亚、希腊及门的内哥罗为争取自由的战争）就像是大迁徙时代的混乱状态的延续。他们会看着不久前才毁于德国炮火的兰姆斯教堂的照片，如同我们打量二百五十年前在土耳其与威尼斯的战争中被毁的雅典卫城的照片。他们会把我们时代许多人对死亡的恐惧视为一种小孩般的迷信，因为对一个迟至1692年还对女巫施以火刑的幼稚种族来说，这样说是毫不为过的。甚至连我们引以为荣的医院、实验室、手术室，在他们看来也不过是稍加改进的中世纪炼金术士和江湖医生的作坊而已。

原因非常简单。我们所谓的现代人其实并不"现代"。正相反，我们仍然属于穴居人的同辈人。新时代的地基仅仅在昨天刚刚奠定。只有当人类有勇气质疑所有现存事物，并以"知识与理解"作为创造一个更理性、更宽容的共同社会的基础时，人类才第一次有机会变得真正"文明"起来。第一次世界大战正是这个新世界所经历的"成长之痛"。

在未来的很长一段时间内，人们会写出大量的书籍来证明，是这个或那个人导致了这场战争。社会主义者会出版成卷的著作来谴责"资本家"们为"商业利益"而发动了战争。资本家们则反驳道，他们在战争中失去的远远多于他们的所得——他们的子女站在冲锋的第一梯队，浴血奋战，长眠沙场。他们还会证明，各个国家的银行家是如何为阻止战争的爆发而倾尽全力。法国历史学家对德国人犯下的种种罪行历历在目，从查理曼大帝时代一直到威廉·霍亨索伦统治时期。德国历史学家同样会以牙还牙，历数从查理曼时代到布思加雷首相执政时期的残暴法兰西的罪恶。如此，他们便能心满意足地将"导致战争"的责任推到另一方头上。而各国的政治家们，无论已故还是健在，他们无不迫不及待地奔向打字机，倾诉他们如何尽力避免敌意，而邪恶的敌手又如何迫使自己卷入战争等。

再过一百年，历史学家将对这些借口和托词不屑一顾，他将看穿外表下面的真实动机。他会明白，个人的野心、邪恶或贪婪与战争的最终爆发关系不大。造成这一切灾难的最初错误，其实早在我们的科学家忙着创造一个钢与铁、化学与电力的新世界时就已经种下了。他们忘记了人类的理智比谚语中的乌龟还要缓慢、比出名的树懒还要怠惰，往往落后于那一小群充满勇气的先驱者。

穿着西服的祖鲁人依然是祖鲁人。一只被训练得会骑自行车、会抽烟管的狗依然是狗。而一个驾着1921年新款罗尔斯·罗伊斯汽车却生活在16世纪的商人依然不过是16世纪的商人。

如果你还不明白这一道理，请再读一遍。很快你就能理解，这样我才能向你解释这过去六年所发生的许多事情。

也许我该给你举另一个更熟悉的例子来说明我的意思。在电影院里，笑话和滑稽的解说词常常映在银幕上。下一次进影院的时候，你注意观察一下观众的反应。一些人似乎很快就领会了这些词句，哈哈大笑起来。他们用了不超过一秒的时间。还有一些人慢一些，他们要花上二十到三十秒才笑出声来。最后，还有那些理解力有限的男男女女，他们要在聪明的观众开始破译下一段字幕时，才对上一段若有所悟。正如我要向你们说明的，人类的生活也是如此。

在前面的章节里，我已经告诉过你们，罗马帝国的观念在最后一位罗马皇帝死后依然在人们的心里延续了一千年。它导致大量的"仿制罗马帝国"的建立。它还使得罗马主教有机会成为整个教会的首脑，因为他们正好代表着罗马的世界强权这一观念。它驱使许多原本善良无辜的蛮族酋长卷入一种充满犯罪和无休止杀戮的生涯，因为他们终生笼罩在"罗马"一词的神奇魔力之下。所有这些人，无论教皇、皇帝或普通战士，他们与我们没什么差别。可他们生活在一个罗马传统笼罩下的世界，而这种思想是某种活生生的东西，代代相传。所以，他们能为了这个理想而花费终身的精力，放到今天，可能连十个支持者都找不到。

在另一章里，我还告诉过你们，规模空前的宗教战争是如何在宗教改革出现一个多世纪后发生的。如果你将关于三十年战争那一章和有关发明创造的章节进行比较，就会发现这场血腥的大屠杀正好发生在第一台笨拙的蒸汽机噗噗地喷着白烟，在许多法国、德国、英国科学家的实验室里问世的时候。可全世界对这种奇特的机器毫不理会，依然沉浸在那些庞大而空洞的神学争执中。可放到今天，它们除了引起连天的哈欠，再也激发不起别的什么情感了。

情形就是这样。一千年后，历史学家会用同样的看法来看待十九世纪的欧洲。他们会发现当大部分人们致力于残酷的民族战争时，在他们身边的各实验室里，却有着一些不理会政治的人们在埋头苦干，一心思量如何着从大自然的秘密中掏出一些答案。

现在，你们将逐渐体会我的用意。在不到一代人的时间里，工程师、科学家、化学家已经让欧洲、美洲及亚洲遍布他们发明的大型机器、电报、飞行器和煤焦油产品。他们创造的新世界让时空变得不那么重要了。他们发明出各式各样的新产品，又尽力将它们改进得价廉物美，使几乎每一个家庭都能负担。我已经给你们讲过了这些，可重复一遍毫不为过。

为了使不断增加的工厂保持运转，已经成为土地主的工厂主们需要络绎不绝的车队来提供原材料及煤，特别是煤。可同时，大部分人的思维还停留在十六七世纪，依然固守着将国家视为一个王朝或政治组织的旧观念。这一笨拙的中世纪体制突然面临一大堆机械和工业世界的高度现代化的难题，难免手忙脚乱。它只能根据几个世纪前制定的游戏规则尽力而为。各国分别创建了庞大的陆军和海军，用以在遥远的大陆争夺殖民地。哪里尚有一小块无主的土地，哪里就会冒出一块新的英国、法国、德国或俄国的殖民地。若当地居民反抗，便屠杀他们。不过他们大多不反抗。只要他们不阻挠钻石矿、煤矿、油田或橡胶园的开发，他们便被允许过安宁的生活，并能从外国占领者那里得到一些好处。

有时，刚好有两个正在寻找原料的国家同时看中了同一块土地。于是，战争便爆发了。15年前，俄国与日本为争夺属于中国的土地，就曾短兵相接。不过这样的冲突毕竟属于例外。没人真正愿意打仗。事实上，大规模使用士兵、军舰、潜艇进行相互杀戮的观念，已开始让20世纪初的人们感到荒谬。他们仅仅将暴力的观念与多年前不受限制的君权和专政的王朝联系在一起。每天，他们在报纸上读到更多的发明，或看到一组组英国、美国、德国的科学家们密切合作，投身于某项医学或天文学的重大进步。他们生活在一个人人忙于商业、贸易和工业的世界。可只有少数人觉察到，国家（人们抱以某些共同理想的巨大共同体）制度的发展远远落后于时代。他们试图警告旁人，可无人来听。

我已经用了太多的比喻，请原谅我再用一个。埃及人、希腊人、罗马人、威尼斯人以及17世纪商业冒险家们的"国家之船"（这个古老而可信的比喻永远这么生动和形象），它们是由干燥适宜的木材建造的坚固船只，并由熟悉船员和船只性能的领导者指挥。而且，他们了解祖先传下的航海术的局限。

随后到来的是钢铁与机器的新世纪。先是船体的一部分，后来是整个国家之船全然变样了。它的体积增大许多，风帆被换成蒸汽机。客舱的条件大为改观，可更多的人被迫下到锅炉舱去。虽然环境更加安全，报酬也不断增加，可就像以前操纵帆船索具的危险活儿一样，锅炉舱的工作并不让人舒心。最后不知不觉地，古老的木船变成了先进的现代远洋轮。可船长和船员丝毫没有变化。照一百年前的旧法，他们被任命或被选举来操控船只。可他们使用的却是15世纪的老式航海术，他们的船舱内悬挂的是路易十四和弗雷德里克大帝时代的航海图和信号旗。总而言之，他们（虽然不是他们自己的过错）完全不能胜任。

国际政治的海洋异常狭窄，当众多帝国与殖民地的船只在这片拥挤海域中相互竞逐时，注定会发生事故。事故确实发生了。如果你冒险经过那片海域，你仍能看到船只的残骸。

这个故事的寓意很简单。当今的世界迫切需要能担负起新责任的领导者。他们具备远见和胆识，能清醒地意识到我们的航程真正的位置，并掌握一套全新的航海艺术。

这些领袖要从学徒成长为船长，要经过漫长的奋斗，克服无数的艰难险阻。也许，其中某些人还没来得及享受到作为船长发号施令的权力，就被红眼的同伴残害了。但是，迟早这艘航船会迎来一位英雄船长，在他的带领下能顺利驶进和平的港湾，这个人必然成为属于他的时代的英雄人物。

千载不变

　　我越是为了生活中的难题苦苦思索，就越相信应该用"讽刺和同情"来承担评判人类的法官和陪审员的责任，就像古埃及人为了亡者来祈求神灵伊希斯和涅夫狄斯一样。

　　毕竟，讽刺和同情是我们有益的好友。讽刺能用她的微笑带来快乐，同情能用她的泪水洗净心灵。

　　我崇拜的讽刺女神可绝不是冷漠残忍的，恰恰相反，她温和慈善，热爱一切代表着爱和美的事物，她还能用笑容驱散我们心底的敌意。也是她教我们怎样把傻瓜和流氓当笑话，如果没有她的存在，我们脆弱的心一定会满是鄙夷和怨恨。

　　就让我用这三段法国人的真谛来向你们告别吧！

亨德里克·威廉·房龙

1921年6月26日 星期六

于纽约巴罗街8号